"十三五"职业教育系列教材

电气设备检修

主　编　尚俊霞
参　编　葛　雯

CHINA ELECTRIC POWER PRESS

内 容 提 要

本书为“十三五”职业教育系列教材。本书分为12个学习模块，主要内容包括变压器的检修、高压断路器的检修、高压隔离开关的检修、熔断器的检修、高压负荷开关的检修、互感器的检修、避雷器的检修、高压开关柜的检修、六氟化硫封闭式组合电器的检修、电抗器及消弧线圈的检修、高压绝缘子的检修、电容器的检修及附录。本书突出技能技巧训练、注重培养学生实际动手操作能力，结合维修电工职业资格考试，更具实用性。

本书可作为高职院校供用电技术专业、铁道供电专业、城市轨道交通供配电技术专业的教材，也可供相关工程技术人员培训使用。

图书在版编目（CIP）数据

电气设备检修 / 尚俊霞主编．—北京：中国电力出版社，2018.8（2024.2 重印）
“十三五”职业教育规划教材
ISBN 978-7-5198-2229-3

Ⅰ．①电…　Ⅱ．①尚…　Ⅲ．①电气设备—检修—职业教育—教材　Ⅳ．①TM64

中国版本图书馆 CIP 数据核字（2018）第 159848 号

出版发行：中国电力出版社
地　　址：北京市东城区北京站西街 19 号（邮政编码 100005）
网　　址：http://www.cepp.sgcc.com.cn
责任编辑：霍文婵
责任校对：常燕昆
装帧设计：赵丽媛
责任印制：吴　迪

印　　刷：北京天泽润科贸有限公司
版　　次：2018 年 8 月第一版
印　　次：2024 年 2 月北京第四次印刷
开　　本：787 毫米×1092 毫米　16 开本
印　　张：11.75
字　　数：284 千字
定　　价：40.00 元

前　言

我国电力事业飞速发展，电气设备新技术、新工艺不断出现，为提高电力检修工作人员的技术业务水平，本着高职高专教育着眼于应用型人才的培养，编写了本书。电气设备检修主要研究电气设备的结构与工作原理、运行标准、日常维护、周期检修及事故检修等内容，重在体现高职高专教育的特点，重点突出技能技巧训练，注重培养学生实际动手操作能力。本课程是为满足培养供用电技术基本理论和基本操作技能，能够从事供用电技术工作的应用型专门人才的需要而设置的，并为获得维修电工职业资格打基础。

本书共分 12 个模块，模块 1 介绍变压器的检修；模块 2 介绍高压断路器的检修；模块 3 介绍高压隔离开关的检修；模块 4 介绍熔断器的检修；模块 5 介绍高压负荷开关的检修；模块 6 介绍互感器的检修；模块 7 介绍避雷器的检修；模块 8 介绍高压开关柜的检修；模块 9 介绍六氟化硫封闭式组合电器的检修；模块 10 介绍电抗器及消弧线圈的检修；模块 11 介绍高压绝缘子的检修；模块 12 介绍电容器的检修。

本书内容相对全面，体系结构规范，按教学模块和教学单元设计，各模块设置了“思考题”环节，旨在增强读者动手能力并引导学习，利于教师授课。

本书由西安铁路职业技术学院尚俊霞主编并统稿，编写模块 1～9；西安铁路职业技术学院葛雯编写模块 10～12。

限于编者水平，书中存在不足之处，敬请读者批评指正，不胜感激。

编　者

2018 年 3 月

前言

目　　录

课程模块1　变压器的检修

模块概要

【学习目标】

1. 熟悉变压器的基本构造，了解变压器的工作原理。
2. 了解常用变压器的种类。
3. 掌握变压器的检修方法及过程。

【重点】 变压器的工作原理

【难点】 变压器的检修

教学单元1　变压器的发展

法拉第在1831年8月29日发明了一个“电感环”，称为“法拉第感应线圈”，是世界上第一台变压器雏形。但法拉第只是用它来示范电磁感应原理，并没有考虑过它可以有实际的用途。

1881年，路森·戈拉尔（Lucien Gaulard）和约翰·狄克逊·吉布斯（John Dixon Gibbs）在伦敦展示一种称为“二次手发电机”的设备，然后把这项技术卖给了美国西屋公司，这可能是第一台实用的电力变压器，但并不是最早的变压器。

1884年，路森·戈拉尔和约翰·狄克逊·吉布斯在采用电力照明的意大利都灵市展示了他们的设备。早期变压器采用直线形铁芯，后来被更有效的环形铁芯取代。

西屋公司的工程师威廉·史坦雷从乔治·威斯汀豪斯、路森·戈拉尔和约翰·狄克逊·吉布斯买来变压器专利以后，在1885年制造了第一台实用的变压器。后来变压器的铁芯由E形的铁片叠合而成，并于1886年开始商业运用。

变压器变压原理首先由法拉第发现，但是直到19世纪80年代才开始实际应用。在发电场应该输出直流电和交流电的竞争中，交流电能够使用变压器是其优势之一。变压器可以将电能转换成高电压低电流形式，然后再转换回去，因此大大减少了电能在输送过程中的损失，使得电能的经济输送距离达到更远。因此，发电厂就可以建在远离用电的地方。世界大多数电力都是经过一系列的变压最终才到达用户那里的。

图1.1　变压器实物图

近年来，我国电力需求增长迅速，电网的高速建设拉动了输变电设备的市场需求。变压器（见图1.1）作为电力输送的关键电气设备，市场需求也保持了稳步的增长。我国变压器行业企业数量非常庞大，2013年全行业有1650家企业，其中小企业就有1303家，占比近80%。多数小企业技术实力不强，只能生产110kV以下的低端产品，从而导致中低端变压器市场生产能力严重过剩。据统计，目前国内变压器的产能利用率仅为50%。

从市场格局来看，我国变压器行业呈现金字塔形结构，电压等级越高，技术壁垒就越强，生产厂家越少，垄断程度越高。目前能生产220kV变压器的厂家有30多家，能生产500kV变压器的生产厂有10余家。

教学单元2 变压器的分类

教学资源1 按相数分类

（一）单相变压器

用于单相负荷和三相变压器组。

1. 定义

单相变压器即一次绕组和二次绕组均为单相绕组的变压器。

2. 单相变压器的特点

（1）节约用料。

1）相同容量的单相变压器比三相变压器用铁减少20%，用铜减少10%。尤其是采用卷铁芯结构时，变压器的空载损耗可下降15%以上，这将使单相变压器的制造成本和使用成本同时下降，从而获得最佳的寿命周期成本。

2）在电网中采用单相供电系统，可节省导线33%～63%，按经济电流密度计算，可节约导线重量42%，按机械强度计算，可降低导线消耗66%。因此可降低整个输电线路的建设投资。这在我国地域广阔的农村和城镇的路灯照明及居民生活用电上是很有意义的。

3）单相变压器由于结构简单，适合大批量的现代化生产，有利于提高产品质量和效益。

4）适于引入新技术、新材料、新工艺，获得技术加分。党的十六届五中全会提出把节约资源作为基本国策，“十一五”规划纲要进一步把“十一五”期间单位GDP能耗降低20%左右作为约束性指标。在此大背景下，降损附加值高的新产品将大有所为。按线损理论计算时可以发现，80%的线路损失发生在20%的主干线上，因此缩短低压主干线距离，就可以大大减少低压线损，由于单相变压器质量轻，可以灵活安装在电杆上使用，便于深入负荷中心，就近降压供电，提高供电质量。一般单相变压器在小范围内供电，故障波及面小，利于提高供电可靠性。同时，因为单相变压器质量轻，安装维护方便，使用灵活，可以单相使用，也可以用三台单相变压器组成三相变压器使用。

（2）建设投资少。变压器小容量化的代价轻负荷地区进行单相供电制建设，可减少建设投资。

（3）应用的局限性。首先，单相变压器由于电压单一，只能应用于照明或小型电动机，应用范围具有局限性。而我国农村因有副业和作坊，不能广泛推广，即使使用，也只是作为三相供电制度的补充。其次，单相变压器引起的引高压进负荷中心容易受到人们的抵制。

3. 单相变压器的应用

早在20世纪50年代末我国就向国外出口过单相变压器。随着科学技术的发展促进了单相变压器的发展。卷铁芯、非晶铁芯技术在单相变压器上应用，可大大减少变压器的铁芯损耗。

根据分析，当城乡电网改造到一定程度后，电网中的线路损耗占的份额将大大降低，配电变压器的空载损耗将占网损的主要占比。只有大幅度降低铁芯损耗，才能有望进一步降低电网的电能损耗。因此，卷铁芯、非晶铁芯单相变压器具有巨大的发展潜力。当前，三相变压器仍居主导地位，单相变压器只是其补充。在变压器的实际应用上，应充分利用三相变压器与单相变压器各自优势与特点，根据用电负荷情况选用适合的变压器品种。

（二）三相变压器

用于三相系统的升、降电压。

1. 定义

三相变压器是三个相同的容量单相变压器的组合。它有三个铁芯柱，每个铁芯柱都绕着同一相的两个线圈，一个是高压线圈，另一个是低压线圈。产生幅值相等、频率相等、相位互差120°电势的发电机称为三相发电机；以三相发电机作为电源，称为三相电源；以三相电源供电的电路，称为三相电路。U、V、W称为三相，相与相之间的电压称为线电压，电压是380V。相与中心线之间的电压称为相电压，电压是220V。

2. 三相变压器的特点

在三相变压器建立新的中线-接地就可解除电网中共模干扰和其他中线的困扰，三相变压器将三线△接线转换为四线Yo系统，加屏蔽就进一步免除了由变压器内部耦合的高频脉冲干扰和噪声，虽然有屏蔽的三相变压器对各种N-G来的干扰（脉冲和高频噪声）能有效防止，但变压器必须正确妥善接地，否则抗共模干扰将无效果。

3. 三相变压器的应用

三相变压器广泛适用于交流50～60Hz、电压660V以下的电路中，用于进口重要设备、精密机床、机械电子设备、医疗设备、整流装置，照明等。三相变压器产品广泛用于工矿企业、纺织机械、印刷包装、石油化工、学校、商场、电梯、邮电通信、医疗机械，办公设备、测试设备，工业自动化设备、家用电器，高层建筑，机床，隧道的输配电及进口设备等所有需要正常电压保证的场合。

教学资源2 按冷却方式分类

（一）干式变压器

依靠空气对流进行自然冷却或增加风机冷却。

1. 定义

干式变压器就是指铁芯和绕组不浸渍在绝缘油中的变压器（见图1.2）。冷却方式分为自然空气冷却（AN）和强迫空气冷却（AF）。自然空冷时，变压器可在额定容量下长期连续运行。强迫风冷时，变压器输出容量可提高50%。适用于断续过负荷运行，或应急事故过负荷运行，由于过负荷时负载损耗和阻抗电压增幅较大，处于非经济运行状态，故不应使其处于长时间连续过负荷运行。

图1.2 干式变压器实物图

2. 干式变压器的特点

（1）安全，防火，无污染，可直接运行于负荷中心。

(2) 采用国内先进技术，机械强度高，抗短路能力强，局部放电小，热稳定性好，可靠性高，使用寿命长。

(3) 低损耗，低噪声，节能效果明显，免维护。

(4) 散热性能好，过负荷能力强，强迫风冷时可提高容量运行。

(5) 防潮性能好，适应高湿度和其他恶劣环境中运行。

(6) 干式变压器可配备完善的温度检测和保护系统。采用智能信号温控系统，可自动检测和巡回显示三相绕组各自的工作温度，可自动启、停风机，并有报警、跳闸等功能设置。

(7) 体积小，质量轻，占地空间少，安装费用低。

3. 应用范围

多用于高层建筑、高速收费站点用电及局部照明、电子线路等小容量变压器。

(二) 油浸式变压器

依靠油作冷却介质，如油浸自冷、油浸风冷、油浸水冷、强迫油循环等。

图 1.3 油浸式变压器实物图

1. 定义

铁芯和绕组浸在绝缘液体中的变压器（见图 1.3）。油浸式变压器为工矿企业与民用建筑供配电系统中的重要设备之一，它将 10(6)kV 或 35kV 网络电压降至用户使用的 230/400V 母线电压。

2. 油浸式变压器的特点

(1) 油浸式变压器低压绕组除小容量采用铜导线以外，一般都采用铜箔绕抽的圆筒式结构；高压绕组采用多层圆筒式结构，使之绕组的安匝分布平衡，漏磁小，机械强度高，抗短路能力强。

(2) 铁芯和绕组各自采用了紧固措施，器身高、低压引线等紧固部分都带自锁防松螺母，采用了不吊芯结构，能承受运输的颠振。

(3) 线圈和铁芯采用真空干燥，变压器油采用真空滤油和注油的工艺，使变压器内部的潮气降至最低。

(4) 油箱采用波纹片，波纹片具有呼吸功能来补偿因温度变化而引起的油的体积变化，所以该产品没有储油柜，显然降低了变压器的高度。

(5) 由于波纹片取代了储油柜，使变压器油与外界隔离，这样就有效地防止了氧气、水分的进入而导致绝缘性能的下降。

(6) 根据以上五点性能，保证了油浸式变压器在正常运行内不需要换油，大大降低了变压器的维护成本，同时延长了变压器的使用寿命。

3. 应用范围

此类产品适用于交流 50(60)Hz，三相最大额定容量 2500kVA(单相最大额定容量 833kVA，一般不推荐使用单相变压器)，可在户内（外）使用，容量在 315kVA 及以下时可安装在杆上，环境温度不高于 40℃，不低于−25℃，最高日平均温度 30℃，最高年平均温度 20℃，相对湿度不超过 90%(环境温度 25℃)，海拔高度不超过 1000m。若与上述使用条件不符时，应按 GB 6450—1986 的有关规定，作适当的定额调整。

4. 油浸式变压器的安装准备及要点

（1）前期准备。

1）工时定额。按国家定额标准，本体安装所需综合工日为 21 工日。工作内容包括：开箱检查、本体就位、器身检查、套管、储油柜及散热器的清洗等，还有油柱实验、附件安装、垫铁及止轮器制作安装、补充柱及安装后整体密封试验、接地、补漆等。变压器在安装过程中是否需要干燥，由检查和判后确定，若需要干燥，用铁损干燥法干燥时需 20 工日，油过滤所需工日为 3.38 工日/t。调试所需工日要另行计算。

2）安装现场布置。电力变压器大修及组装工作最好在检修室内进行。没有检修室，则需要选择临时安装场所，最好选择在变压器的基础台附近，使变压器就位，也可以在基础台上就地安装，室外现场应有帐篷。临时安装场所必须运输方便，道路平坦，有足够的宽度，地面应坚实、平坦并干燥，远离烟窗和水塔，与附近建筑物距离要符合防火要求。

3）指定安全措施。①防止人身触电及摔跌等事故的发生；②防止绝缘过热；③防止发生火灾；④防止某物落进油箱；⑤防止附件损坏；⑥防止变压器翻倒。

4）制定技术措施。①防止变压器吊芯不受潮；②保证各连接部分接触良好；③各部位密封良好，不漏油；④保证变压器绝缘和油绝缘。

5）安装工作的基本程序。①准备工作（工具、材料、设备、图纸）；②绝缘的检查和判断（主要是绕组和铁芯）；③附件的检查（应齐全，完好）；④吊芯检查（防止吸潮，防止工具、零件等掉进油箱）；⑤附件安装（外观检查，绝缘测量和严密性试验）；⑥结尾工作；⑦交接试验；⑧试运行。

6）工作人员的组织分工。①安装总指挥和技术负责人；②安全员；③滤油组人员；④吊装及运输人员；⑤试验人员；⑥安装人员。

7）对变压器室的要求。①一级防火；②通风良好；③安全距离应足够；④基础台应牢靠；⑤吊装设施应完好。

8）工具材料准备：①安装机具（如真空泵、油泵、油罐、空气压缩机、滤油机、电焊机、行灯变压器、阀门、各种扳手等）；②测试仪器（如绝缘电阻表、介质损失角测定器，升压变压器，调压器、电流表、电压表、功率表、温度计等）；③起重机具（如吊车、吊架、吊梁、卷扬机、钢丝绳、滑轮、链式起重机等）；④绝缘材料（如绝缘油、纸板、布带、电木板绝缘漆等）；⑤密封材料（如耐油橡胶衬垫、石棉绳、钢垫底、虫胶漆、尼龙绳等）；⑥黏结材料（如环氧树脂胶、胶水、水泥、砂浆等）；⑦清洁材料（如白布、酒精、汽油等）；⑧其他材料（如石棉板、方木、电线、钢管、滤油纸、润滑油、瓷漆等）。

9）变压器外部检查：①无机械损伤；②箱盖螺栓完好；③衬垫密封良好；④套管表面无缺陷；⑤无渗油和漏油现象；⑥无锈蚀、油漆完整；⑦各附件完好无缺；⑧滚轮轮距与基础铁轨轨距相吻合。

（2）安装要点。

1）变压器经过长距离运输，会受到较大的振动，需要进行器身检查。变压器器身检查分为吊芯检查和吊罩检查。吊芯检查和吊罩检查的检查内容是一致的。吊芯检查应在一个工作日内完成，加快检查过程。

2）以吊芯检查为例。①变压器吊芯检查应在室内进行，如果在室外应有帐篷，防止雨雪大雾、风沙等恶劣天气禁止吊芯；②冬季吊芯温度不得低于零度，否则对变压器进行升温使铁芯温度高于周围温度10℃；③铁芯暴露在空气中的时间越短越好，相对湿度65%时不应超过16h，相对湿度25%时不得超过12h，计算时间从放油开始至注油为止；④当相对湿度超过75%以上时，不允许吊芯检查；⑤在吊芯检查过程中，要特别注意防止零件和工具等掉进油箱。

3）吊芯检查步骤。①选好吊芯位置，放油（放置大盘以下）；②拆下防爆筒、储油柜、气体继电器；③拆下大盖螺栓；④利用平衡铁将铁芯吊出放在油盘内；⑤检查线芯绝缘、铁芯绝缘、穿芯螺栓绝缘、分接开关接点绝缘、高低压引线、油箱杂物、散热管有无堵塞、摇测绝缘电阻、测量直流电阻；⑥所有项目检查后未发现问题应及时回装，将铁芯回装在油箱内；⑦拧紧大盖螺栓；⑧安装所拆下的附件；⑨注入合格油；⑩静止6～10h后做全套耐压试验；⑪现场安装。

教学资源3　按用途分类

（一）电力变压器

用于输配电系统的升、降电压。

图1.4　电力变压器实物图

1. 定义

电力变压器是一种静止的电气设备（见图1.4），是用来将某一数值的交流电压（电流）变成频率相同的另一种或几种数值不同的电压（电流）的设备。

2. 作用

电力变压器是发电厂和变电站的主要设备之一。变压器的作用是多方面的。不仅能升高电压把电能送到用电地区，还能把电压降低为各级使用电压，以满足用电的需要。总之，升压与降压都必须由变压器来完成。在电力系统传送电能的过程中，必然会产生电压和功率两部分损耗，在输送同一功率时电压损耗与电压成反比，功率损耗与电压的平方成反比。利用变压器提高电压，减少了送电损失。

3. 电力变压器的分类

电力变压器按用途分为升压变压器（发电厂6.3kV/10.5kV或10.5kV/110kV等）、联络变压器（变电站间用220kV/110kV或110kV/10.5kV）、降压变压器（配电用35kV/0.4kV或10.5kV/0.4kV）；按相数分为单相、三相变压器；按绕组分为双绕组变压器（每相装在同一铁芯上，一次、二次绕组分开绕制、相互绝缘）、三绕组变压器（每相有三个绕组，一次、二次绕组分开绕制、相互绝缘）、自耦变压器（一套绕组中间抽头作为一次或二次输出）。按绝缘介质分为油浸变压器（阻燃型、非阻燃型）、干式变压器、110kV SF_6 气体绝缘变压器。

4. 电力变压器的使用注意事项

（1）电力变压器的接地。

1）变压器的外壳应可靠接地，工作零线与中性点接地线应分别敷设，工作零线不能埋入地下。

2）变压器的中性点接地回路，在靠近变压器处，应做成可拆卸的连接螺栓。

3）装有阀式避雷器的变压器，其接地应满足三位一体的要求，即变压器中性点、变压器外壳、避雷器接地应连接在一处共同接地。

4）接地电阻应小于或等于4Ω。

（2）防火防爆。

电力变压器是电力系统中输配电力的主要设备。电力变压器主要是将电网的高电压降低为可以直接使用的6000V或380V电压，给用电设备供电。

如变压器内部发生过载或短路，绝缘材料或绝缘油就会因高温或电火花作用而分解，膨胀以至气化，使变压器内部压力急剧增加，可能引起变压器外壳爆炸，大量绝缘油喷出燃烧，油流又会进一步扩大火灾危险。

运行中防火爆炸要注意以下事项：

1）不能过载运行。长期过载运行，会引起线圈发热，使绝缘逐渐老化，造成短路。

2）经常检验绝缘油质。油质应定期化验，不合格油应及时更换，或采取其他措施。

3）防止变压器铁芯绝缘老化损坏，铁芯长期发热造成绝缘老化。

4）防止因检修不慎破坏绝缘，如果发现擦破损伤，就及时处理。

5）保证导线接触良好，接触不良会产生局部过热。

6）防止雷击，变压器会因击穿绝缘而烧毁。

7）短路保护。变压器线圈或负荷发生短路，如果保护系统失灵或保护定值过大，就可能烧毁变压器。为此要安装可靠的短路保护。

8）保护良好的接地。

9）通风和冷却：如果变压器线圈导线是A级绝缘，其绝缘体以纸和棉纱为主。温度每升高8℃其绝缘寿命要减少1/2左右；变压器正常温度90℃以下运行，寿命约20年；若温度升至105℃，则寿命为7年。变压器运行，要保持良好的通风和冷却。

（二）仪用变压器

如电压互感器、电流互感器，用于测量仪表和继电保护装置。

1. 定义

仪用变压器是一种互感器，包括电流互感器和电压互感器，它是一种特殊用途的变压器。

2. 作用

主要两大用途是：一是用来测量电工仪表的量程，二是测量继电保护装置，可以用来隔离保护高电压、大电流等，使之变成低压、小电流继续工作，起到小型电力变压的作用，作为信号自动装置和控制回路及继电保护的使用。

3. 分类

仪用变压器包括电压互感器和电流互感器两种。

（1）电压互感器。电压互感器是将交流高电压转化成可供仪表、继电器测量或应用的低电压的变压设备。

1）电压互感器的工作原理及作用。工作原理与变压器相同，基本结构也是铁芯和一、二次绕组。特点是容量很小且比较恒定，正常运行时接近于空载状态。电压互感器是一个带铁芯的变压器。它主要由一、二次绕组，铁芯和绝缘组成。当在一次绕组上施加一个电压U_1时，在铁芯中就产生一个磁通ϕ，根据电磁感应定律，则在二次绕组中就产生一个二次电压U_2。改变一次或二次绕组的匝数，可以产生不同的一次电压与二次电压变比，这就可组成不同变比的电压互感器。电压互感器一次侧接在一次系统，二次侧接测量仪表、继电保护等。电压互感器主要是电磁式的（电容式电压互感器应用广泛），另有非电磁式的，如电子式、光电式。

2）电压互感器的分类：

a. 按安装地分。可分为户内式和户外式。35kV及以下多制成户内式，35kV以上则制成户外式。

b. 按相数分。可分为单相和三相式，35kV及以上不能制成三相式。

c. 按绕组数目分。可分为双绕组和三绕组电压互感器，三绕组电压互感器除一次侧和基本二次侧外，还有一组辅助二次侧，供接地保护用。

d. 按绝缘方式分。可分为干式、浇注式、油浸式和充气式。干式电压互感器结构简单、无着火和爆炸危险，但绝缘强度较低，只适用于6kV以下的户内式装置；浇注式电压互感器结构紧凑、维护方便，适用于3～35kV户内式配电装置；油浸式电压互感器绝缘性能较好，可用于10kV以上的户外式配电装置；充气式电压互感器用于SF_6全封闭电器中。

此外，还有电容式电压互感器，电容式电压互感器实际上是一个单相电容分压管，由若干个相同的电容器串联组成，接在高压相线与地面之间，它广泛用于110～330kV的中性点直接接地的电网中。

3）电压互感器使用须知。

a. 电压互感器在投入运行前，要按照规程规定的项目进行试验检查。例如，测极性、联结组别、摇测绝缘、核相序等。

b. 电压互感器的接线应保证其正确性，一次绕组和被测电路并联，二次绕组应和所接的测量仪表、继电压互感器电保护装置或自动装置的电压线圈并联，同时要注意极性的正确性。

c. 接在电压互感器二次侧负荷的容量应合适，接在电压互感器二次侧的负荷不应超过其额定容量，否则，会使互感器的误差增大，难以达到测量的正确性。

d. 电压互感器二次侧不允许短路。由于电压互感器内阻抗很小，若二次回路短路时，会出现很大的电流，将损坏二次设备甚至危及人身安全。电压互感器可以在二次侧装设熔断器以保护其自身不因二次侧短路而损坏。在可能的情况下，一次侧也应装设熔断器以保护高压电网不因互感器高压绕组或引线故障危及一次系统的安全。

e. 为了确保人在接触测量仪表和继电器时的安全，电压互感器二次绕组必须有一点接地。因为接地后，当一次和二次绕组间的绝缘损坏时，可以防止仪表和继电器出现高电压危及人身安全。

（2）电流互感器。电流互感器是将交流大电流转换成可供仪表、继电器测量或应用小电流的变流设备。

1）电流互感器的工作原理及作用。电流互感器是依据电磁感应原理制成的。电流互感器是由闭合的铁芯和绕组组成。它的一次绕组匝数很少，串在需要测量的电流的线路中，因此它经常有线路的全部电流流过，二次绕组匝数比较多，串接在测量仪表和保护回路中，电流互感器在工作时，它的二次回路始终是闭合的，因此测量仪表和保护回路串联线圈的阻抗很小，电流互感器的工作状态接近短路。在测量交变电流的大电流时，为便于二次仪表测量，需要转换为比较统一的电流（我国规定电流互感器的二次额定电流为5A或1A），另外线路上的电压都比较高如直接测量是非常危险的。电流互感器就起到变流和电气隔离作用。它是电力系统中测量仪表、继电保护等二次设备获取电气一次回路电流信息的传感器，电流互感器将高电流按比例转换成低电流，电流互感器一次侧接在一次系统，二次侧接测量仪表、继电保护等。

2）电流互感器的分类。

a. 按用途分。测量用电流互感器或电流互感器的测量绕组。在正常工作电流范围内，向测量、计量等装置提供电网的电流信息；保护用电流互感器或电流互感器的保护绕组。在电网故障状态下，向继电保护等装置提供电网故障电流信息。

b. 按绝缘介质分。干式电流互感器，由普通绝缘材料经浸漆处理作为绝缘；浇注式电流互感器，用环氧树脂或其他树脂混合材料浇注成型的电流互感器；油浸式电流互感器，由绝缘纸和绝缘油作为绝缘，一般为户外型，目前我国在各种电压等级均为常用；气体绝缘电流互感器，主绝缘由气体构成。

c. 按电流变换原理分。电磁式电流互感器，根据电磁感应原理实现电流变换的电流互感器；光电式电流互感器，通过光电变换原理以实现电流变换的电流互感器，目前还在研制中。

d. 按安装方式分。贯穿式电流互感器，用来穿过屏板或墙壁的电流互感器；支柱式电流互感器，安装在平面或支柱上，兼作一次电路导体支柱用的电流互感器；套管式电流互感器，没有一次导体和一次绝缘，直接套装在绝缘的套管上的一种电流互感器；母线式电流互感器，没有一次导体但有一次绝缘，直接套装在母线上使用的一种电流互感器。

3）电流互感器准确级和误差限值。

所谓准确级，是指在规定的二次负荷范围内，一次电流为额定值时的最大误差（百分数）。对于不同的测量仪表，应选用不同准确度的电流互感器。计费计量用的电流互感器其准确级为0.2～0.5级；用于监视各进出线回路中负荷电流大小的电流表应选用准确级为1.0～3.0级电流互感器。

4）电流互感器使用须知。

a. 电流互感器的接线应遵守串联原则，即一次绕组应与被测电路串联，而二次绕组则与所有仪表负荷串联。

b. 按被测电流大小，选择合适的变比，否则误差将增大。同时，二次侧一端必须接地，以防绝缘一旦损坏时，一次侧高压串入二次低压侧，造成人身和设备事故。

c. 二次侧绝对不允许开路，因一旦开路，一次侧电流 I_1 全部成为磁化电流，引起 ϕ_m 和 E_2 骤增，造成铁芯过度饱和磁化，发热严重乃至烧毁线圈；同时，磁路过度饱和磁化后，使误差增大。电流互感器在正常工作时，二次侧近似于短路，若突然使其开路，则励磁电动势由数值很小的值骤变为很大的值，铁芯中的磁通呈现严重饱和的平顶波，因此二次侧绕组将在磁通过零时感应出很高的尖顶波，其值可达到数千伏甚至上万伏，危及工作人员的安全及仪表的绝缘性能。

另外，一次侧开路使二次侧电压达几百伏，一旦触及将造成触电事故。因此，电流互感器二次侧都备有短路开关，防止一次侧开路。在使用过程中，二次侧一旦开路应马上撤掉电路负荷，然后，再停车处理。一切处理好后方可再用。

d. 为了满足测量仪表、继电保护、断路器失灵判断和故障滤波等装置的需要，在发电机、变压器、出线、母线分段断路器、母线断路器、旁路断路器等回路中均设 2～8 个二次绕组的电流互感器。对于大电流接地系统，一般按三相配置；对于小电流接地系统，依具体要求按二相或三相配置。

e. 对于保护用电流互感器的装设地点应按尽量消除主保护装置的不保护区来设置。例如：若有两组电流互感器，且位置允许时，应设在断路器两侧，使断路器处于交叉保护范围内。

f. 为了防止支柱式电流互感器套管闪络造成母线故障，电流互感器通常布置在断路器的出线或变压器侧。

g. 为了减轻发电机内部故障时的损伤，用于自动调节励磁装置的电流互感器应布置在发电机定子绕组的出线侧。为了便于分析和在发电机并入系统前发现内部故障，用于测量仪表的电流互感器宜装在发电机中性点侧。

（三）试验变压器

能产生高压，对电气设备进行高压试验。

1. 概述

试验变压器是根据原机电部《试验变压器》标准在原同类产品基础上经过大量改进后而生产的，交直流高压试验变压器是在试验变压器的基础上按照 JB/T 9641—1999 经过改进后而生产的一种新型产品。本系列产品具有体积小、质量轻、结构紧凑、功能齐全、通用性强和使用方便等特点。特别适用于电力系统、工矿企业、科研部门等对各种高压电气设备、电器元件、绝缘材料进行工频或直流高压下的绝缘强度试验。是高压试验中必不可少的重要设备。高压试验变压器是发电厂、供电局及科研单位等广大用户用来做交流耐压试验的基本试验设备，达到了国家质量监督局标准，用于对各种电气产品、电器元件、绝缘材料等进行规定电压下的绝缘强度试验，考核产品的绝缘水平，发现被试品的绝缘缺陷，衡量过电压的能力。

2. 分类

试验变压器按介质或结构分为油浸式试验变压器、充气式试验变压器、干式试验变压器、绝缘筒式试验变压器、串激式高压试验变压器五种。

其中，油浸式试验变压器的体积大、质量重、容量大，维修方便，后期维护费用高，是当今主流产品。充气式试验变压器免维护、灭弧性好、质量轻、体积小、局放量小。干式试验变压器免维护，质量轻、体积小，可倒放，成本高。绝缘筒式试验变压器的成套设备配套性强，电压容量系列齐全，功能完善，但是阻抗电压低，系统阻抗不大于 5%，满足交流污秽试验要求，它采用快速电子保护装置，可靠性高。串激式高压试验变压器的容量小、电压低、质量轻，便于运输，接线繁多，成本高。

3. 工作原理

（1）交流、交直流试验变压器。将工频电源输入操作箱（或操作台），经自耦调压器调节电压输入至试验变压器的一次绕组。根据电磁感应原理，在二次（高压）绕组可获得工频高压。此工频高压经高压硅堆整流及电容滤波后可获得直流高压，其幅值是工频高压有效值的 1.4 倍。只不过在使用直流时应抽出短路杆，在使用交流时，插入短路杆。

（2）带抽头试验变压器。为了同时满足一个变压器电压较高电压较小与电流较低电流较大之间的矛盾，将高压绕组分成两个来绕，一个是电流较大的绕组，另一个是电流较小的绕组，然后两个绕组串接分别引出。

(3) 串级试验变压器。为了得到更高电压的试验变压器，也可采用串级的方法获得更高的电压。三级串级试验变压器中三台变压器的容量和电压关系满足：$P_1=2P_2=3P_3$，$U_{(总)}=U_1+U_2+U_3$。

(四) 特种变压器

特种变压器有电炉变压器、整流变压器、调整变压器、电容式变压器、移相变压器等。

1. 定义

特种变压器是指材质、作用、用途等有别于常规变压器的变压器。

2. 分类

按材质分有：非晶干式变压器，环氧树脂浇注变压器等。

按作用分有：斯考特变压器、三相变单相变压器、移相变压器等。

按用途分有：UV机械变压器、火花变压器、染整机械变压器、整流变压器、节能设备用变压器等。

3. 特点及应用范围

(1) 节能变压器。本系列节能变压器适用于交流50Hz，工作电压500V以下。该系列变压器绝缘耐热等级为F级。

本系列节能变压器铁芯为冷轧取向优质硅钢片叠积而成，线圈结构采用圆筒、椭圆筒和矩形筒式。体积小，性能优，安全可靠。

(2) ZSG系列整流变压器。广泛应用于工业充电、直流照明、直流励磁、电解电镀、电力拖动等，ZSG系列整流变压器具有体积小、质量轻、维护简单、运行可靠等优点。

(3) EPS、UPS专用变压器。EPS、UPS专用变压器具有高导磁和低损耗、噪声小、温度低、抗辐射性和无毒性、免维护、高环保等特点。该专用变压器内建置高阻抗，空间效率及电能转换效率高。

(4) QZB系列降压启动用自耦变压器。利用自耦变压器降低电源电压，以减小启动电流，同时还能通过选择自耦变压器的不同抽头改变启动电流并达到改变启动转矩的目的，这种启动方式在启动时对电源电压的影响较小，启动时对机械的冲击较小，电动机启动时间较短，通常用于320kW以下的三相鼠笼型异步电动机做不频繁启动、停止使用。

(5) BK系列控制变压器。作为各个行业的机床和机械设备的控制、照明、指示灯的电源之用。

教学资源4　按绕组形式分类

(一) 双绕组变压器

双绕组变压器用于连接电力系统中的两个电压等级。概述如下。

双绕组变压器是变压器的最基本形式，包括两组绕有导线的线圈，并且彼此以电感方式组合一起。当某一交流电流（具有某一已知频率）流入其中之一组线圈时，于另一组线圈中将感应出具有相同频率的交流电压，而感应的电压大小取决于两线圈耦合及磁交链的程度。

一般指连接交流电源的线圈为一次线圈，而跨于此线圈的电压称之为一次电压。在二次线圈的感应电压可能大于或小于一次电压，是由一次线圈与二次线圈间的匝数比所决定的。因此，变压器区分为升压变压器与降压变压器两种。

大部分变压器均有固定的铁芯，其上绕有一次与二次线圈。由于铁的高导磁性，大部分磁通量局限在铁芯里，因此，两组线圈可以获得相当高程度的磁耦合。在一些变压器中，线圈与铁芯二者间紧密地结合，其一次与二次电压的比值几乎与二者线圈匝数比相同。因此，变压器匝数比，一般可作为变压器升压或降压的参考指标。由于变压器升压与降压的功能，使得变压器已成为现代化电力系统重要附属物之一，提升输电电压可以使长途输送电力更为经济。而降压变压器使得电力运用方面更加多元化，如果没有变压器，现代工业是无法发展到现在的盛况的。

（二）三绕组变压器

一般用于电力系统区域变电站中，连接三个电压等级。

1. 概述

三绕组变压器的每相有三个绕组，当一个绕组接到交流电源后，另外两个绕组就感应出不同的电势，这种变压器用于需要两种不同电压等级的负荷。发电厂和变电站通常出现三种不同等级的电压，所以三绕组变压器在电力系统中应用比较广泛。每相的高中低压绕组均套于同一铁芯柱上。为了绝缘使用合理，通常把高压绕组放在最外层，中压和低压绕组放在内层。

2. 特点

在电力系统中最常用的是三绕组变压器。用一台三绕组变压器连接三种不同电压的输电系统比用两台普通变压器经济、占地少、维护管理也较方便。三相三绕组变压器通常采用Y-Y-△接法，即一次、二次绕组均为Y接法，第三绕组接成△。△接法本身是一个闭合回路，许可通过同相位的三次谐波电流，从而使Y接一次、二次绕组中不出现三次谐波电压。这样它可以为一次、二次侧都提供一个中性点。在远距离输电系统中，第三绕组也可以接同步调相机以提高线路的功率因数。

（三）自耦变压器

用于连接不同电压的电力系统。也可作为普通的升压或降压变压器用。

1. 定义

自耦的耦是电磁耦合的意思，普通的变压器是通过一次、二次侧线圈电磁耦合来传递能量，一次、二次侧没有直接电的联系，自耦变压器一次、二次侧有直接电的联系，它的低压线圈就是高压线圈的一部分。

2. 基本原理

在一个闭合的铁芯上绕两个或以上的线圈，当一个线圈通入交流电源时（就是一次侧线圈），线圈中流过交变电流，这个交变电流在铁芯中产生交变磁场，交变主磁通在一次侧线圈中产生自身感应电动势，同时另外一个线圈（就是二次侧线圈）中感应互感电动势。通过改变一次、二次侧的线圈匝数比的关系来改变一次、二次侧线圈端电压，实现电压的变换。因为一次侧和二次侧线圈直接相连，有跨级漏电的危险。所以不能作行灯变压器。

3. 特点

(1) 由于自耦变压器的计算容量小于额定容量，所以在同样的额定容量下，自耦变压器的主要尺寸较小，有效材料（硅钢片和导线）和结构材料（钢材）都相应减少，从而降低了成本。有效材料的减少使得铜耗和铁耗也相应减少，故自耦变压器的效率较高。同时由于主要尺寸的缩小和质量的减轻，可以在容许的运输条件下制造单台容量更大的变压器。但通常在自耦变压器中只有变比 $k\leqslant 2$ 时，上述优点才明显。

（2）由于自耦变压器的短路阻抗标幺值比双绕组变压器小，故电压变化率较小，但短路电流较大。

（3）由于自耦变压器一、二次之间有电的直接联系，当高压侧过电压时会引起低压侧严重过电压。为了避免这种危险，一、二次都必须装设避雷器，不要认为一、二次绕组是串联的，一次已装、二次就可省略。

（4）在一般变压器中。有载调压装置往往连接在接地的中性点上，这样调压装置的电压等级可以比在线端调压时低。而自耦变压器中性点调压侧会带来所谓的相关调压问题。因此，要求自耦变压器有载调压时，只能采用线端调压方式。

教学单元3　变压器的检修

教学资源1　变压器的安装要求

（1）变压器基础轨道应水平，储油柜方应有1%～1.5%坡度。

（2）变压器应加固。

（3）变压器一、二次引线不应使套管受力。

（4）变压器外壳与中性点及接地装置连接牢固形成三位一体5.800kVA（安装气体继电器）。

教学资源2　变压器的试验

绝缘电阻的遥测如下：

（1）遥测项目有高压对低压及地（壳），低压对高压及地（壳）。

（2）选用2500V的绝缘电阻表。

1）对绝缘电阻表进行外观检测，应良好，外观完整，摇把灵活，指针无长阻，玻璃无破损。

2）对绝缘电阻表进行开路试验。分开两只表笔，摇动绝缘电阻表的手柄达120r/min，表针指向无限大（∞）为好。

3）对绝缘电阻表进行短路试验：摇动绝缘电阻表手柄，将两支笔瞬间搭接一下，表针指向“0”（零），说明绝缘电阻表正常。

4）合格值。在温度20℃，新变压器绝缘电阻不小于450MΩ，运行中不小于300MΩ，本次数值比上次数值不得降低30%。

5）吸收比 R_{60}/R_{12}，在10～30℃时应为1.3倍。

（3）直流电阻测量。可测量变压器内部导线和引线的焊接质量，并联支路连接是否正确，有无层间短路或内部断线，分接开关，套管与引线的接触是否良好等。测量方法：有电桥可用电桥测量，可直接读数，准确度高，无电桥可用电压降法，电压降法测量直流电阻的接线。在交接或大修时，应在所有分接头位置上测量。三相变压器有中点引出线时，应测量各相线的电阻，无中点引出线时，可测量线电阻。测量时非被测试线图均应开路，不能短接。测量时必须等待电流稳定后再读数，应注意人身安全。

（4）判断标准。各相线图的直流电阻相互间的差别不应大于三相平均值的2%，与以前测量比较，相对变化也不应大于2%。为了与出厂测量值或过去测量值进行比较，应将直流电阻值换算到相同温度时值，公式如下：$R_1=R_2\cdot(T+\Delta t_1)/(T+\Delta t_2)$。对于铜导线，$T$ 值为 235；对于铝导线，T 值为 225。式中：R_1 为换算温度为 t℃时的直流电阻值；R_2 为当前温度电阻阻值；Δt_1 与 Δt_2 分别代表导体所对应的温度（℃）值。例如，30℃时的铜导体电阻是 R_{30}，则该导体在 60℃时的电阻为：$R_{60}=R_{30}(235+60)/(235+30)=R_{30}\cdot 295/265=1.113\cdot R_{30}$。

（5）组别试验。

1）单相变压器测量极性。三相变压器测量组别目的是：进行正确的连接，判断变压器能否并联运行。

2）极性测。可用直流测量，也可用交流测量。另介绍直流测量：直流试验接线选择 2～4V 的蓄电池和零位在中央的直流电压表，当合闸瞬间，表针向正方向摆，而拉开闸的瞬间，表针向负方向摆，则减极性，反之则加极性。

3）三相变压器接线组别测定，有直流法，有交流法。

教学资源 3　变压器的试运行

（1）变压器在全部试验项目合格后才可进行试运行。

（2）试运行前还应对变压器进行一次全面检查。

（3）变压器做 5 次冲击试验（合闸试验）。

（4）空载运行时间与变压器容量有关，一般不低于 24h。

（5）空载运行时间完成后，变压器再加负荷。

教学资源 4　变压器的油系统

油浸式变压器有几个互相隔离的独立的油系统。在油浸式变压器运行时，这些独立的油系统内的油是互不相通的，油质与运行工况也不相同，要分别做油中含气色谱分析以判断有无潜在故障。

（1）主体内油系统。与绕组周围的油相通的油系统都是主体内系统，包括冷却器或散热器内的油，储油柜内的油，35kV 及以下注油式套管内油。注油时必须将这个油系统内存储的气体放气塞放出，一般而言，上述部件都应有各自的放气塞。主体内油主要起绝缘与冷却作用。油还可增加绝缘纸或绝缘纸板的电气强度。在真空注油时，如有些部件不能承受与主体油箱能承受的相同真空强度时，应用临时闸隔离，如储油柜与主油箱间的闸阀。冷却器上潜油泵扬程要够，以免由于负压而吸入空气。这个油系统要有释压装置的保护系统，以排除器身有故障时所产生的压力。

（2）有载分接开关切换开关室内的油系统。这部分油有本身的保护系统，即流动继电器、储油柜、压力释放阀。这个开关室内的油起绝缘与熄灭电流作用。油会在切换开关切断负载电流时产生的油中去，这个油系统需要良好的密封性能，即使在切换过程中产生电弧压力也要保护密封性能。有载分接开关切换开关室内的油虽与主体内油隔离，但在真空注油时，为避免破坏切换开关室的密封，应与主体内油同时真空注油，在真空注油时，使这两个系统具有相同的真空度，必要时也应将这个系统的储油柜在抽真空时隔离。为结构上方便，主体的储油与切换开关室的储油柜设计成一互相隔离的整体。

（3）60kV 及以上电压等级的全密封油系统。这个油系统主要起绝缘作用，或增加油电容式套管内绝缘纸的电气强度。在主体内注油时，应将套管端部接线端子密封好，以免进气。

（4）高压出线箱内油或点气出线箱内油。三相 500kV 变压器的高压出线通过波纹绝缘隔离油系统。这个油系统主要起绝缘作用。为简化结构，这个油系统也可通过连管与主体内油系统相连或设计成单独的油系统。

(5) 在对油浸式变压器进行各种绝缘试验时，首先是放气，通过放气塞释放可能存储的气体。可通过分析各个系统的油中含气色谱分析可预判有无潜在故障。每一油系统都要满足运行的要求，如吸收油膨胀与收缩时油体积的变化，放油用阀门、放气塞、冷却器与散热器与主油箱的隔离阀等。每一油系统具有良好的密封性能，有载分接开关切换开关室内的油应能单独更换而不放出主体内油，运输时主体内油可放出而充干燥氮气。

教学资源 5　变压器的油处理

(1) 压力滤过法。电力变压器用的绝缘油具有绝缘性质和导热性质（国家标准）。在安装现场，常用压力滤过法完成绝缘油的一般干燥（除去水分）和净化（除去脏物）。

(2) 开阀门，然后启动油泵，再开阀门。停油时，先关闭阀门，然后停油泵，再关闭阀门。正常工作时，压力表在 3×10～4×10Pa 的压力下是正常工作，如果杂质和油纸堵塞，压力增高，当压力达到 6×10Pa 时，必须停止，更换滤纸。滤纸使用前放在 80～90℃烘箱内干燥 24h，放在清洁容器内。滤网每隔 10～15h 清洗一次，开始时滤油 3～5min，出油孔通过阀门 10 送回污油罐重新滤过，积存滤油器内的油，通过阀门送回污油系统，再次滤过。以上滤油要多次进行净化和干燥合格为止。

(3) 变压器带电滤油。

1) 当电压高于 10V 时，不宜采用带电滤油。因为在过滤时，产生较多的气泡，气泡在较高电压的作用下会产生游离现象，使油的绝缘性能变坏，导致内部放电。在进行带电滤油时，定期将气体继电器内从油中释放出的气体放掉。

2) 带电滤油时，油管和滤油机应可靠接地，以保护工作人员的人身安全，工作人员要专业，要有人监护，穿戴好绝缘用品。

3) 操作时阀门对角阀门接口处，接上压力式滤油扣，阀门抽出油，从阀门处打回油箱，经多项循环滤过，直至符合标准。

教学资源 6　变压器的冷却方式

油浸式电力变压器在运行中，绕组和铁芯的热量先传给油，然后通过油传给冷却介质。油浸式电力变压器的冷却方式，按容量的大小，可分为以下几种。

(1) 自然油循环自然冷却（油浸自冷式）。

(2) 自然油循环风冷（油浸风冷式）。

(3) 强迫油循环水冷却。

(4) 强迫油循环风冷却。

教学资源 7　变压器的故障分析

变压器在运行中常见的故障有绕组、套管和分接开关以及铁芯、油箱及其他附件的故障等。

(1) 绕组故障。主要有匝间短路、绕组接地、相间短路，断线及接头开焊等。

(2) 套管故障。变压器套管积垢，在大雾或小雨时造成污闪，使变压器高压侧单相接地或相间短路。

(3) 严重渗漏。变压器运行渗漏油严重或连续从破损处不断外溢以致油位计已看不到油位，此时应立即将变压器停用进行补漏和加油，引起变压器渗漏油的原因有焊缝开裂或密封件失效，运行中受到振动外力冲撞油箱锈蚀严重而破损等。

(4) 分接开关。常见的故障有分接开关接触不良或位置不准，触头表面熔化与灼伤及相间触头放电或各分接头放电。

(5) 过电压。运行中的变压器受到雷击时，由于雷电的电位很高，将造成变电压器外部过电压；当电力系统的某些参数发生变化时，由于电磁振荡的原因，将引起变压器内部过电压。这两类过电压所引起的变压器损坏大多是绕组主绝缘击穿，造成变压器故障。

(6) 铁芯。铁芯的故障大部分原因是铁芯柱的穿心螺杆或铁芯的夹紧螺杆的绝缘损坏而引起的。

(7) 渗漏油。变压器油的油面过低，使套管引线和分接开关暴露于空气中，绝缘水平将大大降低，因此易引起击穿放电。

1) 焊接处渗漏油。主要是焊接质量不良，存在虚焊、脱焊，焊缝中存在针孔、沙眼等缺陷，油浸式变压器出厂时因有焊药和油漆覆盖，运行后隐患便暴露出来，另外由于电磁振动会使焊接振裂，造成渗漏。对于已经出现渗漏现象的，首先找出渗漏点，不可遗漏。针对渗漏严重部位可采用扁铲或尖冲子等金属工具将渗漏点铆死，控制渗漏量后将治理表面清理干净，多采用高分子复合材料进行固化，固化后即可达到长期治理渗漏的目的。

2) 密封件渗漏油。密封不良原因，通常箱沿与箱盖的密封是采用耐油橡胶棒或橡胶垫密封的，如果其接头处处理不好会造成渗漏油故障。有的是用塑料带绑扎，有的直接将两个端头压在一起，由于安装时滚动，接口不能被压牢，起不到密封作用，仍会渗漏油。可用福世蓝材料进行粘接，使接头形成整体，渗漏油现象得到很大的控制；若操作方便，也可以同时将金属壳体进行粘接，达到渗漏治理目的。

3) 法兰连接处渗漏油。法兰表面不平，紧固螺栓松动，安装工艺不正确，使螺栓紧固不好，而造成渗漏油。先将松动的螺栓进行紧固后，对法兰实施密封处理，并针对可能渗漏的螺栓也进行处理，达到完全治理目的。对松动的螺栓进行紧固，必须严格按照操作工艺进行操作。

4) 螺栓或管子螺纹渗漏油。出厂时加工粗糙，密封不良，油浸式变压器密封一段时间后便产生渗漏油故障。采用高分子材料将螺栓进行密封处理，达到治理渗漏的目的。另一种办法是将螺栓（螺母）旋出，表面涂抹福世蓝脱模剂后，再在表面涂抹材料后进行紧固，固化后即可达到治理目的。

5) 铸铁件渗漏油。渗漏油主要原因是铸铁件有沙眼及裂纹所致。针对裂纹渗漏，防止裂孔是消除应力避免延伸的最佳方法。治理时可根据裂纹的情况，在漏点上打入铅丝或用手锤铆死。然后用丙酮将渗漏点清洗干净，用材料进行密封。铸造沙眼则可直接用材料进行密封。

6) 散热器渗漏油。散热器的散热管通常是用有缝钢管压扁后经冲压制成。在散热管弯曲部分和焊接部分常产生渗漏油，这是因为冲压散热管时，管的外壁受张力，其内壁受压力，存在残余应力所致。将散热器上下平板阀门（蝶阀）关闭，使散热器中油与箱体内油隔断，降低压力及渗漏量。确定渗漏部位后进行适当的表面处理，然后采用福世蓝材料进行密封治理。

7) 绝缘子及玻璃油标渗漏油。通常是因为安装不当或密封失效所制。高分子复合材料可以很好地将金属、陶瓷、玻璃等材质进行粘接，从而达到渗漏油的根本治理。

教学资源 8 变压器的防火安全措施

（1）油量在 2500kg 以上的油浸式变压器与油量在 600～2500kg 的充油电气设备之间，其防火间距不应小于 5m。

（2）当相邻两台油浸式变压器之间的防火间距不满足要求时，应设置防火隔墙或防火隔墙顶部加防火水幕。单相油浸式变压器之间可只设置防火隔墙或防火水幕。

（3）当厂房外墙与屋外油浸式变压器外缘的距离小于规范规定时，该外墙应采用防火墙。该墙与变压器外缘的距离不应小于 0.8m。

（4）厂房外墙距油浸式变压器外缘 5m 以内时，在变压器总厚度加 3m 的水平线以下及两侧外缘各加 3m 的范围内，不应开设门窗和孔洞；在其范围以外的该防火墙上的门和固定式窗，其耐火极限不应低于 0.9h。

（5）油浸式变压器及其他充油电气设备单台油量在 1000kg 以上时，应设置储油坑及公共集油池，并放置变压器鹅卵石以备用来防火以及卸油。

（6）油浸式变压器应按现行的有关规范规定，设置固定式水喷雾等灭火系统。油浸式厂用变压器应设置在单独的房间内，房间的门应为向外开启的乙级防火门，并直通屋外或走廊，不应开向其他房间。

教学资源 9 变压器的检修与维护

（一）变压器运行中的检查

（1）检查变压器上层油温是否超过允许范围。由于每台变压器负荷大小、冷却条件及季节不同，运行中的变压器不能以上层油温不超过允许值为依据，还应根据以往运行经验及在上述情况下与上次的油温比较。如油温突然增高，则应检查冷却装置是否正常，油循环是否破坏等，来判断变压器内部是否有故障。

（2）检查油质，应为透明、微带黄色，由此可判断油质的好坏。油面应符合周围温度的标准线，如油面过低应检查变压器是否漏油等。油面过高应检查冷却装置的使用情况，是否有内部故障。

（3）变压器的声音应正常。正常运行时一般有均匀的“嗡嗡”电磁声。如声音有所改变，应细心检查，并迅速汇报值班调度员并请检修单位处理。

（4）应检查套管是否清洁，有无裂纹和放电痕迹，冷却装置应正常。工作、备用电源及油泵应符合运行要求等。

（5）天气有变化时，应重点进行特殊检查。大风时，检查引线有无剧烈摆动，变压器顶盖、套管引线处应无杂物；大雪天，各部触点在落雪后，不应立即熔化或有放电现象；大雾天，各部有无火花放电现象等。

（6）呼吸器应畅通，硅胶吸潮不应达到饱和。

（7）气体继电器无动作。

（二）变压器运行中出现的不正常现象的分析

（1）声音异常。变压器正常运行时声音应为连续均匀的“嗡嗡”声，如果产生不均匀或其他响声都属于不正常现象。

1）内部有较高且沉着的“嗡嗡”声，则可能是过负荷运行，可根据变压器负荷情况鉴定并加强监视。

2）内部有短时“哇哇”声，则可能是电网中发生过电压，可根据有无接地信号，表计有无摆动来判定。

3）变压器有放电声，则可能是套管或内部有放电现象，这时应对变压器作进一步检测或停用。

4）变压器有水沸声，则为变压器内部短路故障或接触不良，这时应立即停用检查。

5）变压器有爆裂声，则为变压器内部或表面绝缘击穿，这时应立即停用进行检查。

6）其他可能出现“叮当”声或“嘤嘤”声，则可能是个别零件松动，可以根据情况处理。

（2）油温异常。

1）变压器的绝缘耐热等级为A级时，线圈绝缘极限温度为105℃，根据国际电工委员会的推荐，保证绝缘不过早老化，温度应控制在85℃以下。若发现在同等条件下温度不断上升，则认为变压器内部出现异常，内部故障等多种原因，这时应根据情况进行检查处理。

2）导致温度异常的原因有：散热器堵塞、冷却器异常、内部故障等多种原因。这时应根据情况进行检查处理。

（3）油位异常。变压器油位变化应该在标记范围之间，如有较大波动则认为不正常。常见的油位异常如下。

1）假油位，如果温度正常而油位不正常，则说明是假油位。运行中出现假油位的原因有呼吸器堵塞、防爆管通气孔堵塞等。

2）油位下降，原因有变压器严重漏油、储油柜中油过少、检修后缺油、温度过低等。

（4）渗漏油。渗漏油是变压器常见的缺陷，渗与漏仅是程度上的区别，渗漏油常见的部位及原因有如下。

1）阀门系统，蝶阀胶材质安装不良，放油阀精度不高，螺纹处渗漏。

2）胶垫接线桩头，高压套管基座流出线桩头，胶垫较不密封、无弹性，小绝缘子破裂渗漏油。

3）设计制造不良，材质不好。

（5）套管闪络放电。套管闪络放电会造成发热，导致老化，绝缘受损甚至引起爆炸，常见原因如下。

1）高压套管制造不良，未屏蔽接地，焊接不良，形成绝缘损坏。

2）套管表面过脏或不光滑。

（三）变压器的故障处理

为了正确地处理故障，首先应掌握下列情况。

（1）系统运行方式，负荷状态，负荷种类。

（2）变压器上层油温，温升与电压情况。

（3）事故发生时天气情况。

（4）变压器周围有无检修及其他工作。

（5）系统有无操作。

（6）运行人员有无操作。

（7）何种保护动作，事故现象情况等。

1. 套管故障

常见的是炸毁、闪落和漏油，其原因如下。

（1）密封不良，绝缘受潮劣比。

（2）呼吸器配置不当或者吸入水分未及时处理。

（3）分接开关故障常见的有表面熔化与灼伤，相间触头放电或各接头放电，主要原因有：螺丝松动；负荷调整装置不良和调整不当；头绝缘板绝缘不良；接触不良，制造工艺不好，弹簧压力不足；酸价过高，使分接开关接触面被腐蚀。

2. 绕组故障

主要有匝间短路、绕组接地、相间短路、断线及接头开焊等。产生这些故障的原因如下。

（1）在制造或检修时，局部绝缘受到损害，遗留下缺陷。

（2）在运行中因散热不良或长期过载，绕组内有杂物落入，使温度过高绝缘老化。

（3）制造工艺不良，压制不紧，机械强度不能经受短路冲击，使绕组变形绝缘损坏。

（4）绕组受潮，绝缘膨胀堵塞油道，引起局部过热。

（5）绝缘油内混入水分而劣化，或与空气接触面积过大，使油的酸价过高绝缘水平下降或油面太低，部分绕组露在空气中未能及时处理。

3. 铁芯故障

铁芯故障大部分原因，是铁芯柱的穿心螺杆或铁轮的夹紧螺杆的绝缘损坏。其后果可能使穿心螺杆与铁芯叠片造成两点连接，出现环流引起局部发热，甚至引起铁芯的局部熔毁；也可能造成铁芯叠片局部短路，产生涡流过热，引起叠片间绝缘层损坏，使变压器空载损失增大，绝缘油劣化。运行中变压器发生故障后，如判明是绕组或铁芯故障应吊芯检查。首先测量各相绕组的直流电阻并进行比较，如差别较大，则为绕组故障。然后进行铁芯外观检查，再用直流电压、电流表法测量片间绝缘电阻。如损坏不大，在损坏处涂漆即可。

4. 瓦斯保护故障

瓦斯保护是变压器的主保护，轻瓦斯作用于信号，重瓦斯作用于跳闸。下面分析瓦斯保护动作的原因及处理方法。

（1）轻瓦斯保护动作后发出信号。其原因是：变压器内部有轻微故障；变压器内部存在空气；二次回路故障等。运行人员应立即检查，如未发现异常现象，应进行气体取样分析。

（2）瓦斯保护动作跳闸时，可能变压器内部发生严重故障，引起油分解出大量气体，也可能二次回路故障等。出现瓦斯保护动作跳闸，应先投入备用变压器，然后进行外部检查，检查储油柜防爆门，各焊接缝是否裂开，变压器外壳是否变形。最后检查气体的可燃性。

由于上述种种原因，在运行中一经发生绝缘击穿，就会造成绕组的短路或接地故障。匝间短路时的故障现象是变压器过热，油温增高，电源侧电流略有增大，各相直流电阻不平衡，有时油中有“吱吱”声和“咕嘟咕嘟”的冒泡声。轻微的匝间短路可以引起瓦斯保护动作；严重时差动保护或电源侧的过流保护也会动作。发现匝间短路应及时处理，因为绕组匝间短路常常会引起更为严重的单相接地或相间短路等故障。

思考题

1. 简述变压器的检修年限。
2. 电流互感器一次侧接地有什么规定？
3. 电流互感器二次侧接地有什么规定？
4. 变压器的检修项目有哪些？

课程模块 2　高压断路器的检修

模块概要

【学习目标】

1. 熟悉高压断路器的基本构造，了解变压器的工作原理。
2. 了解常用高压断路器的种类。
3. 掌握高压断路器的检修方法及过程。

【重点】 高压断路器的工作原理

【难点】 高压断路器的检修

教学单元 1　高压断路器的发展

“高压真空断路器”起始于 19 世纪末。它的理念最先由一个美国人提出，由于这项设计给当时的美国提供了一种全新的概念和观点，因此这个观点在当时颇受发明家的关注。在这 20 年之后，瑞典的佛加公司用这设计理念创造了第一个概念性的“真空开关”。之后再 6 年，该公司向群众们宣布这产品确实能做到能真空断路的可能。不过就算是有分断的功能，这款产品也是不能在当时的条件生产出来的，因为受到当时测出来的分断可能性比较小，而且限于当时的真空技术条件和材质选用不明的限制，因此真空断路器在当时也只还是一个概念而已，还不能真正的投入生产进行使用。在 20 世纪 50 年代时，美国开始了第一批能够切断电容器组功能的开关，虽然它的分断电流的功能只有 4000A，不过以当时的科技水平而言已经是非常不容易的了。之后因为真空材料的冶制和真空开关触头结构上的研究出现重大突破，在经过 10 年的不懈努力后，科学家们终于研发了一款能生产 15kV 高压、分断电流为 12.5kA 的真空断路器。仅过去不到 5 年的时间，他们又成功地研制出一款 15kV、26kA 和 31.5kA 的真空断路器。此后的真空断路器正式迈进了高电压、巨容量的电力系统的高台上，也正是有此高超的性能和断路性能，于是高压真空断路器真正的在世界上打响了名声。到了 20 世纪 80 年代，真空断路器的功能已经被升级至 100kA 的地步。

而中国的高压真空断路器的研制和生产始于 1958 年。直至 1960 年，此产品才终于被研制了出来。尽管是第一批产品，但是它竟然有着 15kV、分断能力 600A 的断路功能。而那时候的中国重工业还处于起步阶段，按照当时的中国国情来看，能做出这等性能的产品实在是相当不错了。而在此不久之后国人还竟然靠自己研制出了 10kV、分断能力 1.5kA 的三相真空断路器，这等事迹让当时的各国纷纷傻眼。在 1969 年后，中国华光电子管厂和西安高压电器研究所制成了 10kV、2kA 单相快速真空开关。在此之后，中国已经可以自主研发独立生产各类规格的真空开关。

高压真空断路器被专家们归类于很多个等级，一般来说低压型的经常被当作防爆电气使用。

一、高压断路器概述

（一）高压断路器的定义

高压断路器是能闭合、承载、开断正常电路条件下的电流，也能在规定的异常电路条件下闭合，承载一定时间及开断异常电路的机械开关电器。

（二）高压断路器的基本理论

有电磁学、热学和力学理论，还涉及电工材料、绝缘、放电、试验等多项技术，并随着时代的发展增加了计算机技术等新技术的应用。

二、电力系统对高压断路器的要求

（一）地位

担负开断和闭合正常线路与故障线路过程中的控制和保护双重任务，高压断路器是最重要的电器。

要承受电、热、机械力的作用，还要受大气环境的影响。其性能好坏和工作可靠程度决定了电力系统安全供电。

（二）电力系统对高压断路器的要求

1. 基本要求

满足绝缘、发热和电动力等要求。

2. 特殊要求

要满足电力系统在关合和开断方面的以下要求。

（1）正常情况下能开断和关合负荷电流电路。必要时还需考虑开断和关合空载长线或电容器组等电容负荷（克服合闸过电压）以及开断空载变压器或高压电动机等小电感负荷克服操作过电压。

（2）电力系统出现各种短路故障时，能将故障部分从电力系统中切除。

（3）要尽可能缩短断路器的故障切除时间，以减轻短路电流对电力设备的损害，提高电力系统的稳定性。

（4）为提高系统稳定性和供电可靠性，电力系统线路保护一般都设有自动重合闸，高压断路器应能配合自动重合闸进行多次关合和开断。

1）临时性故障。当断路器切除故障后，故障点即可自行消游离，而恢复原有的绝缘强度只要确保从故障切除到电路重新接通间应有足够的时间间隔，就能保证自动重合闸的成功。我国高压电网要求的单相重合闸时间为0.7～1.5s，三相重合闸时间为0.5～1.0s。

2）永久性故障。一次自动重合闸失败后，断路器会重新立即分闸以切除短路故障。个别特别重要的线路，在一次自动重合闸失败后，有可能要求断路器再一次关合进行“强送电”，如故障未消除，断路器将会再次关合和开断短路故障。因此，采用自动重合闸的断路器的关断条件非常恶劣。

三、高压断路器的基本技术参数

（一）IEC和国家标准中两个重要的电工名词术语

（1）标称值。用以标识一个元件、器件或设备的合适的近似值。

（2）额定值。制造厂对一个元件、器件或设备在规定条件下工作所规定的一个量值，用有效值表示。

（二）表征高压断路器性能的参数

1. 电压

（1）额定电压是标称电压有效值，单位 kV。高压断路器的额定电压决定了高压断路器各部分的绝缘距离，因而在很大程度上决定了高压断路器的外形尺寸。

按 GB 1984—80《交流高压断路器》及有关暂行规定，我国高压断路器所用的额定电压等级为：3、6、10、20、35、60、110、220、330、500kV。

注意：额定电压＝标称电压。

（2）最大工作电压。由于系统调压需要，电网电压容许在一定范围内升高，因此高压断路器的实际工作电压要求比额定电压高 10%～15%，这一电压称为高压断路器的最大工作电压（kV）。高压断路器应能在最大工作电压下长期工作。

注意：最大工作电压＝最大标称电压。

（3）额定电压与最高电压对照。

额定电压与最高电压对照见表 2.1。

表 2.1　额定电压与最高电压对照表　kV

额定电压	3	6	10	15	20	35	63	110	154	220	330	500
最高电压	3.5	6.9	11.5	17.5	23	40.5	69	126	177	252	363	550

2. 额定电流

（1）定义。指高压断路器长期通过的电流值，单位 A。高压断路器的额定电流决定导电部分和触头的尺寸与结构。高压断路器长期通过该电流时，各部分温升不得超过由标准的规定值。

（2）取值。按 R_{10} 优先数系，即按比值为 10 的 1/10 次方递增的级数该优先数系自 1 到 10 的数值为：1、1.25、1.6、2.0、2.5、3.15、4.0、5.0、6.3、8.0。其余的数值则按乘 10 的倍数延伸。

3. 额定开断电流 I_{ek}

（1）定义。在额定电压下，高压断路器能开断而不致妨碍其继续正常工作的最大短路电流，单位 kA。额定开断电流决定了高压断路器灭弧装置的结构和尺寸。

（2）高压断路器额定开断电流。用短路电流周期分量的有效值表示。开断时电路的功率因数、非周期分量的百分数，以及开断后的工频恢复电压和瞬态恢复电压，应满足 GB 1984—80 的有关规定。

（3）取值。高压断路器额定开断电流等级为：1.6、3.15、6.3、8、10、12.5、16、20、25、31.5、40、50、63、83、100kA。当额定电流超出 100kA 时，按 R_{10} 系列延伸。

（4）极限开断电流。高压断路器所能开断的最大电流。该极限值最终要受灭弧室机械强度的限制。

4. 额定短时耐受电流热稳定电流 I_t

（1）定义。指在某一规定短时间 t 内，高压断路器能承载的电流有效值，单位 kA。

（2）短时耐受时间。为 1、2、4、5s 或 10s。

（3）高压断路器的额定短时耐受电流。是 GB 1984—80 规定的与 2s 相对应的短时耐受电流。数值上与额定开断电流相等。

（4）I_t 值也将影响到高压断路器触头和导电部分的结构和尺寸。

5. 额定峰值耐受电流动稳定电流 I_f

(1) 定义。高压断路器在关合位置时所能耐受的最大峰值电流，单位 kA。该值决定高压断路器导电部分和支持部分所需的机械强度以及触头的结构形式。

(2) 高压断路器额定峰值。耐受电流为额定开断电流的 2.5 倍。

6. 额定短路接通电流额定短路关合电流 I_{eg}

(1) 定义。在额定电压下能正常接通的最大短路电流峰值，单位 kA。

(2) 大小与 I_f 相等，为 I_{ek}的 2.5 倍。

高压断路器在接通此电流时不应发生触头的熔焊或严重烧损。

7. 高压断路器关合期间各时间术语关系示意图（如图 2.1 所示）

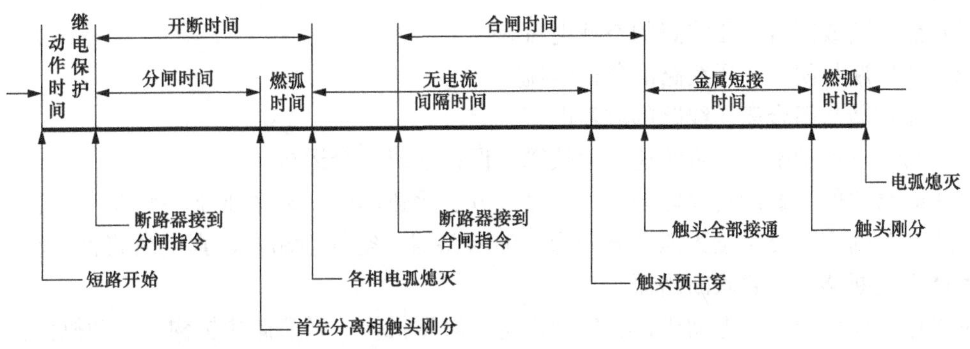

图 2.1　高压断路器关合期间各时间术语关系图

(1) 开断时间 t_{kd}，指断路器操动机构接到开断指令，常指脱扣电磁铁的线圈接通，起到三相电弧完全熄灭止的时间，单位 s。分为分闸时间和燃弧时间两部分。

1) 分闸时间 t_f，指从断路器接到分闸指令起到首开相触头刚分开止的时间。它主要和高压断路器及其操动机构的机械特性有关，受开断电流大小的影响较小，可看成是一个定值。

2) 燃弧时间 t_h，指从首开相触头刚分开起到三相电弧完全熄灭止的时间。这段时间随开断电流变动。

3) 断路器一相燃弧时间从弧触头起弧至电弧熄灭的时间。断路器三极燃弧时间，指从首开极触头刚打开起弧至三极的电弧全部熄灭后的时间。

(2) 合闸时间 t_{hz}，指从断路器操动机构接到合闸指令起到各相触头均接触止的时间，在 0.2～0.4s。其长短取决于断路器的操动机构与中间传动机构的机械特性。当高压断路器采用自动重合闸时，过长的合闸时间将会影响到自动重合闸的无电流间歇时间。

(3) 关合时间 t_{gh}，指从断路器操动机构接到合闸指令起到任一相触头首先通过电流止的时间。

$$t_{hz} = t_{gh} + \text{预击穿时间} + \text{三相不同期时间}$$

8. 额定操作顺序

(1) 有自动重合闸要求的高压断路器的额定操作顺序。按 GB 1984—80 规定为：分→Θ→合分→t→合分。其中，“Θ”是指从高压断路器各相电弧完全熄灭起到任意相因预击穿而再次通过电流止的一段时间，是自动重合闸的无电流间隔时间，其值规定为 0.3s 或 0.5s；

“t”是间隔时间，规定为180s“合分”指断路器合闸后无任何有意延时即分闸的操作。

(2) 没有自动重合闸要求的高压断路器的额定操作顺序。按GB 1984—80规定为：分→t→合分→t→合分。

(3) 手动操作的高压断路器的额定操作顺序。按规定为：分→t→合分。

四、高压断路器的组成

(1) 断部分。包括导电和触头系统以及灭弧室，其中，灭弧室为其核心。

(2) 动和传动部分。包括操动能源和把操动能源传动到动触头系统的各种传动机构。

(3) 缘部分。包括绝缘元件、绝缘连接件等。

五、高压断路器作用及功能

高压断路器作用：

(1) 能切断或闭合高压线路的空载电流。

(2) 能切断与闭合高压线路的负荷电流。

(3) 能切断与闭合高压线路的故障电流。

(4) 与继电保护配合，可快速切除故障，保证系统安全运行。

高压断路器的主要结构大体分为：导流部分、灭弧部分、绝缘部分、操动机构部分。

高压开关的主要类型按灭弧介质分为：油断路器、空气断路器、真空断路器、SF_6断路器、固体产气断路器、磁吹断路器。

按操作性质可分为：电动机构、气动机构、液压机构、弹簧储能机构、手动机构。

(1) 油断路器。利用变压器油作为灭弧介质，分多油和少油两种类型。

(2) SF_6断路器。采用惰性气体SF_6来灭弧，并利用它所具有的很高的绝缘性能来增强触头间的绝缘。

(3) 真空断路器。触头密封在高真空的灭弧室内，利用真空的高绝缘性能来灭弧。

(4) 空气断路器。利用高速流动的压缩空气来灭弧。

(5) 固体产气断路器。利用固体产气物质在电弧高温作用下分解出来的气体来灭弧。

(6) 磁吹断路器。断路时，利用本身流过的大电流产生的电磁力将电弧迅速拉长而吸入磁性灭弧室内冷却熄灭。高压断路器由以下五个部分组成：通断元件、中间传动机构、操动机构、绝缘支撑件和基座。通断元件是断路器的核心部分，主电路的接通和断开由它来完成。主电路的通断，由操动机构接到操作指令后，经中间传动机构传送到通断元件，通断元件执行命令，使主电路接通或断开。通断元件包括有触头、导电部分、灭弧介质和灭弧室等，一般安放在绝缘支撑件上，使带电部分与地绝缘，而绝缘支撑件则安装在基座上。这些基本组成部分的结构，随断路器类型不同而异。

高压断路器是发电厂、变电站及电力系统中最重要的控制和保护设备。它的主要功能如下。

(1) 控制作用。根据电力系统运行的需要，将部分或全部电气设备，以及部分或全部线路投入或退出运行。

(2) 保护作用。当电力系统某一部分发生故障时，它和保护装置、自动装置相配合，将该故障部分从系统中迅速切除，减少停电范围，防止事故扩大，保护系统中各类电气设备不受损坏，保证系统无故障部分安全运行。

(3) 灭弧作用。高压断路器不仅能可靠的开断空载电流和负荷电流，而且能可靠地开断短路电流。

六、高压断路器的基本结构

(1) 通断元件，执行接通或断开电路的任务。其核心部分是触头，而是否具有灭弧装置或灭弧能力的大小则决定了开关的开断能力。

(2) 操动机构，向通断元件提供分、合闸操作的能量，实现各种规定的顺序操作，并维持开关的合闸状态。

(3) 传动机构，把操动机构提供的操作能量及发出的操作命令传递给通断元件。

(4) 绝缘支撑元件，支撑固定通断元件，并实现与各结构部分之间的绝缘作用。

(5) 基座，用于支撑、固定和安装开关电器的各结构部分，使之成为一个整体。

教学单元2　高压断路器的种类

教学资源1　油断路器

以密封的绝缘油作为开断故障的灭弧介质的一种开关设备，有多油断路器和少油断路器两种。它较早应用于电力系统中，技术已经十分成熟，价格比较便宜，广泛应用于各个电压等级的电网中。油断路器用来切断和接通电源，是在短路时能迅速可靠地切断电流的一种高压开关设备。

当油断路器开断电路时，只要电路中的电流超过0.1A，电压超过几十伏，在断路器的动触头和静触头之间就会出现电弧，而且电流可以通过电弧继续流通，只有当触头之间分开足够的距离时，电弧熄灭后电路才能断开。

多油和少油断路器都要充油，其作用是灭弧、散热和绝缘。它的危险性不仅是在发生故障时可能引起爆炸，而且爆炸后由于油断路器内的高温油发生喷溅，形成大面积的燃烧，引起相间短路或对地短路，破坏电力系统的正常运行，使事故扩大，甚至造成严重的人身伤亡事故。

油断路器按对地绝缘介质的不同，可分为接地箱壳多油断路器（简称多油断路器）和带电箱壳少油断路器（简称少油断路器）两种。

(一) 多油断路器

多油断路器的灭弧室装在一个接地金属箱中，通常用油量较多，油既用作灭弧介质又用作对地绝缘，所以多油断路器的外壳是可以触摸而没有危险的。

1. 多油断路器的优点

多油断路器结构简单，性能可靠，可以制成超高压等级（如362kV），并可方便地带电流互感器，配套性强，户外使用时受大气条件的影响小。多油断路器的使用历史悠久，使用和制造技术成熟，曾在电力系统中起过重要作用。

2. 多油断路器的缺点

在超高压等级时，体积庞大，消耗大量的钢材和变压器油，运输和安装均有较大困难，引起爆炸和火灾的危险性大。所以多油断路器已趋于淘汰。

(二) 少油断路器

少油断路器的灭弧室装在与大地绝缘的油箱中。油箱既可用金属做成，也可以用绝缘材料制成。油仅作为灭弧介质和断口间绝缘用，而不作对地绝缘用，用油量少。

1. 少油断路器的结构

少油断路器主要由底架、绝缘子、传动系统、导电系统、触头、灭弧室、油气分离器、缓冲器及油面指示器等部分组成。110kV及以上电压等级的户外式少油断路器多采用开断电弧的单元断口（或称开断单元）串联、积木式组合的落地式总体结构。标准开断单元的电压为55～110kV。例如SW6型少油断路器，开断单元为55kV，属于这一系列的220kV和330kV的少油断路器将取双柱四断口和三柱六断口的结构，每极由4个和6个开断单元串联而成，各断口上均并联电容器以均匀开断时断口的电压分布；每极各用一个单独的液压操动机构操作。SW7-220型220kV少油断路器，因开断单元为110kV，所以每极取单柱双断口的结构。

2. 少油断路器的动作过程

合闸时，操动机构通过传动拐臂连杆（见开关机构），把力传到主轴，主轴带动三根绝缘拉杆使三极动触杆向上作直线运动，最后插入静触头中，操动机构扣住触杆，使断路器保持在闭合位置。在这一过程中，开断弹簧拉伸储能，为分闸作准备。分闸是当操动机构脱扣时，由于开断弹簧力的作用，使主轴转动带动拉杆，从而使动触杆向下运动。最后因开断弹簧的预拉力作用，主轴拐臂紧靠在分闸定位件上，从而使断路器保持在断开的位置上。

3. 少油断路器的优点

结构简单，易于制造和维修、价格低、使用方便。与多油断路器相比，少油断路器体积小、质量轻、用油量少，能采用积木式组装成超高压少油断路器，并在电力系统中被广泛应用。

4. 少油断路器的缺点

燃弧时间长，动作较慢，检修周期短，维修工作量大，受单元断口的电压限制，发展特高压等级有困难等。

（三）油断路器的安全使用

油断路器的爆炸燃烧原因有以下几个方面。

(1) 油面过低。油断路器触点至油面的油层过薄，油受电弧作用而分解的可燃气体冷却不良，这部分可燃气体进入顶盖下面的空间而与空气混合，形成爆炸性气体，在自身的高温下就有可能爆炸燃烧。

(2) 油箱内的油面过高。析出的气体在油箱内得不到空间缓冲，形成过高的压力，也可能引起油箱爆炸起火。

(3) 油的绝缘强度劣化、杂质或水分过多。引起油断路器内部闪络。

(4) 操动机构调整不当、部件失灵。会使操作时动作缓慢或合闸后接触不良。当电弧不能及时被切断和熄灭时，在油箱内产生过多的可燃气体，便可能引起爆炸和燃烧。

(5) 遮断容量小。油开关的遮断容量对输配电系统来说是个很重要的参数。当遮断容量小于系统的短路容量时，断路器无能力切断系统强大的短路电流，致使断路器燃烧爆炸，造成输配电系统的重大事故。

(6) 其他。油断路器的进、出线都通过绝缘套管，当绝缘套管与油箱盖、油箱盖与油箱体密封不严时，油箱进水受潮，或油箱不洁，绝缘套管有机械损伤都可造成对地短路，引起爆炸或火灾事故。

因此，断路器在安装前应严格检查，是否符合制造厂的技术要求。断路器的遮断容量必须大于装设该断路器回路的短路容量。检修时，应进行操作试验，保证机件灵活可靠，并且调整好三相动作的同期性。断路器与电气回路的连接要紧密，并可用试温蜡片观察温度，触头损坏应调换。检修完毕应进行绝缘测试，并有专人负责清点工具，以防工具掉入油箱内发生事故。投入运行前，还应检查绝缘套管和油箱盖的密封性能，以防油箱进水受潮，造成断路器爆炸燃烧。断路器切断严重短路故障后，应检查触点损坏情况和油质情况。

在运行时应经常检查油面高度，油面必须严格控制在油位指示器范围之内。发现异常，如漏油、渗油、有不正常声音等时，应采取措施，必要时须立即降低负荷或停电检修。当故障跳闸重复合闸不良，而且电流变化很大，断路器喷油有瓦斯气味时，必须停止运行，严禁强行送电，以免发生爆炸。

教学资源2　六氟化硫断路器

六氟化硫断路器是利用六氟化硫（SF_6）气体作为灭弧介质和绝缘介质的一种断路器，简称 SF_6 断路器。六氟化硫用作断路器中的灭弧介质始于20世纪50年代初。由于这种气体的优异特性，使这种断路器单断口在电压和电流参数方面大大高于压缩空气断路器和少油断路器，并且不需要高的气压和相当多的串联断口数。在20世纪60～70年代，SF_6 断路器已广泛用于超高压大容量电力系统中。80年代初已研制成功363kV单断口、550kV双断口和额定开断电流达80、100kA的 SF_6 断路器。

（一）六氟化硫特性

1. 物理特性

SF_6 作为一种绝缘气体，具有很多优点，是一种无色、无味、无毒、不可燃的惰性气体，并有优异的冷却电弧特性，特别是在开关设备有电弧高温的作用下产生较高的冷却效应，避免局部高温的可能性。SF_6 的绝缘性能远远超过传统的油、空气绝缘介质。其用于电气设备中，可以缩小设备的尺寸，提高设备绝缘的可靠性。其缺点是在电弧放电时，分解形成硫的低氟化合物，不但有毒，且对某些绝缘材料和金属具有腐蚀作用。

SF_6 是一种比较重的气体，在相同条件下，其密度是空气的5倍，其压力与温度的关系遵循理想气体定律。临界温度是 SF_6 气体出现液化的最高温度，临界压力表示在这个温度下出现液化所需的气体压力。SF_6 只有在温度高于45℃以上时，才能保持气态，在通常使用条件下，它有液化的可能性，因此 SF_6 不能在过低温度和过低压力下使用。SF_6 的优良导热性能，是形成 SF_6 灭弧性能的原因之一。SF_6 的导热性好可归结为两种原因：①是 SF_6 的分子量大，比热大，其对流的传热能力优于空气；②是在高温下产生的冷却效应。

2. 化学特性

SF_6 气体本身的化学效应是非常稳定的，并且有着非常高的绝缘强度。在大气压力下和温度至少在500℃以内，SF_6 具有较高的化学稳定性，在正常温度范围内，其与电气设备中常用的金属是毫无反应的。SF_6 分解的危险温度是600℃左右，此时 SF_6 分解形成硫的低氟化合物，因此，SF_6 至少在电气设备的A级绝缘温度，即105℃以内是相当稳定的。

3. 电气特性

SF_6 是一种具有高介电强度的介质。在均匀电场下，SF_6 的介电强度约为同一气压下空气的2.5～3倍，在3个大气压下其介电强度与变压器油相当。实践证明，在空气中掺入少

量 SF_6 气体，空气的绝缘强度显著提高。相反，在 SF_6 气体中加入少量的空气则 SF_6 气体的绝缘强度也会明显下降。由于 SF_6 的介电强度高，因此，在对相同电压等级和开断电流相近的断路器，SF_6 的串联断口数要少，例如我国研制的 LR-220 型 SF_6 断路器，单断口电压为 220kV。又如 500kV 的少油断路器为 6～8 个断口，而 SF_6 断路器只有 3～4 个断口。SF_6 的电晕起始电压比空气高得多，介电强度与所加电压的频率无关，但是应该引起注意的是电场均匀性、杂质、电极的形状和不规则性等，对 SF_6 的介电强度均有一定强度。SF_6 气体中的水分对绝缘将发生影响。SF_6 中所含水分超过一定浓度时使 SF_6 在温度达 200℃以上就可能产生分解，分解的生成物中有氢氟酸，这是一种有强腐蚀性和剧毒的酸类。此外，水分的凝结对沿边绝缘也有害。因此，在 SF_6 的电气设备中，应严格控制水分的量。SF_6 断路器的结构形式有瓷柱式结构和罐式结构。

（二）瓷柱式结构

瓷柱式断路器使用液压操动机构。液压机构的控制和操作元件以及线路均设于控制柜内。每相断路器的下部装有一套液压机构的动力元件，如液压工作缸等。灭弧室由液压工作缸直接操动。支柱瓷套内装有绝缘操作杆，操作杆与液压工作缸相连接。中国 FA4－550 型 SF_6 断路器为瓷柱式结构，其额定电压为 500kV，最高工作电压为 550kV。断路器由三个独立的单相和一个液压、电气控制柜组成。每相由两个支柱瓷套的四个灭弧室（断口）串联而成。在每个支柱瓷套顶部装着两个单元灭弧室，为 120°夹角 V 形布置，两个均压并联电容器为水平布置。这种结构布置既考虑到结构的机械应力状态，又照顾到绝缘的要求。灭弧室和支柱瓷套内均充有额定压力的 SF_6 气体。

瓷柱式断路器的性能特点如下。

1. 阻塞效应

充分发挥气流的吹弧效果，灭弧室体积小、结构简单、开断电流大、燃弧时间短，开断电容或电感电流无重燃或无复燃，过电压低。

2. 电气寿命长

50kA 满容量连续开断可达 19 次，累计开断电流可达 4200kA，检修周期长，适于频繁操作。

3. 绝缘水平高

SF_6 气体在 0.3MPa 气压时，通过了各种绝缘试验并有较大裕度。累计开断电流 3000kA 以后，在 0.3MPa 气压下每个断口可耐受工频电压 250kV 达 1min，将 SF_6 气体减至零，可耐受工频电压 166.4kV 5min。

4. 密封性能好

SF_6 气体含水量低。灭弧室、电阻和支柱分成独立气隔，现场安装时不用打开，安装好后用自动接头连通。安装检修方便，并可防止脏物和水分进入断路器内部。

5. 自我保护和监视系统完备

液压机构内的信号缸可实现对断路器的自我保护。有密度继电器监视 SF_6 气体泄漏；有压力开关和安全阀监视液压机构压力从而保护液压系统安全。液压机构采用了可防止“失压慢分”的阀系统，本体上就可进行机构闭锁，保证运行安全。控制回路中采用了两套分闸电磁铁和防跳保护装置，保证操作准确无误。

6. 操作功率小，缓冲平稳

机构工作缸与灭弧动触头的传动比为1∶1，机构特性稳定。机构特性稳定性可达3000次，机构寿命研究试验做到10000次，操作噪声小于90dB。

（三）罐式结构

罐式结构采用了箱式多油断路器的优点，将断路器与互感器装在一起，结构紧凑，抗地震和防污能力强，但系列性较差。中国LW-220型罐式SF_6断路器为三相分装式。单相由基座、绝缘瓷套管、电流互感器和装有单断口灭弧室的壳体组成。每相配有液压机构和一台控制柜，可以单独操作，并能通过电气控制进行三相操作。断路器采用双向纵吹式灭弧室，分闸时，通过拐臂箱传动机构，带动气缸及动触头运动。灭弧室充有额定气压为6表压（20℃）的SF_6气体。

（四）六氟化硫断路器灭弧原理及方式详解

六氟化硫开关是利用六氟化硫气体作绝缘介质和灭弧介质的新型开关。SF_6气体是无色、无味、无毒，不可燃的惰性气体，具有很高的抗电强度和良好的灭弧性能，介电强度远远超过传统的绝缘气体。因此，其用于电气设备中，可以缩小设备尺寸，消除火灾，改善电力系统的可靠性和安全性。

六氟化硫开关由本体结构（采用三箱共箱式结构）、操动机构、灭弧装置三部分组成。具有结构简单，体积小，质量轻，断流容量大，灭弧迅速，允许开断次数多，检修周期长等优点，是今后电力系统推广应用的方向。

六氟化硫开关内经常充满了3～5个大气压的SF_6气体作为断路器的内绝缘，在断路器断开的过程中，由动触头带动活塞压气，以形成用来吹熄电弧的气流。

六氟化硫开关灭弧室的基本结构由动触头，绝缘喷嘴和压气活塞连在一起，通过绝缘连杆由操动机构带动。定触头制成管形，动触头是插座式，动、定触头的端部都镶有铜钨合金。绝缘喷嘴用耐高温、耐腐蚀的聚四氟乙烯制成。

开关进行分闸时，动触头、活塞一起向右运动。动、定触头分开后产生电弧，活塞向右迅速移动时使右侧的气体受压缩，产生气流通过喷嘴，对电弧进行纵吹，使电弧熄灭。此后，灭弧室内的气体通过定触头内孔和冷却器排入开关本体内。

开关进行合闸时，操动机构带动动触头、喷嘴和活塞向左运动，使定触头插入动触头座内，使动、定触头有良好的电接触，达到合闸的目的。

六氟化硫开关二次接线在接线调试中应注意下面几点。

（1）分闸电气连锁靠转换FK来实现，机构内部已有可靠的分合闸机械联锁。手动分闸时，如拉不动分闸环（分闸闭锁）时，不要用力拉；欲合闸而拉不动合闸环时，也不要用力拉。此时应观察指针位置后，再进行分、合闸操作。

（2）电接点真空压力表引线在罩的下部，从该压力表的动合接点引出。出厂时已将下限指针调至0.2MPa（按0.25MPa，－10℃考虑），当SF_6气压降低至少于0.2MPa时，触点即行关合，接通继电保护回路。用户可根据运行要求适当调高下限，但不得低于0.2MPa。

（3）靠箱体外侧的是合闸拉环，靠箱体里边的是分闸拉环，手动操作时切勿拉错。

（4）储能电动机必须用交流电源。

六氟化硫开关是利用六氟化硫密度继电器来监视气体压力的变化的。当SF_6气体压力下降到第一报警值时，密度继电器动作，报出补气压力的信号。当SF_6气体压力下降到第二报警值时，密度继电器动作，报出闭锁压力的信号，同时把开关的跳合闸回路断开，实现分、合闸闭锁。

纯净的 SF_6 气体是无色、无味、无毒、化学性很稳定的气体。在开关内的 SF_6 气体，经电弧分解后，会产生许多有毒的、具有腐蚀性的气体和固体分解物，这不仅影响到设备的性能，而且危及到运行、检修人员的安全。所以，在处理漏气故障时一定要注意做好防护措施。六氟化硫开关在运行中发生 SF_6 气体泄漏时，如嗅到有强烈刺激性气味，在这种情况下，运行或检修人员必需穿戴防护用具。特别要注意工作现场不准吸烟。工作中若发生流泪、流鼻涕、咽喉中有热辣感、发音嘶哑头晕以及胸闷、恶心、颈部不适等中毒症状，应迅速离开现场，到空气新鲜处休息。必要时应到医院检查治疗。

当密度继电器动作，报出补气压力的信号时，及时检查压力表的指示，检查信号报出是否正确，开关是否漏气；在运行中，同一温度下相邻两次记录的压力值相差$(0.1\sim0.3)\times10^5$Pa 时，则开关可能漏气，有条件的可用检漏仪器检查。检查时，如感到有刺激性气味或自感不适，应立即离开现场 10m 以外。同时，必须穿戴防护用具才能接近设备。如果检查没有漏气现象，属于长时间运行中气压的正常下降，应及时汇报工区领导，由专业检修人员带电进行补气。补气后，应继续监视气压。如检查有漏气现象，应立即上报调度及时转移负荷或改变运行方式，将故障开关停电处理。

当密度继电器动作，报出闭锁压力的信号时，表明气体压力下降较多，说明有严重的漏气现象。在这种情况下，开关跳闸回路已经闭锁。一般情况下，报出闭锁压力信号之前，应会先报出补气压力信号，经检查确有漏气现象时，应迅速采取如下措施。

(1) 先拔掉开关的操作熔断器，以防止万一闭锁不可靠造成开关跳闸时不能灭弧，然后汇报调度。

(2) 尽快用专用闭锁工具，将开关的传动机构卡死。此后，可以再装上操作熔断器，防止万一线路上有故障时，开关的失灵保护启动回路仍可以起作用。

(3) 立即转移负荷，利用倒运行方式的方法，将故障开关停电处理，并补充。如无法倒运行方式，应立即将负荷转移。开关只能在不带电的情况下（110kV 及以上开关）断开，然后停电进行检修处理。

另外，如果有大量 SF_6 气体泄漏时，运行人员在设备附近进行检查、操作和布置安全措施后，将所使用过的保护用具应清洗干净，人员也应及时洗手或洗澡。在进行上述工作中，必须有监护人员在场，以确保安全。

教学资源 3　真空断路器

真空断路器因其灭弧介质和灭弧后触头间隙的绝缘介质都是高真空而得名；其具有体积小、质量轻、适用于频繁操作、灭弧不用检修的优点，在配电网中应用较为普及。真空断路器是 3～10kV，50Hz 三相交流系统中的户内配电装置，可供工矿企业、发电厂、变电站中作为电器设备的保护和控制之用，特别适用于要求无油化、少检修及频繁操作的使用场所，断路器可配置在中置柜、双层柜、固定柜中作为控制和保护高压电气设备用。

（一）真空断路器的主要结构

真空断路器主要包含三大部分：真空灭弧室、电磁或弹簧操动机构、支架及其他部件。

1. 真空灭弧室

按照开关形式不同，分为外屏蔽罩式陶瓷真空灭弧室、中间封接杯状纵磁场小型化真空灭弧室、内封接式玻璃泡灭弧室。真空灭弧室的基本结构如下。

（1）气密绝缘系统（外壳）。由陶瓷、玻璃或微晶玻璃制成的气密绝缘筒、动端盖板、定端盖板、不锈钢波纹管组成的气密绝缘系统是一个真空密闭容器。为了保证气密性，除了在封接式要有严格的操作工艺，还要求材料本身透气性和内部放气量小。

（2）导电系统。由定导电杆、定跑弧面、定触头、动触头、动跑弧面、动导电杆构成。触头结构大致有三种：圆柱形触头、带有螺旋槽跑弧面的横向磁场触头、纵向磁场触头。目前采用纵磁场技术，此种灭弧室具有强而稳定的电弧开断能力。

（3）屏蔽系统。屏蔽罩是真空灭弧室中不可缺少的元件，并且有围绕触头的主屏蔽罩、波纹管屏蔽罩和均压用屏蔽罩等多种。主屏蔽罩的作用是：①防止燃弧过程中电弧生成物喷溅到绝缘外壳的内壁，从而降低外壳的绝缘强度；②改善灭弧室内部电场分布的均匀性，有利于降低局部场强，促进真空灭弧室小型化；③冷凝电弧生成物，吸收一部分电弧能量，有助于弧后间隙介质强度的恢复。

2. 操动机构

按照断路器形式不同，采用的操动机构不同。常用的操动机构有弹簧操动机构、CD10 电磁操动机构、CD17 电磁操动机构、CT19 弹簧储能操动机构、CT8 弹簧储能操动机构。

3. 其他部件

基座、绝缘支撑件、绝缘子等。

（二）真空断路器的工作原理

当动、静触头在操动机构的作用下分闸时，触头间产生电弧，触头表面在高温下挥发出蒸气，由于触头设计为特殊形状，在电流通过时产生一磁场，电弧在此磁场作用下沿触头表面切线方向快速运动，在金属圆筒（屏蔽罩）上凝结了部分金属蒸气，电弧在自然过零时就熄灭了，触头间的介质强度又迅速恢复起来。

（三）真空断路器的特点

（1）触头开距小，10kV 真空断路器的触头开距只有 10mm 左右，操动机构的操作功就小，机械部分行程小，其机械寿命就长。

（2）燃弧时间短，且与开关电流大小无关，一般只有半周波。

（3）熄弧后触头间隙介质恢复速度快，对开断近区故障性能较好。

（4）由于疏通在开断电流时磨损量较小，所以触头的电气寿命长，满容量开断达 30～50 次，额定电流开断达 5000 次以上，噪声小适于频繁操作。

（5）体积小、质量轻。

（6）适用于开断容性负荷电流。

（四）真空断路器的灭弧原理

真空间隙的气体稀薄，分子的自由行程大，发生碰撞的游离机会很小，因此碰撞游离不是产生真空电弧的主要因素。真空电弧是在触头电极蒸发的金属蒸气中形成的，电极表面即使有微小的突出部分，也会引起电厂能量集中，使这部分发热产生金属蒸气。电弧特性主要取决于触头材料的性质和表面状况。

真空断路器开断电路时，在触头脱离接触前，动、静触头间接触压力开始减小，接触电阻开始增大，由于电流的作用，导致发热量增加，在触头刚要分离瞬间，动、静触头之间仅靠几个尖峰联系着，此时电流将密集收缩到这几个尖峰桥上，接触电阻急剧增大，同时电流密度又剧增，导致温度迅速升高，致使触头表面金属产生蒸气。同时，微小距离下也会形成极高的电场强度，造成强烈的场致发射，间隙击穿，继而形成真空电弧。真空电弧一旦形成，就会出现一定密度的阴极斑点，使阴极表面局部的金属不断融化和蒸发，以维持真空电弧。在交流电弧过零时，残留的带电质和金属蒸气在短时间内复合或凝聚在触头表面或屏蔽罩上，断口间的介质绝缘强度迅速恢复，电弧随之熄灭。在电弧熄灭后，触头之间电极周围的金属蒸气迅速扩散，密度快速下降至零，触头间恢复高真空绝缘状态。

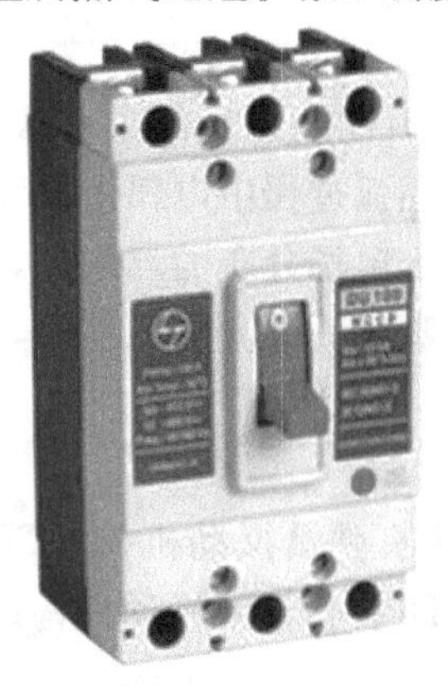

图 2.2 空气断路器的实物图

教学资源 4 空气断路器

空气断路器，是利用高速流动的压缩空气来灭弧的一种断路器（见图 2.2）。只要电路中电流超过额定电流就会自动断开的开关。空气断路器是低压配电网络和电力拖动系统中非常重要的一种电器，它集控制和多种保护功能于一身，除能完成接触和分断电路外，尚能对电路或电气设备发生的短路、严重过载及欠电压等进行保护，同时也可以用于不频繁地启动电动机。

（一）空气断路器的工作原理

空气断路器脱扣方式有热动、电磁和复式脱扣三种。当线路发生一般性过载时，过载电流虽不能使电磁脱扣器动作，但能使热元件产生一定热量，促使双金属片受热向上弯曲，推动杠杆使搭钩与锁扣脱开，将主触头分断，切断电源。当线路发生短路或严重过载电流时，短路电流超过瞬时脱扣整定电流值，电磁脱扣器产生足够大的吸力，将衔铁吸合并撞击杠杆，使搭钩绕转轴座向上转动与锁扣脱开，锁扣在反力弹簧的作用下将三副主触头分断，切断电源。

（二）空气断路器的主要作用

1. 辅助触头

辅助触头是断路器主电路分、合机构机械上连动的触头，主要用于断路器分、合状态的显示，接在断路器的控制电路中通过断路器的分合，对其相关电器实施控制或联锁。例如向信号灯、继电器等输出信号。塑壳断路器壳架等级额定电流 100A 为单断点转换触头，225A 及以上为桥式触头结构，约定发热电流为 3A；壳架等级额定电流 400A 及以上可装两动合、两动断触头，约定发热电流为 6A。操作性能次数与断路器的操作性能总次数相同。

2. 报警触头

用于断路器事故的报警触头，且此触头只有当断路器脱扣分断后才动作，主要用于断路器的负荷出现过载短路或欠电压等故障时而自由脱扣，报警触头从原来的动合位置转换成动断位置，接通辅助线路中的指示灯或电铃、蜂鸣器等，显示或提醒断路器的故障脱扣状态。由于断路器发生因负荷故障而自由脱扣的几率不太多，因而报警触头的寿命是断路器寿命的 1/10。报警触头的工作电流一般不会超过 1A。

3. 分励脱扣器

是一种用电压源激励的脱扣器，其电压可与主电路电压无关。分励脱扣器是一种远距离操纵分闸的附件。当电源电压等于额定控制电源电压的 70%～110%的任一电压时，就能可靠分断断路器。分励脱扣器是短时工作制，线圈通电时间一般不能超过 1s，否则线会被烧毁。塑壳断路器为防止线圈烧毁，在分励脱扣线圈串联一个微动开关，当分励脱扣器通过衔铁吸合，微动开关从动断状态转换成动合，由于分励脱扣器电源的控制线路被切断，即使人为地按住按钮，分励线圈始终不再通电就避免了线圈烧损情况的产生。当断路器再扣合闸后，微动开关重新处于动断位置。

4. 欠电压脱扣器

欠电压脱扣器是在它的端电压降至某一规定范围时，使断路器有延时或无延时断开的一种脱扣器，当电源电压下降（甚至缓慢下降）到额定工作电压的 70%～35%，欠电压脱扣器应运作，欠电压脱扣器在电源电压等于脱扣器额定工作电压的 35%时，欠电压脱扣器应能防止断路器闭合；电源电压等于或大于 85%欠电压脱扣器的额定工作电压时，在热态条件下，应能保证断路器可靠闭合。因此，当受保护电路中电源电压发生一定的电压降时，能自动断开断路器切断电源，使该断路器以下的负荷电器或电气设备免受欠电压的损坏。使用时，欠电压脱扣器线圈接在断路器电源侧，欠电压脱扣器通电后，断路器才能合闸，否则断路器合不上闸。

5. 过电流脱扣器

在正常情况下，过电流脱扣器的衔铁是释放着的。一旦发生严重过载或短路故障时，与主电路串联的线圈就将产生较强的电磁吸力把衔铁往下吸引而顶开锁钩，使主触点断开。

教学资源 5　磁吹断路器

利用磁场的作用使电弧熄灭的一种断路器。磁场通常由分断电流本身产生，电弧被磁场吹入灭弧片狭缝内，并使之拉长、冷却，直至最终熄灭。磁吹断路器的触头在空气中闭合和断开。

（一）磁吹断路器的分类

磁吹断路器按磁吹原理分为电磁式和电弧螺管式两类。

1. 电磁式磁吹断路器

电磁式磁吹断路器利用分断电流流过专门的磁吹线圈产生吹弧磁场将电弧熄灭。这种结构需要专门设置磁吹线圈和磁极板等元件，其结构比较复杂、笨重，分断性能也较差，在早期的磁吹断路器中曾广泛采用。

2. 电弧螺管式磁吹断路器

电弧螺管式磁吹断路器出现于 20 世纪 60 年代。其原理是利用绝缘灭弧片和小弧角（装在灭弧片下端的 U 形钢片）将电弧分割，形成连续的螺管电弧，并产生强磁场，从而驱使电弧在灭弧片狭缝中迅速运动，直至熄灭。这种断路器三相装在一个手车式底架上，配用一个操动机构。合闸时，由动、静主触头快速接通导电回路；分闸时，电弧在动、静触头之间产生，在流经触头回路的电流磁场和压气皮囊产生的作用下，被转移到大弧角上。此时，在辅助系统的磁场驱动下，电弧继续迅速向上运动，当到达小弧角时，电弧被分割成相互串联的若干短弧，这些短弧在电流磁场和小弧角磁性的推拉作用下，很快进入狭缝，形成一个直径不断增大的螺管电弧。这种断路器结构较简单，体积较小，质量较轻，分断性能高。

（二）磁吹断路器的特点

磁吹断路器以大气为介质，用耐热陶瓷或云母玻璃作灭弧片，电气寿命长，能适应频繁操作的场合。在分断过程中，电弧电阻迅速增加，可以改善功率因数；产生的过电压最小，分断特性优良。其额定电流和分断电流较大，可适应电网发展的需要，分断电流现已达60kA。磁吹断路器运行安全，维护方便。但与其他断路器比，其结构复杂，体积大，成本高，一般只适用于20kV以下的电压等级。

教学单元3 高压断路器的检修

教学资源1 油断路器的检修

（一）检修步骤及方法

（1）油断路器的转动部分应灵活，严禁卡塞及变形。油断路器的灭弧系统要安装合理到位，灭弧室应无电弧烧伤开裂现象。

（2）油断路器的灭弧系统要安装合理到位，上下不要错位，且灭弧室应无电弧烧伤开裂现象，中心孔径直径应符合质量要求。

（3）静触头的方位要安装正确。

（4）动触头的行程要符合规程的要求。

（5）油断路器的三相不同期距离要小于规程要求。

（6）断路时间及合闸时间要符合规程要求。

（7）跳闸连杆要调整合理，使油断路器能保持着所需的工作状态，且能可靠跳闸。

（8）绝缘筒应完好，不变形，胶木环完整。

（9）断口各部密封垫圈完好，不渗油。

（10）静触头的引弧触指的铜钨合金块烧损不能严重（烧损大于1/3的有效面积应更换）。

（11）触指弹片应完好，接触压力适应，弹片定位可靠。

（12）触座上的逆止阀良好，动作灵巧。

（13）动触头表面光滑平直，镀银层完好，铜钨合金头应拧紧，触头不能严重烧损。

（14）静触头的方位要安装正确。静触头的铜钨合金块烧损不能严重，烧损大于1/3的有效面积时应更换。动触头的行程要符合规程的要求。动触头表面光滑平直。镀银层完好，铜钨合金头应拧紧。

（二）检修后的验收标准

（1）各油位计应清楚，油色、油位正常。

（2）各充油部位无渗漏油现象。

（3）各瓷套应清洁，完整无裂纹及破损。

（4）引线连接良好，螺丝无松动。

（5）分、合闸位置指示器指示应正确。

（6）接地引线连接良好。

（7）操动机构应清洁，无锈蚀，辅助触点位置应正确。

（8）开关拉合闸试验应正常。

（9）各种试验及测量数据应符合要求。

教学资源 2　六氟化硫断路器检修项目

1. 检修表格（见表 2.2）

表 2.2　　**检 修 表 格 样 表**

变电站名称		安装位置	
型号		检查日期	

工序	检验项目		质量标准	检验方法及器具	检查结果
支架检查	检查与基础间垫铁		不超过 3 片，总厚度不大于 10mm，各片间焊接牢固	用尺检查	
	支架固定		牢固	扳动检查	
机构箱检查	外观检查		完整，无损伤	观察检查	
	机构箱固定		牢固	用扳手检查	
	接地	连接面检查	接触良好	导通检查	
		接地连接	牢固，导通良好	扳动并导通检查	
支柱瓷套检查	外观检查		完整，无裂纹	观察　检查	
	相间中心距误差		≤5mm	用尺检查	
	支柱与机构箱连接	密封圈（垫）检查	完好，清洁，无变形	观察　检查	
		螺栓紧固力矩	按制造厂家规定	对照厂家规定 用力矩扳手检查	
操动机构的检查	油箱	内部检查	清洁，无杂质	观察　检查	
		油位	正常		
	连接管路		清洁，无渗油	观察　检查	
	液压油检查		标号正确，无杂质	检查油质合格证件	
	额定油压时液压回路检查		无渗漏油	观察　检查	
	预冲氮气压力		按制造厂家规定	对照厂家规定检查	
SF_6 气体检查	工作缸活塞	动作检查	无卡阻，跳动	操动试验检查	
		行程	按制造厂家规定		
	微动开关动作检查		准确可靠，接触良好	操动试验检查	
	电接点压力表校验		合格，联定动闭锁压力值按制造厂规定整定	检查校验报告	
	电气回路绝缘检查		绝缘良好	用绝缘电阻表检查	
	油泵或空气压缩机检查		转向正确，无异常现象	通电试运检查	
	分、合闸线圈铁芯动作检查		可靠，无卡阻	操动试验检查	
	辅助开关检查		触点无烧毁，接触良好	观察　检查	
	加热装置		无损伤，绝缘良好	用万用表及绝缘电阻表检查	
	充气设备及管路检查		洁净，无水分，油污	观察检查	
	密度继电器		报警，闭锁压力值按制造厂规定整定	对照厂家规定检查	

续表

工序	检验项目	质量标准	检验方法及器具	检查结果
SF_6气体检查	SF_6气体含水量	按制造厂家规定	检查试验报告	
	SF_6气体压力		观察密度继电器	
	整体密封试验		对照厂家规定检查	
其他	断路器与操动机构联动试验	正常，无卡阻	操作试验检查	
	分、合闸指示	与断路器分合位置对应		
	操作计数器指示	正确		
	控制箱 零部件检查	齐全，完好	观察检查	
	控制箱 接地	牢固，导通良好	扳动并导通检查	
	机构箱与控制箱密封	密封良好	操作试验检查	
	相色标志	正确，齐全		

2. 小修项目

(1) 设备整体及其接地外观检查、清扫并紧固各部螺栓。

(2) 检查和清扫瓷套及修复损坏附件。

(3) 检查 SF_6 气体压力低时应补气。

(4) 检查密度继电器及信号回路是否正确发出信号。

(5) 进行微水分测量，如密封良好无渗漏，可延长至 2～3 年一次，如水分含量超过规定值时应进行处理。

(6) 检查液压机构的油管路、工作缸、油阀等元器件有无渗漏并清扫和处理。

(7) 检查和调整各电气元件、控制柜、辅助开关及触点等是否良好并清除灰尘污垢。

(8) 检查预压器预压力及预压时间。

(9) 检查并调整油泵启动、停止压力。

(10) 检查并调整分闸、合闸、失压闭锁压力值。

(11) 检查并调整分闸电压值。

(12) 进行绝缘电阻及主回路电阻测定。

(13) 在额定油压下，进行电操作断路器应动作正常。

(14) 检查隔离开关，应操作正常。

(15) 检查油泵启动、停止油压值，分、合闸闭锁油压值，安全阀开启、关闭油压值。

(16) 检查电气控制部分动作是否正常。

(17) 机构经排气后打压至额定油压，电操作断路器应动作正常。

(18) 检查密度继电器的动作值（见表 2.3）。

表 2.3 SF_6 气体报警和闭锁压力 MPa（20℃）

额定气压	额定气压报警值 P_1	闭锁值 P_2	P_1-P_2
0.6	0.52±0.015	0.5±0.015	0.018～0.022

(19) 测量弧触头的烧损程度。弧触头允许烧去 10mm 即超程不小于 37mm。如果触头烧损严重，应对灭弧室进行检修并更换零部件。

3．中修项目

（1）按小修项目进行检修。

（2）检查和调正密度继电器动作压力及信号回路是否正确发出信号。

（3）将液压油全部放出清理低压油箱及辅助油箱，必要时更换新油，至规定油位。

（4）根据发现的缺陷进行针对性检修。

4．与 SF_6 气体接触时的注意事项

（1）纯 SF_6 气体是无毒的与其接触时无须特殊的保护措施假如在室内工作只要通风良好就行。

（2）只要接触到带有强烈刺激性气味的严重污染的 SF_6 气体就必须使用适宜的带有粉尘过滤器与吸附剂的防毒面具以保护呼吸道系统。

（3）穿戴专用的帽子和衣服以避免与 SF_6 气体接触。该专用保护衣帽只有在与被污染的 SF_6 气体接触时才穿戴它。

（4）要注意个人卫生，避免吸入粉末和沾上粉尘严禁吸烟。工作后应该立即洗手。在工作时要注意不使脸部特别是眼睛接触这些东西。在工作时建议戴上眼镜以避免因意外原因使眼睛接触这些东西。

5．检修后检查与试验

（1）断路器慢分慢合操作各进行二次，动作应正常。

（2）检查测量行程和超行程应符合参数表的规定。

（3）检查油泵启动和停泵油压应符合参数表的规定。

（4）检查分、合闸和油泵失压闭锁油压应符合参数表的规定。

（5）液压系统在零表压下历时24h应无渗漏现象。

（6）液压系统在额定油压下平开产品，历时12h油压降不大于1MPa。

（7）油泵打压时间每次不大于3min。

（8）检查操作油压降应符合参数表的规定。

（9）脱扣电压应为额定操作电压的40%～65%，合闸操作电压为额定电压的85%～110%。

（10）检查分、合闸时间与分、合闸不同期应符合参数表的规定。

（11）测量分、合闸速度应符合参数表的规定值。

（12）防止失压慢分，检查如液压机构突然失压到零表压油泵启动打压，断路器应维持在合闸位置不应出现慢分。

（13）各气室气体检漏应良好。

（14）水分测量应符合规定。

（15）检查隔离开关操作是否正常，分合指示是否正确。

（16）回路电阻测量应符合规定或不大于安装交接时记录值。

（17）现场绝缘试验应符合高压试验规程。

6．检修周期

（1）小修1～2年一次，中修5年一次。

（2）临时检修。在下列情况之一时进行的局部检修：①额定开断电流10次或累计开断500kA；②爆破膜破裂；③SF_6 气体漏气严重时；④发现壳体内部或其他异常现象时。

教学资源 3　真空断路器检修规程

断路器如图 2.3、图 2.4 所示。

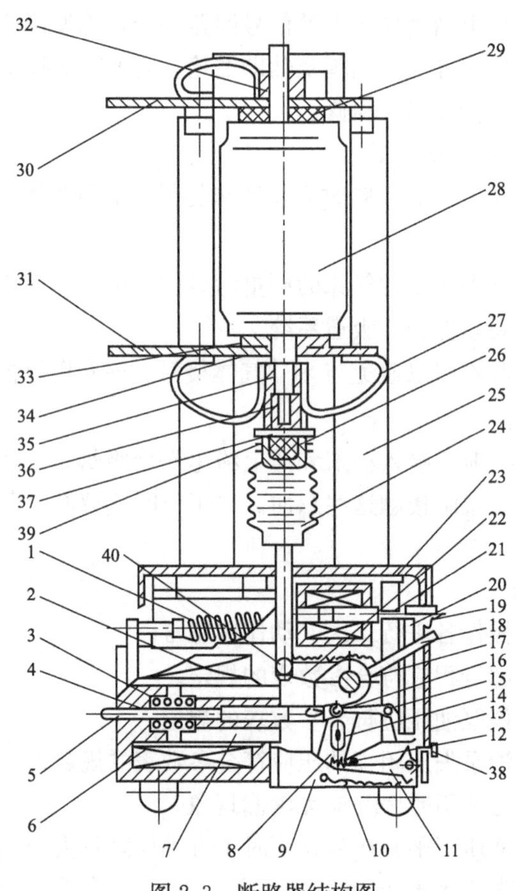

图 2.3　断路器结构图

1—分闸弹簧；2—合闸线圈；3—复位弹簧；4—静铁芯；5—拉杆；6—导套；7—合闸动铁芯；8—抬杠；9—支架；10—拉簧；11—掣子；12—滚子；13—拉簧；14—轴销；15—掣子；16—滚子；17—主轴；18—合闸手柄；19—分闸按钮；20—分闸摇臂；21—分闸电磁铁；22—主轴拐臂；23—底座；24—绝缘子；25—绝缘支架；26—触头弹簧；27—软连接；28—真空灭弧室；29—橡胶垫；30—上压板；31—下压板；32—上导电夹；33—橡胶垫；34—导套；35—下导电夹；36—联结头；37—锁紧螺帽；38—调节螺钉；39—压簧；40—带孔销

（一）真空灭弧室检查与安装

1. 真空灭弧室使用前的检查

（1）外形、外观检查。检查包装是否完好，开箱后应检查外观，核对产品与合格证是否相符。正常产品在用手摇动时，管内无异响，玻璃或陶瓷外壳完整，无机械损伤。

（2）工频耐压试验。真空灭弧室在使用前应进行一次工频耐压测试。测试前应用干布或用酒精润湿的擦布清洁表面。

2. 真空灭弧室的安装

（1）安装前，用棉布或绸布蘸少许酒精，将绝缘外壳的表面擦干净，同时将导电杆及电连接表面擦干净，以使其与整机有良好的电接触。

（2）装入真空灭弧室后，按照要求进行调整。与真空灭弧室有关的机械参数应满足技术条件中给出的参数要求。

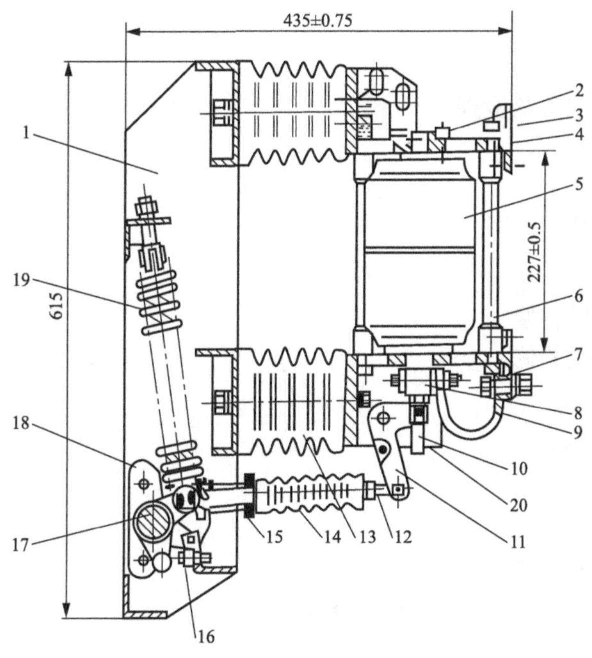

图 2.4　断路器外形图

1—基架；2、3—螺栓；4—上铝支架；5—真空灭弧室；6—绝缘杆；7—下铝支架；8—导电夹；9—软连接；10—导杆；11—拐臂；12—活接螺栓；13、14—绝缘子；15—压簧；16—缓冲器；17—转轴；18—轴承座；19—拉簧；20—导向板

3. 安装注意事项

(1) 真空灭弧室在工作时，必须有导向装置，动导电杆对整管轴线的同轴度应符合要求，波纹管应不受扭力。

(2) 安装中严禁用硬物撞击或敲打管子外壳，以免破碎而漏气。同时应防止玻璃外壳划伤，否则开断过程中玻璃受力受热后易破碎。

(3) 注意保证真空灭弧室导电杆的同轴度，后与定端端面的垂直度。

(4) 注意不要反复拆卸真空灭弧室，以防止连接螺孔滑扣；也不应扭转导电杆，过量压缩波纹管，以免使波纹管产生扭力、划伤，影响使用寿命。

(5) 安装中，注意施加在真空灭弧室两端面的力不应超出产品技术条件中规定的静态安全压力。

4. 真空灭弧室的使用

(1) 使用中应定期用工频耐压法检查真空灭弧室的真空度。

(2) 定期检查真空灭弧室触头的烧损情况，当其达到动导电杆的烧损标记，或是烧损厚度超过标准定值时，表明真空灭弧室电器寿命终了，应予以更换。

(二) 开关检修周期及检修项目

1. 开关检修周期

(1) 定期大修：三年1次。

(2) 定期小修：每年1～2次。

(3) 灭弧室真空度检验：12个月。

2. 开关的检修项目

(1) 标准大修项目。

1) 开关大修前的准备及检查。

2) 真空灭弧室的检修。

3) 绝缘筒的检修。

4) 操动机构的检修。

5) 避雷器的检修。

6) 开关闭锁机构的检修。

7) 一次隔离触头的检修。

8) 二次插件的检修。

9) 辅助开关的检修。

10) 开关的试验。

(2) 特殊大修项目。

1) 更换真空灭弧室。

2) 连续开断短路电流 2 次，检查各相超行程。

(3) 标准小修项目。

1) 开关及小车各部清扫。

2) 操作传动机构的检查，加润滑油。

3) 避雷器清扫。

4) 真空灭弧室的检查，超行程调整。

5) 一、二次插接件的检查、调整。

(三) 开关大修

1. 开关大修前的准备及检查

(1) 了解开关运行情况存在的异常。

(2) 准备检修用的工具、材料、备品备件、试验装置。

(3) 检修前的各部清扫检查。

2. 检查真空灭弧室的玻壳完整干净，无裂纹、漏气，紫铜屏蔽筒颜色纯正、亮泽，无氧化、发热变色现象，无放电痕迹

3. 触头开距、超行程的检查及调整（见图 2.5）

手动操作分合闸，检查各部尺寸，不符合标准要求时，应进行调整，各部位调整应相互配合。

(1) 开距：12mm±1mm。

触头开距＝总行程－超行程（mm）

(2) 超行程：3mm±1mm。

不满足要求时，可按图 2.5 所示，将轴销 2 去掉、旋转绝缘子进行调整。

(3) 总行程：15mm。

不满足要求时，以增加或减少分闸缓冲器的垫圈，进行调整。

(4) 测量接触电阻应满足标准规定，此项由高压试验人员进行。

(5) 检查触头磨损量，累计不大于 3mm。

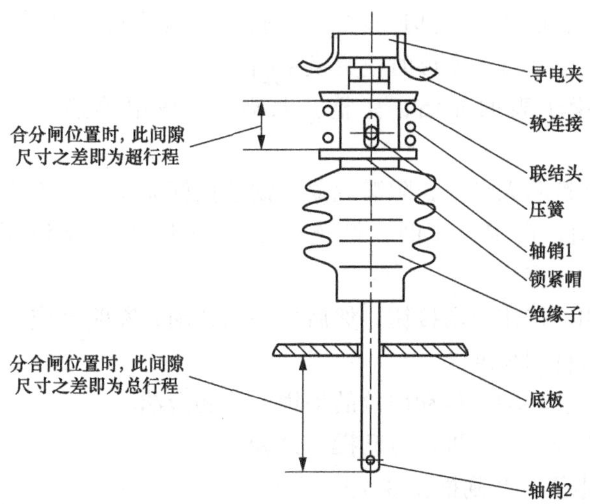

图 2.5　触头开距，超行程的检查及调整

测量超行程的减少，就是触头的磨损量，每次调整，超行程必须进行记录，当触头磨损累计超过 3mm 时，应更换灭弧室。

（6）检查开关。操作满 10000 次后，更换灭弧室。

4. 真空灭弧室的更换（见图 2.3、图 2.4）

（1）用手动操作把手操作开关，卸掉带孔销。

（2）卸掉上部散热器、上出线板。

（3）将旧灭弧室、下出线板及绝缘子一同取下。

（4）卸下与灭弧室相连的下导电夹、连接头，绝缘子及橡胶垫。

（5）将新灭弧室用工频耐压法检查真空度使动、静触头拉开 11～13mm，相间耐压 42kV 1min，无闪络和击穿。

（6）经检验合格后的灭弧室，先将橡胶垫装于底平面下，依次安装下出线板下导电夹并将压簧联结头及绝缘子一并旋拧于灭弧室下部。

（7）将灭弧室装于绝缘支架上然后安装上出线将散热器对角带上螺丝，上出线板与绝缘筒上平面之间的间隙应为 1.5mm±0.5mm，然后紧固上出线散热器，检查超行程应为 3mm±1mm，如不合格将带孔销拔出、拧绝缘子，满足超行程要求，装上带孔销，用扳手紧固锁紧螺帽，将弹簧预压 7mm。

（8）手动操作开关分合 3 次，应灵活可靠无卡滞现象，再用电动操作检查无异常。

（9）用工频耐压试验真空断路器合格。

5. 绝缘筒的检修

（1）清扫检查三相绝缘筒，表面应光洁完整、无烧伤、变色、裂纹等异常。

（2）检查三相绝缘筒在底座上的固定螺丝紧固良好，绝缘筒固定可靠，相对尺寸合格。

6. 操作机构检修

（1）手动操作开关进行分合闸，检查各传动部分，应灵活可靠，无卡涩。

（2）开关手动慢合慢分过程中，检查跳闸弹簧各匝之间应均匀，无断裂等缺陷，其特性应满足开关速度要求。

（3）检查开关主轴、拐臂，各部连杆的相互连接情况良好，轴销完整齐全，螺丝紧固，发现轴销磨损过多，或连杆弯曲变形时应更换备品。

（4）检查传动绝缘子表面光洁、完整、无碰伤、放电痕迹，与导电杆的连接牢固、可靠。

（5）检查跳、合闸铁芯无卡涩、阻滞现象，铁芯拉杆无变形、弯曲。

（6）开关手动合闸，合闸终了时，检查合闸掣子 15 与合闸滚子 16 间应有 1～2mm 间隙。

（7）检查自由脱扣，按住分闸按钮，然后用手动合闸，断路器应不合闸，若不满足要求时可调节分闸动铁芯拉杆的长度。

（8）检修完毕后将各转动、传动部位的轴销加注润滑油。

（9）手动操作，无异常后，进行电动操作试验。

1）以 100％额定电压分合闸操作 3 次应正常。

2）以 85％额定电压合闸，65％额定电压分闸，各操作 3 次，动作应正常。

3）以 30％额定电压进行分闸操作，开关不得分闸。

7. 闭锁机构检修

（1）开关处于机械闭锁位置时，应合不上闸。

（2）当开关在试验或工作位置处于合闸状态下，拉动开关时，手拉机械闭锁，开关应可靠跳闸，在柜外已经合闸的开关要推入柜内时机械闭锁应阻止开关入柜，只有当机械闭锁解除，开关处于分闸位置时，才能推入柜内，否则应调整闭锁位置。

（3）开关推入柜内时，滚轮应将一次隔离触头挡板自动开启，开关拉出时，挡板应自动落下，挡住带电静触头。

（4）小车开关在工作或试验位置时，压下机械闭锁手柄，应使闭锁轴两侧的滚轮可靠进入规定的槽沟内，使开关可靠定位，机械闭锁手柄应依靠轴内的弹簧压力自动复位。

（5）检查机械闭锁装置上的连杆斜面凸块，无严重磨损变形，弹簧弹性良好，有异常时应进行处理。

8. 一次隔离触头的检修

（1）清洗检查触指，应无过热、烧熔、变色等异常，有烧伤、过热现象时，可用锉刀及砂布处理，并涂一层凡士林油。

（2）检查瓷套管应无裂纹及放电痕迹，与法兰胶合应牢固，法兰与车体的固定螺丝无松动。

（3）检查三相触头的水平高度应一致，相间距离为 250mm±1mm，触指在水平方向的自由行程应为 3～5mm，触头与穿心导电杆联结螺丝应拧紧。

（4）开关在工作位置时。指形动触头插入深度不小于 15mm，每个触指的压力应为 70～100N，不合格者可调整弹簧的压紧螺丝。

（5）开关在试验位置时，动触头与静触头应保持 125mm 的气隙。

9. 二次插接件及辅助开关的检修

（1）检查二次插件动、静触头，无烧伤、变形等，绝缘无裂纹、损坏现象，发现异常应查明原因更换备品。

（2）检查辅助开关及接线端子排，接线紧固，辅助触点及连杆应动作灵活、正确，触点接触良好。

(3) 检查合闸接触器，动作应灵活可靠、无卡涩。触头烧伤时，应用锉刀锉平，并用砂布打光，合闸时应接触良好，所有弹簧应弹性良好、无锈蚀，各部接线良好。

10. 小车及接地装置的检修

(1) 车体各部焊接应良好、无变形、开焊等异常。

(2) 车轮应动作灵活、无损坏。

(3) 观察孔玻璃完整、洁净。

(4) 检查清理接地装置的滑动触头和开关柜上的导轨，并在滑动触头上涂以润滑油，滑动触头的弹力应良好。压力在50～80N，接触良好。

(四) 开关大修后的试验及验收

1. 开关的试验

(1) 用2500V绝缘电阻表测量开关的绝缘应大于1000MΩ，用500V绝缘电阻表测量二次回路绝缘电阻应大于1MΩ。

(2) 真空灭弧室真空度检验，开关分闸状态，交流42kV耐压1min。

(3) 测量开关接触电阻。

(4) 测量开关分合闸时间及速度，满足标准要求。

(5) 测量合闸接触器的最低动作电压为：$30\%U_e \leqslant U \leqslant 65\%U_e$。

(6) 测量跳闸线圈动作电压在$65\%U_e$时能可靠分闸。

(7) 测量开关弹跳次数。

2. 开关检修后的验收

开关检修过程中，主要零部件检修或更换完毕后，工作负责人再全面进行一次检查确保检修质量。

整体验收。验收工作由检修班长主持，班技术员、工作负责人及运行人员参加。检修负责人提供开关检修技术记录资料，检修中发现和处理的缺陷及遗留的问题等。

由运行人员进行检查及手动操作试验，检查完毕将开关送入试验位置，电动操作二次，确认正常后，由验收负责人做出质量评价，并在检修交待本上签字。

(五) 开关的小修

(1) 清扫小车、开关本体及操动机构等所有部件，各活动、转动部分加润滑油。

(2) 检查真空灭弧室玻壳完好洁净，紫铜屏蔽筒无变色、发热及放电痕迹。

(3) 检查开关和引线连接处的螺丝应无发热、松动等异常现象。

(4) 检查氧化锌避雷器及引出线绝缘子应无裂纹、放电痕迹、填料脱落等异常。

(5) 检查开关行程、超行程、触头开距、同期等，不合格者应进行调整。

(6) 检验真空灭弧室的真空度每年一次。

(7) 检查跳合闸铁芯动作灵活、可靠，各辅助触点开合位置正确，触点接触良好。

(8) 检查二次插接件，合闸接触器等接触良好。

(9) 检查开关接地装置、闭锁机构无异常。

(六) 开关动作异常的处理

1. 电动合不上闸

(1) 铁芯与拉杆松动。应调整铁芯位置，卸下静铁芯调整至手动合闸终了时，掣子与滚子间应有 1.5～2mm 的间隙。

（2）分闸回路未断开。检查开关跳闸回路，必要时将跳闸回路 33 端子分解后，做合闸试验。

2. 合闸合空

掣子合的距离太小，未过死点。

将调整螺钉向外调，使掣子过死点，然后将调整螺钉紧固。

3. 电动不能脱扣

（1）掣子扣得太多。将螺钉向里调，并将螺母紧固。

（2）分闸线圈的接线松动。重新接线，紧固各部接线螺丝。

（3）操作电压异常。检查跳闸回路及跳闸线圈两端电压。

教学资源 4　空气断路器的故障及排除

（一）自动空气断路器跳闸的故障判断和排除

首先判断跳闸的空气断路器是家中配电箱内的总开关还是分路出线开关。如总开关未跳闸，只是分路开关跳闸，则说明大功率电器供电线路接线有问题，即多件大功率电器接在同一分路开关上，此类情况，将大功率电器线路调整至负荷轻的分路开关即可（建议大功率电器使用单独的分路开关）；如分路开关没跳闸，总开关跳闸，则计算家用电器功率之和是否超出供电认可容量，并检查总开关容量是否与供电认可容量匹配。如家用电器功率之和超出供电认可容量，则减少同时使用的家用电器数量（特别是大功率家用电器），并向供电公司申请用电增容；如家用电器功率之和未超出供电认可容量，但总开关容量小于供电认可容量，则需更换与供电认可容量匹配的总开关。同时需要提醒的是，部分大功率电器启动电流较大，计算功率时应考虑启动电流造成的影响。

在船舶电站工作过程中，如果发生空气断路器自动跳闸，首先机舱监控报警系统会有声光报警。值班人员需要通过报警指示以及跳闸前后电网状态的变化判断是因具体某项保护或者故障而跳闸，还是没有明确原因。若没有明确的原因，且跳闸后发电机继续正常空载运行，我们可以判定为误跳闸。在确定汇流排没有短路的情况下重新合闸供电即可。

若是经常性的误跳闸，一般有以下几个方面的原因。

（1）检查开关各紧固件是否有松动，重新上紧螺栓。

（2）更换电子脱扣器（电路板），看误跳闸现象是否消失。

（3）自由脱扣机构磨损严重造成握持不牢，检查脱扣机构，更换主开关或返厂修复。

（4）对于过流、欠压等保护的整定值，如果船上有条件可进行校验、调整；若没有相关设备，建议请厂家技术人员来船校验、调整。

（二）自动空气断路器脱不开闸的故障判断及排除

主开关操作分为手动操作和电磁操作，工作过程中一般采用电磁操作，如果发现电磁分闸失效，应试用手动分闸是否正常。

如果手动好用，一般可考虑以下几点。

（1）检查分励脱扣器电磁铁铁芯间有异物或线圈损坏，清除异物或更换线圈。

（2）检查分励脱扣指是否松动，如有松动，重新调整。

（3）检查主开关辅助触头接触不良，维修或更换。

（4）检查整流器是否损坏，更换。

如果手动分闸不好用，应做如下检查。

（1）检查自由脱扣机构是否顶死，维修机构。

（2）检查锁扣机构是否处于锁扣状态，如果是，请解扣。

（三）自动空气断路器合不上闸的故障判断和排除

主开关操作分为手动操作和电磁操作，工作过程中一般采用电磁操作，如果发现电磁合闸失效，应试用手动合闸是否正常。如果手动也不好用，一般可考虑以下几点。

（1）检查工作电源熔断器损坏或接触不良，检修更换。

（2）检查与失压线圈串联的主开关的辅助触点是否正常（一般指粘连或者烧断），维修或更换一个触头。

（3）检查分励按钮触点是否正常，修复或更换。

（4）检查脱扣机构磨损是否严重，修复或换新。

（5）检查欠压脱扣器上顶杆与大轴脱扣指配合是否不好，调整。

如果手动合闸好用，说明电磁合闸线路有问题。一般可考虑以下几点：

（1）检查合闸按钮触点动作是否正常，修复或更换。

（2）电磁合闸线圈是否损坏，更换线圈。

（3）中间继电器的触头、线圈是否正常，修复或更换。

（4）检查电容及其充电回路是否正常，修复或更换。

（5）检查整流器是否损坏，更换。

（四）确定安全、技术措施

1. 一般安全注意事项

（1）施工前，准备好所需仪器仪表、工器具、相关材料、相关图纸及相关技术资料。检查安全工器具是否齐备、合格，确定现场工器具摆放位置。

（2）按规定办理工作票，工作负责人同值班人员一起检查现场安全措施，履行工作许可手续。

（3）开工前，工负责人组织全体施工人员列队宣读工作票，进行安全、技术交底。

（4）施工人员正确佩戴安全帽，穿好工作服，高空作业正确使用安全带，施工过程中互相监督，保证安全施工。

（5）明确工作的作业内容、进度要求、作业标准及安全注意事项，严格按照标准卡进行工作。

（6）明确工作中的主要危险点及控制措施。

2. 技术措施

（1）拆除接线时，做好记录，按记录恢复接线。

（2）所有零部件及工器具必须摆放整齐，排列有序。

（3）检修中轻拿轻放，防止碰伤和损坏零部件，发现异常时及时处理。

（4）灭弧元件在检修中不得接触面纱等易产生飞絮的材料。

（5）检修中，更换下的密封圈应立即剪短，统一收纳清点，不得重复利用。

（6）装配顺序与拆卸时相反，安装中测试各项尺寸数据，并进行记录。

（7）检修后按规定项目进行测试，各部件应符合相关质量要求。

（8）结合季节与气温调整油位。

教学资源5　高压断路器故障判断和处理

由于高压断路器的操作非常频繁，受机械因素与电气因素的影响，经常会出现拒跳的现象。对于已投入运行的断路器来说，当故障再现在该断路器负荷侧时，一旦出现拒跳，势必造成越级跳闸，扩大事故和停电范围，因此应尽早予以消除。

1. 拒跳原因

断路器发生拒跳的原因通常有两个：一是操动机构机械部分故障；二是操作回路电气故障。当断路器发生拒跳时，值班人员应根据灯光指示，首先判断跳闸回路是否完好，如果红灯不亮，则说明跳闸回路不通。此时应检查操作熔丝是否熔断或接触不良，万能转换开关的触点和断路器的辅助触点是否接触不良，防跳继电器的线圈是否断线，操作回路是否发生断线，灯泡、灯具是否完好等。

若操作电源良好，跳闸铁芯动作无力，则说明跳闸线圈动作电压过高，或者操作电压过低，跳闸铁芯卡涩、脱离，或跳闸线圈本身的故障等原因。若跳闸铁芯顶杆运输良好，断路器又拒跳，则可能是机构卡涩或传动连杆销子脱离等。

2. 处理

拒跳原因查明后，值班人员应沉着冷静，根据不同的故障性质采取不同的处理方案。如进行正常的分闸操作时，红色信号灯不亮，在确认灯具完好后，应迅速更换操作熔丝、再进行分闸操作。此时应由两人进行，一人远方操作转换开关，一人就地观察分闸铁芯动作情况，同时要注意保持安全距离。若铁芯动作无力，则为铁芯阻卡；若分闸铁芯动作正常，但跳不掉断路器，则说明机械反卡。此时应就地用机械分闸装置来遮断断路器。当需要在紧急事故状态下进行分闸时，如继电保护装置动作或手动远方拉闸均拒分，有可能引起主设备损坏时，值班人员应立即手动拉开上一级断路器，然后到故障断路器处用机械分闸装置来遮断断路器；若机械分闸装置不能断开断路器时，应迅速断开故障断路器两侧隔离开关，再恢复上一级电源供电，待查明原因再进行处理若事故状态下时间允许时，值班人员应迅速跑到故障断路器，用机械分闸装置断开断路器；若用机械分闸装置断不开时，应立即倒换运行方式，或用母联断路器、上一级断路器来断开，再用隔离开关将故障断路器隔离、恢复运行方式。

一旦发生上述现象时，值班人员应立即取下断路器的操作熔丝，这样远方就不能使断路器断开，即使断路器带故障，保护装置动作也不会使其分闸。同时，值班人员应在其操作把手和断路器的操作机械上悬挂“禁止操作”的警告牌。然后按原则进行处理。

若是断路出现故障，必须进行倒换母线操作。用母线断路器或旁路断路器代替时，应通知继电保护专责人调整其定值，然后通知有关单位停电检修。

值班人员巡视时，若发现下列异常现象时，应采取果断措施，首先做好使断路不能自动或远方重新合闸的措施，然后采取远方操作，迅速拉开断路器将其停电：

（1）断路器套管炸裂。

（2）断路器起火。

（3）发生需要立即拉开断路器的人身事故。

1. 高压断路器的作用是什么？对其有哪些基本要求？

2. 高压断路器有哪几类？其技术参数有哪些？

3. 对断路器操动机构的要求有哪些？操动机构有哪些类型？

4. 高压断路器检修项目有哪些？

课程模块3　高压隔离开关的检修

【学习目标】

1. 熟悉高压隔离开关的主要功能和用途。
2. 了解高压隔离开关的使用方法。
3. 掌握高压隔离开关的检修方法及过程。

【重点】 高压隔离开关的使用方法

【难点】 高压隔离开关的检修

教学单元1　高压隔离开关的简介

隔离开关又称为刀闸，是高压开关设备的一种，因为它没有灭弧装置，所以不能用来直接接通、切断负荷电流。高压隔离开关是发电厂和变电站电气系统中重要的开关电器，需与高压断路器配套使用。

隔离开关主要用来将高压配电装置中需要停电的部分与带电部分可靠地隔离，以保证检修工作的安全。隔离开关的触头全部敞露在空气中，具有明显的断开点，隔离开关没有灭弧装置，因此不能用来切断负荷电流或短路电流，否则在高压作用下，断开点将产生强烈电弧，并很难自行熄灭，甚至可能造成飞弧（相对地或相间短路），烧损设备，危及人身安全，这就是所谓“带负荷拉隔离开关”的严重事故。隔离开关还可以用来进行某些电路的切换操作，以改变系统的运行方式。例如：在双母线电路中，可以用隔离开关将运行中的电路从一条母线切换到另一条母线上。同时，也可以用来操作一些小电流的电路，比如：电压互感器、避雷器、无负荷母线、小容量的无负荷变压器、无负荷或小负荷线路等。

发电厂和变电站的电器运行人员有相当多的工作是倒闸操作。一般来讲，在中断某线路的供电时，首先应断开该线路的断路器，然后才能断开该断路器两侧的隔离开关；在恢复某线路的供电时，首先应合上断路器两侧的隔离开关，然后才能合上该断路器。

为防止误操作的发生，必须采取有效的措施，这些措施包括组织措施和技术措施。

（1）组织措施。认真执行操作票制度和监护制度。一般规定在1kV以上的设备上进行倒闸操作时，必须一人监护，一人操作，绝对不允许个人单独操作。

（2）技术措施。采用在断路器和隔离开关之间装设机械或电器闭锁装置。闭锁装置（简称锁）的作用是使断路器未断前，与其相应的隔离开关拉不开，在断路器接通后，相应的隔离开关也合不上，防止带负荷拉合隔离开关的误操作。

教学资源1　高压隔离开关的主要功能

高压隔离开关保证高压电器及装置在检修工作时的安全，起隔离电压的作用，不能用于切断、投入负荷电流和开断短路电流，仅可用于不产生强大电弧的某些切换操作，即它不具有灭弧功能。隔离开关的作用如下。

(1) 分闸后，建立可靠的绝缘间隙，将需要检修的设备或线路与电源用一个明显断开点隔开，以保证检修人员和设备的安全。

(2) 根据运行需要，换接线路。

(3) 可用来分、合线路中的小电流，如套管、母线、连接头、短电缆的充电电流，开关均压电容的电容电流，双母线换接时的环流以及电压互感器的励磁电流等。

(4) 根据不同结构类型的具体情况，可用来分、合一定容量变压器的空载励磁电流。

教学资源 2　高压隔离开关的主要用途

(1) 将电气设备与运行中的电网隔离，以保证隔离的电气设备能安全地进行检修维护。

(2) 改变运行方式。在双母线运行的电路中，利用隔离开关可将电气设备或线路从一组母线切换到另一组母线上运行。

(3) 接通和断开小电流电路，如在运行中可利用隔离开关进行下列操作。

1) 接通和断开电压互感器和避雷器设备。

2) 用来开断励磁电流不超过 2A 的空载变压器和电容电流不超过 5A 的空载线路。

教学资源 3　高压隔离开关的分类

隔离开关可根据装设地点、电压等级、级数和构造等进行分类，主要有以下几种类型。

(1) 按极数可分为单极和三极。

(2) 按绝缘支柱可分为单柱式、双柱式、三柱式。

(3) 隔离开关的动作方式分为刀闸式、旋转式、插入式。

(4) 按照有无接地刀可分为有接地和无接地隔离开关。

(5) 按照所配操动机构可分为手动式、电动式、气动式、液压式。

(6) 装设地点可分为户内和户外。

1) 户外隔离开关。户外式高压隔离开关运行中，经常受到风雨、冰雪、灰尘的影响，工作环境较差。因此，对户外式隔离开关的要求较高，应具有防冰能力和较高的机械强度。在不同电压等级的系统中，均需使用隔离开关，所以隔离开关也有相应的电压等级。35kV 及以上电压等级采用的隔离开关，一般均为三相联动型，操作方式可分为手动操作、电动操作、压缩空气操作和液压操作。隔离开关还可以用来做接地开关用。

2) 户内隔离开关。户内式隔离开关，一般为三相联动型，手动操作，在成套配电装置内，装于断路器的母线侧和负荷侧或作为接地开关用。

教学资源 4　高压隔离开关的基本结构

隔离开关一般由支持底座、导电部分、传动机构和操动机构组成。支持底座将导电部分、绝缘子、传动机构、操动机构等固定为一个整体；导电部分用来传导电流，包括动触头、静触头、接线座、软连接等；绝缘子起对地绝缘作用，包括支持绝缘子和操作绝缘子；传动机构用来接受操动机构的力矩，并通过拐臂、连杆、轴齿或操作绝缘子，将运动传给动触头，完成分、合闸操作；操动机构用来提供操作能源，包括手动、电动操动机构等。

户外高压隔离开关的结构形式，主要取决于断口形式和绝缘支柱数目。按断口形式，可分为垂直断口和水平断口两类；按绝缘子支柱数目，可分为单柱式、双柱式和三柱式。每种结构中按导电闸刀的动作方式，又可细分为平开式、立开式、对折式、偏折式等若干种。

教学资源5　高压隔离开关的使用方法

（1）当隔离开关与断路器、接地开关配合使用时，或隔离开关本身具有接地功能时，应有机械联锁或电气联锁来保证正确的操作程序。

（2）合闸时，在确认断路器等开关设备处于分闸位置上，才能合上隔离开关，合闸动作快结束时，用力不宜太大，避免发生冲击；若单极隔离开关，合闸时应先合两边相，后合中间相；分闸时应先拉中间相，后拉两边相，操作时必须使用绝缘棒来操作。

（3）分闸时，在确认断路器等开关设备处于分闸位置，应缓慢操作，待主刀开关离开静触点时迅速拉开。操作完毕后，应保证隔离开关处于断开位置，并保持操动机构锁牢。

（4）用隔离开关来切断变压器空载电流、架空线路和电缆的充电电流、环路电流和小负荷电流时，应迅速进行分闸操作，以快速有效的灭弧。

（5）送电时，应先合电源侧的隔离开关，后合负荷侧的隔离开关；断电时，顺序相反。

教学资源6　隔离开关的操作

（1）隔离开关操作前应检查断路器、相应接地开关确已量拉开并分闸到位，确认送电范围内接地线已拆除。

（2）隔离开关电动操动机构操作电压应在额定电压的85%～110%。

（3）手动合隔离开关应迅速、果断，但合闸终了时不可用力过猛。合闸后应检查动、静触头是否合闸到位，接触是否良好。

（4）手动分隔离开关开始时，应慢而谨慎；当动触头刚离开静触头时，应迅速，拉开后检查动、静触头断开情况。

（5）隔离开关在操作过程中，如有卡滞、动触头不能插入静触头、合闸不到位等现象时，应停止操作，待缺陷消除后再继续进行。

（6）在操作隔离开关过程中，要特别注意若绝缘子有断裂等异常时应迅速撤离现场，防止人身受伤。对GW6、GW16型等隔离开关，合闸操作完毕后，应仔细检查操动机构上、下拐臂是否均已越过死点位置。

（7）电动操作的隔离开关正常运行时，其操作电源应断开。

（8）操作带有闭锁装置的隔离开关时，应按闭锁装置的使用规定进行，不得随便动用解锁钥匙或破坏闭锁装置。

（9）严禁用隔离开关进行下列操作。

1）带负荷分、合操作。

2）配电线路的停配电操作。

3）雷电时，拉合避雷器。

4）系统有接地（中性点不接地系统）或电压互感器内部故障时，拉合电压互感器。

5）系统有接地时，拉合消弧线圈。

教学资源7　高压隔离开关的运行及基本要求

隔离开关在变电站设备中出现异常是较多的，针对隔离开关在运行中出现的异常进行分析和处理。

（1）隔离开关允许在额定电流、额定电压下长期运行，与导体的连接头在运行中的温度不应超过70℃，应没有专门的灭弧装置，因此，严禁带负荷进行分、合操作。

（2）满足热稳定要求。

(3) 隔离开关在断开位置时，带电与停电设备之间应有足够的安全距离。

(4) 隔离开关在分闸位时，应具有明显可见的断口，使运行人员能清楚地观察隔离开关的分、合状态。

(5) 隔离开关断口绝缘应稳定可靠，确保运行检修人员的人身安全。即使在恶劣的气象条件下，也不应发生漏电或闪络现象。

(6) 隔离开关应具有足够的动稳定和热稳定能力，即使在各种严重的工作条件下，触头仍能正常分、合及可靠接触。

(7) 隔离开关与断路器配合使用时，必须装机械或电气闭锁，以保证正确的操作顺序，避免发生隔离开关带负荷操作事故。

(8) 带有接地开关的隔离开关，主隔离开关和接地开关之间应具有机械或电气闭锁，以保证正确的动作次序。即在主隔离开关断开时，接地开关才能合上。

(9) 隔离开关应具有足够的机械强度、尽量小的外形尺寸。

教学资源 8 高压隔离开关操动机构

隔离开关采用操动机构进行操作，以保证操作安全、可靠，同时也便于在隔离开关与断路器之间安装防止误操作闭锁装置。

隔离开关操动机构的型号及含义如下：

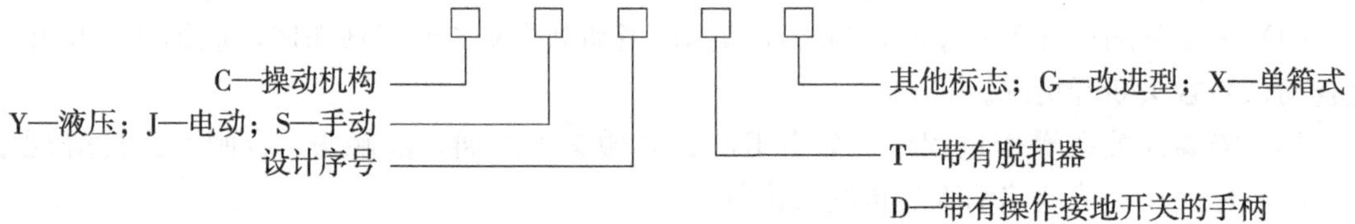

1. 手动杠杆式操动机构

CS6 系列手动杠杆式操动机构如图 3.1 所示。

图 3.1 中实线表示隔离开关的合闸位置，虚线表示隔离开关处于分闸位置，箭头表示隔离开关进行分、合闸操作时，手柄 1 的转动方向。分闸时，将手柄向下旋转 150°，经连杆带动使扇形杆 6 向下旋转 90°，使隔离开关分闸。合闸时，手柄向上旋转 150°，经连杆转动使隔离开关拐臂向上旋转 90°，完成合闸操作。

隔离开关合闸后，连杆 9 与 10 之间的铰接轴 d 处于死点位置之下。因此，可以防止短路电流通过隔离开关时，因电动力而使隔离开关刀闸自行断开。

CS6 系列手动杠杆式操动机构主要与室内式高压隔离开关配套使用。

2. 电动操动机构

CJ2 系列电动操动机构如图 3.2 所示，其中电动机、蜗轮、蜗杆等部件均在操动机构箱内，该机构的操作动力是电动机。电动机转动时，通过齿轮和蜗杆传动使蜗轮转动，蜗轮通过传动杆 3 和牵引杆 4 等组成的传动系统经拐臂 7、拉杆绝缘子 8 操作隔离开关分、合闸。

CJ2 系列电动操动机构比手力操动机构复杂、价格贵，但可以实现远方操作。CJ2 系列操动机构与 10kV 户内重型隔离开关（如 GN2-10/2000 型和 GN2-10/3000 型隔离开关）配套使用。

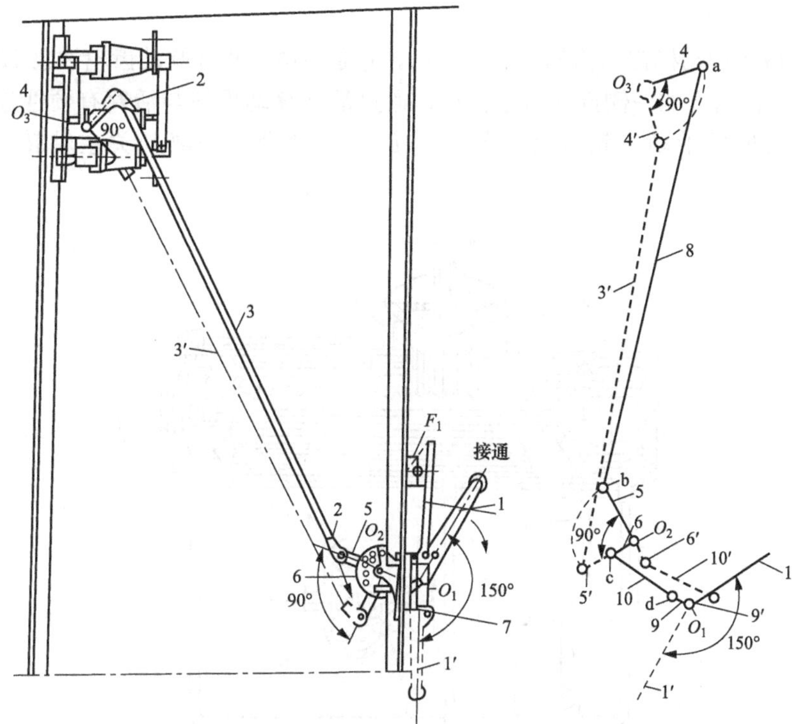

图 3.1　CS6 系列手动杠杆式操动机构示意图

1—手柄；2—接头；3—牵引杆；4—拐臂；5、8～10—连杆；6—扇形杆；7—底座

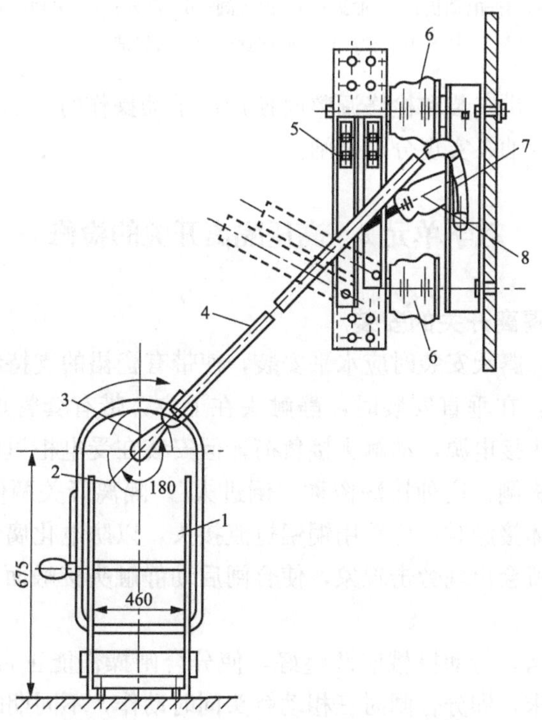

图 3.2　CJ2 系列电动操动机构示意图

1—操动机构箱；2—蜗轮、蜗杆；3—传动杆；4—牵引杆；5—隔离开关；6—支持绝缘子；7—拐臂；8—拉杆绝缘子

3. 液压操动机构

CY2系列液压操动机构结构如图3.3所示，它是由电动机3驱动齿轮油泵12，使高压电油流到油缸中的活塞6的一侧推动活塞移动，通过活塞移动再使与活塞有硬性连接的齿条9作直线运动，由齿条带动齿轮8和主轴7作旋转运动带动隔离开关主轴转动，实现分、合闸。

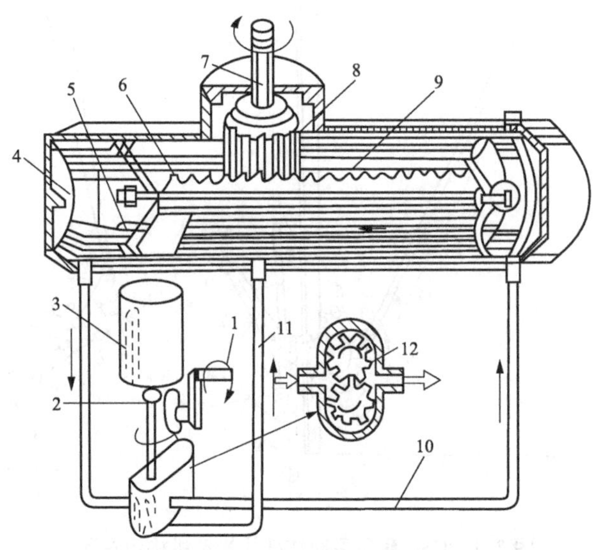

图3.3 CY2系列液压操动机构结构

1—手柄；2—伞齿轮；3—电动机；4—油缸；5—逆止阀；6—活塞；7—主轴；8—齿轮；9—齿条；10—主油管；11—泄油管；12—齿轮油泵

机构上的手摇装置，供安装和检修调整时使用。手动操作时，摇动手柄1，使伞齿轮转动，代替电动机驱动齿轮油泵实现分、合闸。

教学单元2 高压隔离开关的检修

教学资源1 高压隔离开关的安装

户外型的隔离开关，露天安装时应水平安装，使带有瓷裙的支持绝缘子确实能起到防雨作用。户内型隔离开关，在垂直安装时，静触头在上方，带有套管地可以倾斜一定角度安装。一般情况下，静触头接电源，动触头接负荷，但安装在受电柜里的隔离开关，采用电缆进线时，则电源在动触头侧，这种接法俗称“倒进火”。隔离开关两侧与母线及电缆地连接应牢固，遇有铜、铝导体接触时，应采用铜铝过渡接头，以防电化腐蚀。隔离开关的动静触头应对准，否则合闸时就会出现旁击现象，使合闸后动静触头接触面压力不均匀，造成接触不良。

隔离开关的操动机构，传动机械应调整好，使分合闸操作能正常进行，没有抗劲现象。还要满足三相同期的要求，即分合闸时三相动触头同时动作，不同期的偏差应小于3mm。此外，处于合闸位置时，动触头要有足够的切入深度，以保证接触面积符合要求，但又不允许合过头，要求动触头距静触头底座有3～5mm的空隙，否则合闸过猛时将敲碎静触头的支持绝缘子。处于拉开位置时，动、静触头间要有足够的拉开距离，以便有效地隔离带电部分，这个距离应不小于160mm，或者动触头与静触头之间拉开角度不应小于65°。

教学资源2　高压隔离开关的操作

隔离开关都配有手动操动机构，一般采用CS6-1型。操作时要先拔出定位销，分、合闸动作要果断、迅速，终了时注意不可用力过猛，操作完毕一定要用定位销销住，并目测其动触头位置是否符合要求。在操作隔离开关时，应该注意操作顺序，停电时先拉线路侧隔离开关，送电时先合母线隔离开关，而且在操作隔离开关前，先注意检查断路器确实在断路位置后才能操作隔离开关。

1. 合上高压隔离开关时的操作

(1) 无论用手动传动装置或用绝缘操作杆操作，都必须迅速而果断，但在合闸终了时用力不可过猛，以免损坏设备，使机构变形、绝缘子破裂等。

(2) 隔离开关操作完毕后，应检查是否合上。合好后应该使隔离开关完全进入固定触头，并检查接触的严密性。

2. 拉开高压隔离开关时的操作

(1) 开始时应该慢而谨慎，当刀片钢要离开固定触头时应迅速。特别是切断变压器的空载电流，架空线路和电缆的充电电流，架空线路小负荷电流以及环路电流时，拉开隔离开关时，更应迅速果断，以便能迅速消弧。

(2) 拉开隔离开关后，应检查隔离开关每相确实已在断开位置，并应使刀片尽量拉到头。

3. 在操作中误拉误合高压隔离开关时

(1) 操作中误合隔离开关时，即使合错，甚至在合闸中发生电弧，也不准将隔离开关在拉开。因为带负荷隔离开关，将造成三相弧光短路事故。

(2) 误拉隔离开关时，在刀片刚要离开固定触头时便发生电弧，这时应立即合上，可以消灭电弧，避免事故。如果隔离开关已经全部拉开，则绝不允许将误拉的隔离开关再合上。

如果是单极隔离开关，操作一相后发现误拉，对其他两项则不允许继续操作。

高压隔离开关的操动机构，传动机械应调整适当，这样可以使分合闸操作正常进行，不会出现抗劲现象。在操作运行时必须要强调的是，不管是合闸还是分闸操作，都应在不带负荷或负荷为隔离开关允许操作的范围之内进行，在操作高压隔离开关之前，必须对与之串联的断路器进行检测，应确保处于断开位置。如隔离开关带的负荷处于规定容量范围内，则必须先停掉变压器全部的低压负荷，令其空载之后再拉开该高压隔离开关。

教学资源3　高压隔离开关的巡视

对运行中的隔离开关应进行巡视。在有人值班的配电所中应每班一次；在无人值班的配电所中，每周至少一次。

日常巡视的内容，主要是观察有关的电流表，其运行电流应在正常范围内；其次根据隔离开关的结构，检查其导电部分接触良好，无过热变色，绝缘部分应完好，以及无闪络放电痕迹；再次就是传动部分应无异常（无扭曲变形，销轴脱落等）。正常巡视的步骤如下。

(1) 瓷绝缘是否完整，无裂纹和放电现象。

(2) 操作连杆及部件有无开焊、变形、锈蚀、松动、脱落等现象，连接的轴销子紧固的螺母是否完好。

（3）闭锁装置是否完好，销子是否锁牢，辅助触点位置是否正确且接触良好，机构外壳接地是否良好。

（4）带有接地开关的隔离开关在接地时，三相接地开关是否接触良好。

（5）隔离开关合闸后，两触头是否完全进入刀嘴内，触头之间接触是否良好，在额定电流下，温度是否超过70℃。

（6）隔离开关通过短路电流后，应检查隔离开关的绝缘子有无破损和放电痕迹，以及动静触头及接头有无熔化现象。

教学资源4　高压隔离开关的常见故障分析

在系统运行中隔离开关发生的缺陷和故障比较多，涉及多方面的质量问题。对安全运行威胁最大的是绝缘子断裂故障，其次是触头过热、运动卡滞、机构卡涩和分合闸不到位、绝缘子闪络等。

（1）绝缘子断裂故障。2005年，徐州电网发生了2次绝缘子断裂故障，一次是在运行操作中，一次是在施工接线过程中，断裂处均在绝缘子和法兰的胶合处。绝缘子断裂既与产品质量有关，也与隔离开关的整体质量及操作方法有关。绝缘子在烧制过程中控制不当可能造成瓷件夹生、致密性不均及水泥胶装不良的问题，加之质检手段不严，造成个别质量低劣的绝缘子被组装成产品后，投放到运行中对安全构成极大威胁。操作人员在分合隔离开关时操作方法不当、用力过猛也容易造成绝缘子损坏。此外，2005年和2004年还发生了8节500kV SOPLT型隔离开关支持绝缘子开裂缺陷。

（2）导电回路过热。运行中常常发生导电回路异常发热现象，多数是由于静触指压紧弹簧疲劳、特性变坏，静触指单边接触以及长期运行接触电阻增加而造成的。运行中由于静触指压紧弹簧长期受压缩，如果工作电流较大，温升超过允许值，就会使其弹性变差，恶性循环，最终造成烧损，这是造成触头发热的主要原因。此外，触头镀银层工艺差、易磨损露铜，接触面脏污，触头插入不够、螺栓锈蚀造成线夹接触面压力降低等，也是造成发热的原因。

（3）机构问题。机构问题表现为操作失灵，如拒动或分合闸不到位，往往发生在倒闸操作时，影响系统的安全运行。由于机构箱密封不好或锈蚀进水造成机构锈蚀严重，润滑干涸，操作阻力增大，在操作困难的同时，还会发生零部件损坏，如变速齿轮断裂，连杆扭弯等。

（4）传动困难。隔离开关的传动系统锈蚀造成传动阻力大，甚至出现拒分拒合，如在运行中曾出现底座轴承锈死、无法操作的情况，这是由于传动部件的主轴铜套干涩、轴承脏污、黄油干涸造成的。

造成上述隔离开关缺陷或故障的原因，既有制造工艺、选材质量问题，也有些是由于检修维护不当所致。要保证隔离开关的安全运行，保证其初始质量是关键所在。

教学资源5　高压隔离开关的常见故障处理

（一）传动及操作部分故障处理

1.传动部分

清扫掉外露部分的污垢与锈蚀，检查拉杆、拐臂、传动轴等部分应无机械变形，动作灵活，销钉齐全，配合适当；活动部分的轴承、蜗轮等处清洗掉油泥，注入适量润滑油；根据检查情况决定是否吊起传动支柱绝缘子，对下面转承轴进行清洗和加润滑油；检查动作部分对带电部分的绝缘距离应符合要求，限位器、制动装置应安装牢固，动作准确。

2. 手动操作机构

检查手动操作机构紧固情况，特别是当操作机构装在开关柜中的钢板或夹在水泥架构上时，应检查有无受力变位的情况，发现异常应进行调整或加固。清洁检查手动机构，对传动部分加润滑油，操作应灵活无卡涩。调节机构的机械闭锁：隔离开关在合闸位置时闭锁接地开关不能合闸；接地开关在合闸时闭锁位置时闭锁隔离开关不能合闸。

3. 电动机构

用手柄操作机构检查各转动部件是否灵活，辅助开关和行程开关能否正常切换；检查所有连接件，紧固件有无松动现象；检查齿轮、丝母、联板、拐臂等主要部件应无损坏变形；检查电动机完好无缺陷，转向正确，必要时给电动机加润滑脂；检查控制回路接线，二次元件有无损坏，接触是否良好，分合闸指示是否正确；检查辅助开关，清除辅助开关上的灰尘和油泥，检查并调整其小臂、传动、小弹簧及接触片的压力，活动关节处加润滑油，以使其动作正确，接触良好。

以上检查完毕，当确认机构部件一切正常，并在转动摩擦部分涂抹润滑油，先手动操作3～5次，然后接通电源，试用电动操作。

（二）导电回路发热故障处理

1. 原因

运行中接触面产生氧化或触头处存有油污，使接触电阻增加，当电流通过时触头温度就会超过允许值，有烧红以致熔接的可能。

隔离开关过载或接触面不严密、触头插入不够，使电流通路的截面减小，接触电阻增加。接线座过热。由于昼夜温差大，致使空气中的水蒸气凝结或由于雨雪天水分的渗入，铝质导电杆、接线夹与铜导电带连接处产生电化学腐蚀，导致接触电阻增大发热；因导电带装反，使其旋转方向与隔离开关操作转动反向，或者其他部位发热造成铜导电带因过热失去弹性，或者因受腐蚀性气体长期侵蚀导电带失去弹性，从而在长期操作中使铜导电带断股，导致实际通流能力下降，引发过热；导电带螺栓没有禁锢，使接触面压力不够，而发热。

2. 处理

（1）表面氧化或者存有污垢使接触电阻增大，可用棉丝布、毛刷蘸稀料擦拭，铜表面氧化可用00号砂布打磨，镀银层氧化用含量25%的氨水浸泡，然后用清水冲洗干净，最后在接触面上涂抹润滑剂。

（2）触头压紧弹簧螺栓松动、弹簧变形、特性变坏的，应紧固螺栓，调整弹簧压力，损坏严重的就要更换弹簧。

（3）隔离开关过载，可能是系统过电压造成或隔离开关选型不当，额定电流偏小造成，如果选型不合适，就要更换额定电流较大的隔离开关；接触面不严密、触头插入不够，对触头进行调整，使其接触紧密，插入深度合格。

（4）接线座发热，就要拆除接线座，检查接线座内部零件，腐蚀严重的要更换，检查并紧固导电带螺栓。

3. 预防

（1）过热缺陷的早期诊断。运行人员在平时加强巡视，观察各导电部位变色漆的颜色变化或试温蜡片的状态，最可靠的方法是用远红外测温仪器进行定量测试。根据以往的经验发现，有些部位发热的确是由于其自身缺陷引发的，而有些部位过热却是相邻部位发热传导所致。比如接线座内部软连接过热就可以通过热传导和对流使接线座发热，如果不将两者的温度进行比较分析，就不能准确地判断发热的具体部位。使用红外点温仪测温，将仪器功能设置在“即时温度”位置，对准被测物缓慢移动，找出最高温度点，然后进行分析比较诊断，找出真正的发热部位。

(2) 把好初始状态关。隔离开关投运前应解体检修，严禁使用有缺陷的劣质线夹、螺栓等零部件，用压接式设备线夹替换螺栓式设备线夹，铜铜、铜铝连接采用搪锡工艺，接头接触面要清洗干净并及时涂抹导电脂，螺栓使用正确、紧固力度适中。

(三) 绝缘子故障处理

绝缘子闪络主要是绝缘子表面和瓷裙内积污严重、瓷裙爬距小造成的。特别是在重污染区内的隔离开关，化工污染和水泥积垢不仅使得绝缘子清扫极为困难，而且空气中大量的工业粉尘和腐蚀性气体的存在极易引起绝缘子闪络放电，扩大事故范围。针对这种情况，可以采取带电清扫加强清扫力度、给隔离开关绝缘子增加硅橡胶伞裙以增大爬距和利用 RTV 涂料的憎水性喷涂 RTV。绝缘子断裂既与产品质量有关，也与隔离开关的整体质量及操作方法有关。绝缘子在烧制过程中控制不当可能造成瓷件夹生、致密性不均以及水泥胶装不良的问题，加之质检手段不严，造成个别质量低劣的绝缘子被组装成产品后，投放到运行中对安全构成极大威胁。操作人员分合隔离开关时操作方法不当、用力过猛也容易造成绝缘子损坏。对绝缘子断裂问题必须进行综合治理，首先要保证隔离开关的整体结构合理，其次还要加强对绝缘子制造企业的选择，可以指定隔离开关生产企业使用质量优、信誉好的绝缘子制造企业的产品。另外，可以开展无损探伤技术，定期对绝缘子进行检测。运行人员要加强监视，特别是对绝缘子胶合面的观察。在运行操作时要方法得当，如出现操作困难时切忌强行操作。隔离开关导电回路发热和绝缘子闪络现象，严重影响着设备的安全运行。可以更换静触指压紧弹簧为不锈钢弹簧，采用不锈钢螺栓或热镀锌高强度螺栓并用力矩扳手紧固；调整触头插入深度和清洁接触面，或采用自清洁触头。同时采用红外测温技术定期检测导电部位的发热情况，发现问题及时处理。

教学资源 6　检修准备工作及基本要求

1. 检修资料准备

为了保证隔离开关检修工作具有针对性、检修方案制定具有科学性，检修前应对拟检修的隔离开关的安装情况、运行情况、故障情况、缺陷情况及隔离开关设备近期的试验检测等方面情况进行详细、全面的调查分析，以判定隔离开关的综合状况，为现场具体检修方案的制定打好基础。

2. 制定方案的确定

检修前通过对设备资料的分析、评估，制定出隔离开关现场检修方案。现场检修方案应包含隔离开关检修的具体内容、标准、检修工作范围，以及是否包含完善化改造项目。

3. 检修工器具、备件及材料准备

根据隔离开关的检修方案及内容，准备必要的检修工器具、备件及材料，如检修专用支架，起重设备、试验检测仪器、专用工具、按制造厂要求准备的辅助材料等。

4. 检修安全措施

（1）施工现场工作人员必须严格执行《电业安全生产规程》，明确停电范围、工作内容、停电时间，核实所做安全措施是否与工作内容相符。

（2）现场如需进行电气焊工作，要开动火工作票，应由专业人员操作，严禁无证人员进行操作，同时要做好防火措施。

（3）向生产厂家技术人员提供《电业安全生产规程》，并介绍变电站的接线情况、工作范围、安全措施。

（4）在隔离开关传动前，各部门要进行认真检查；在隔离开关传动时，应密切注视设备的动作情况，防止绝缘子断裂等造成人身伤害和设备损坏。

（5）当需要接触润滑脂或润滑油的时候，需准备防护手套。

（6）隔离开关检修前，必须对检修工作危险点进行分析。每次检修工作前，应针对被检修隔离开关的具体情况，对危险点进行详细分析，做好充分的预防措施，并组织所有检修人员共同学习。

5. 检修环境的要求

为了解隔离开关检修前的状态，并与检修后的实验数据进行比较，在检修前，应对被检隔离开关进行检查和试验。隔离开关检修前的检查和试验项目包括如下。

（1）隔离开关在停电前、带负荷状态下的红外测温。

（2）隔离开关主回路电阻测量。

（3）隔离开关的电气传动及手动操作。

教学资源7 高压隔离开关的检修

高压隔离开关是供高压线路在无载荷情况下进行换接，以及对被检修的高压母线、断路器等电气设备与带电的高压线路进行电气隔离用的电气设备。高压隔离开关在电力系统中的运行数量很多，其质量优劣、运行维护好坏将直接影响到电力系统的安全运行。因此，保证隔离开关良好的运行状态，进行合理的检修维护管理工作，成为隔离开关安全运行的有力保障。

（一）隔离开关的小修（见表3.1）

表3.1 隔离开关小修检查内容及质量要求

检查内容	质量要求
标志牌	名称、编号齐全、完好
绝缘子	清洁，无破裂，无损伤放电现象；防污闪措施完好
导电部分	触头接触良好，无过热、变色及移位等异常现象；动触头的偏斜不大于规定数值。触电压接良好，无过热现象，引线弧垂适中
传动连杆、拐臂	连杆无弯曲，连接无松动，无锈蚀，开口销齐全；轴销无变形、脱落、锈蚀，润滑良好；金属部件无锈蚀，无鸟巢
法兰连接	无裂痕，连接螺栓无松动、锈蚀、变形
接地开关	部位正确，弹簧无断股、闭锁良好，接地杆高度不超过规定数值；接地引下线完整可靠接地
闭锁装置	机械闭锁装置完好、齐全，无锈蚀、变形
操动机构	密封良好，无受潮
接地	应有明显的接地点，且标记醒目。螺栓压接良好，无锈蚀

（二）隔离开关的大修（见表 3.2）

表 3.2　隔离开关大修检修内容及质量要求

检修部位	检修内容	质量要求
导电部分	主触头	主触头接触面无过热、烧伤痕迹，镀银层无脱落现象
	触头弹簧	触头弹簧无锈蚀、分流现象
	导电臂	导电臂无锈蚀、起层现象
	接线座	接线座无腐蚀，转动灵活，接触可靠；接线板应无变形、开裂，镀层应完好
机构和传动部分	轴承座	轴承座应采用全密封结构，加优质二硫化钼锂基润滑脂
	轴套、轴销	轴套应具有自润滑措施，应转动灵活，无锈蚀，新换轴销应采用防腐材料
	传动部件	传动部件应无变形、锈蚀及严重磨损，水平连杆端部应密封，内部无积水，传动轴应采用装配式结构，不应在施工现场进行切焊配装
	机构箱	机构箱应达到防雨、防潮，防小动物等要求，机构箱门无变形
	辅助开关及二次元件	二次元件及辅助开关接线无松动，端子排无锈蚀，辅助开关与传动杆连接可靠
	机构输出轴	机构输出轴与传动轴的连接紧密，定位销无松动
	主开关和接地开关联锁	主开关与接地开关机械联锁可靠，具有足够的机械强度，电气闭锁动作可靠
绝缘子	绝缘子检查	（1）绝缘子清洁完好，无掉瓷现象，上、下节绝缘子同心度良好 （2）法兰无开裂、锈蚀，油漆完好。法兰与绝缘子的结合部位应涂防水胶

（三）检修分类及周期

隔离开关的检修分为大修、小修及临时性检修。

由于电力企业采用不同的检修制度，因此检修周期应根据企业采取的检修制度确定。对于实施状态检修的设备，应根据设备状态评估的结果来确定隔离开关是否需要检修、采用何种方式进行检修；对于未实施状态检修的设备，一般应结合设备的预防性实验进行小修，但周期一般不应超过 3 年；经过完善化改造，符合交流高压隔离开关技术标准和订货有关规定的隔离开关，推荐每 8～10 年对其进行一次大修。未经过完善化改造、不符合要求的隔离开关，应该对其进行完善化大修。

（四）隔离开关检修后的调整及试验（见表 3.3）

隔离开关检修后应根据厂家的说明书或相关规程要求进行调整、试验。首先在手动情况下调整相关尺寸，然后在电动或气动操作情况下进行校验。

表 3.3　隔离开关检修后的调整与试验项目

检查内容	技术要求
隔离开关主开关合入时触头插入深度	符合制造厂技术条件要求
接地开关合入时触头插入深度	符合制造厂技术条件要求
检查开关合入时是否在过死点位置	符合制造厂技术条件要求
手动操作主开关和接地开关合、分各 5 次	动作顺畅，无卡涩
电动操作主开关和接地开关合、分各 5 次	动作顺畅，无卡涩
测量主开关和接地开关的接触电阻	符合制造厂技术条件要求
检查机械联锁	联锁可靠
三相同期	符合制造厂技术条件要求

思　考　题

1. 隔离开关的用途有哪些？
2. 操作隔离开关的要点有哪些？
3. 操作隔离开关时发生带负荷误操作时该怎样处理？
4. 叙述隔离开关的检修项目及工艺要求。

课程模块4　熔断器的检修

【学习目标】

1. 熟悉熔断器的结构，了解熔断器的工作特性。
2. 了解常用熔断器的种类。
3. 掌握熔断器的检修方法及过程。

【重点】 熔断器的选择

【难点】 熔断器的检修

教学单元1　熔断器的简介

熔断器是指当电流超过规定值时，以本身产生的热量使熔体熔断，断开电路的一种电器。熔断器是根据电流超过规定值一段时间后，以其自身产生的热量使熔体熔化，从而使电路断开；运用这种原理制成的一种电流保护器。熔断器广泛应用于高低压配电系统和控制系统以及用电设备中，作为短路和过电流的保护器，是应用最普遍的保护器件之一。

熔断器是根据电流超过规定值一段时间后，以其自身产生的热量使熔体熔化，从而使电路断开；运用这种原理制成的一种电流保护器。熔断器广泛应用于高低压配电系统和控制系统以及用电设备中，作为短路和过电流的保护器，是应用最普遍的保护器件之一。

熔断器是一种过电流保护器。熔断器主要由熔体和熔管以及外加填料等部分组成。使用时，将熔断器串联于被保护电路中，当被保护电路的电流超过规定值，并经过一定时间后，由熔体自身产生的热量熔断熔体，使电路断开，从而起到保护的作用。

以金属导体作为熔体而分断电路的电器，串联于电路中，当过载或短路电流通过熔体时，熔体自身将发热而熔断，从而对电力系统、各种电工设备以及家用电器都起到了一定的保护作用。具有反时延特性，当过载电流小时，熔断时间长；过载电流大时，熔断时间短。因此，在一定过载电流范围内至电流恢复正常，熔断器不会熔断，可以继续使用。熔断器主要由熔体、外壳和支座三部分组成，其中熔体是控制熔断特性的关键元件。

教学资源1　熔断器的发展

熔断器自1879年以来，就已在欧洲各国和美国得到广泛使用。引起了世界各国有关专家和教授们的重视。比较典型的是英国S. P. Thampson教授，他生产了一种改进型的熔断器，它是由两根铁丝连接到一个金润球上，这个球是用铅锡合金或其他低熔点的导电材料制成的。当有足够大的电流在足够长的时间内通过熔断器时，金属球就会熔化而坠落，使得导线分开，电路也就断开了。后来C. V. Boys和H. H. Cunyngh根据S. P. Thampson教授的熔断器结构，设计了另一种熔断器，在1883年取得了专利。在他们设计的熔断器中，电流是通过两片内侧焊接在一起的弹簧片。当电流超过规定值时，焊接处熔化，于是弹簧片各自向不同方向弹开，使电路突然断开。基于相同的结构原理，其他国家也制作了一些类似形式的熔断器。1878年英国J. Swan试制成功了白炽灯，几乎在同时，美国的T. A. Edison也研制成功了这种白炽灯。随即这些白炽灯投入了生产，大大地引起了人们对电灯照明的兴趣。开始时在英国是由Swan电灯联公司的发电厂向用户供电，并安装了用木制插座的熔断器，这种熔断器当时称作“安全熔断桥”。几年以后，就是1881年—1885年，这个发电厂向用户供电的各种电气设备在支路上都是用熔断器来保护的。同时当时灯泡的价格和事故率都比较高，说明采用熔断器是必需的，除了用熔断器外，还没有其他的保护设备可代用。

教学资源2　熔断器的结构

（一）基本结构

熔断器主要由熔体、熔管和底座三部分组成，每部分作用详见表4.1。

表4.1　熔断器各部分作用

各部分名称	材料及作用
熔体	铅、铅锡合金或锌等低熔点材料制成，多用于小电流电路；银、铜等较高熔点金属制成，多用于大电流电路
熔管	用耐热绝缘材料制成，再熔体熔断时兼有灭弧作用
底座	用于固定熔管和外接引线

（二）结构特性

在熔断器的各部分中，熔体是控制熔断特性的关键元件。熔体的材料、尺寸和形状决定了熔断特性。熔体的材料分为低熔点和高熔点两类。低熔点材料如铅和铅合金，其熔点低、容易熔断。由于其电阻率较大，故制成熔体的截面尺寸较大，熔断时产生的金属蒸气较多，只适用于低分断能力的熔断器。高熔点材料如铜、银，其熔点高，不容易熔断，但由于其电阻率较低，可制成比低熔点熔体较小的截面尺寸，熔断时产生的金属蒸气少，适用于高分断能力的熔断器。熔体的形状分为丝状和带状两种。改变截面的形状可显著改变熔断器的熔断特性。熔断器有各种不同的熔断特性曲线，可以适用于不同类型保护对象的需要。熔体额定电流不等于熔断器额定电流，熔体额定电流按被保护设备的负荷电流选择，熔断器额定电流应大于熔体额定电流，与主电器配合确定。

教学资源3　熔断器的工作特性

熔断器的动作是靠熔体的熔断来实现的，熔断器有个非常明显的特性，就是安秒特性。对熔体来说，其动作电流和动作时间特性即熔断器的安秒特性，也叫反时延特性，即过载电流小时，熔断时间长；过载电流大时，熔断时间短。

对安秒特性的理解，从焦耳定律上可以看到，串联回路里，熔断器的R值基本不变，发热量与电流I的平方成正比，与发热时间T成正比，即当电流较大时，熔体熔断所需的时间就较短。而电流较小时，熔体熔断所需用的时间就较长，甚至如果热量积累的速度小于热扩散的速度，熔断器温度就不会上升到熔点，熔断器甚至不会熔断。所以，在一定过载电流范围内，当电流恢复正常时，熔断器不会熔断，可继续使用。

因此，每一熔体都有一最小熔化电流。相应于不同的温度，最小熔化电流也不同。虽然该电流受外界环境的影响，但在实际应用中可以不加考虑。一般定义熔体的最小熔断电流与熔体的额定电流之比为最小熔化系数，常用熔体的熔化系数大于1.25，也就是说额定电流为

10A 的熔体在电流 12.5A 以下时不会熔断。

从这里可以看出，熔断器的短路保护性能优秀，过载保护性能一般。如确需在过载保护中使用，需要仔细匹配线路过载电流与熔断器的额定电流。例如：8A 的熔体用于 10A 的电路中，作短路保护兼作过载保护用，但此时的过载保护特性并不理想。

教学资源 4　熔断器的工作原理

利用金属导体作为熔体串联于电路中，当过载或短路电流通过熔体时，因其自身发热而熔断，从而分断电路的一种电器。熔断器结构简单，使用方便，广泛用于电力系统、各种电工设备和家用电器中作为保护器件。

教学资源 5　熔断器的作用

电子设备中使用的保护元件除熔断电阻器外，还有普通熔断器、热熔断器和自恢复熔断器等。保护元件一般是串接在电路中，它在电路中出现过电流、过电压或过热等异常现象时，会立即熔断而起到保护作用，可防止故障进一步扩大。

（一）普通熔断器

普通熔断器俗称熔丝或保险管，属于熔断不可恢复型熔断器，熔断后只能更换新的熔断器。它在电路中用“F”或“FU”表示。

1. 普通熔断器的结构特点

普通熔断器通常由玻璃管、金属帽和熔丝构成。

两只金属帽套在玻璃管两端，熔丝（采用低熔点金属材料制作）装在玻璃管内，其两端分别焊接在两只金属帽的中心孔上。使用时将熔断器装入熔断器座中，与电路串联即可。

熔断器的熔丝多数为直线状，只有彩色电视机、电脑显示器中使用的延迟式熔断器为螺旋状熔丝。

2. 普通熔断器的主要参数

普通熔断器的主要参数有额定电流、额定电压、环境温度和反应速度等。

额定电流也称致断容量，是指熔断器在额定电压下能熔断的电流值。

熔断器的正常工作电流应低于额定电流 30%。

国产熔断器的额定电流值通常直接标注在金属帽上，进口熔断器则用色环标注在玻璃管上。

额定电压是指熔断器的最调节作电压，它分为 32、125、250V 和 600V 四种规格。熔断器的实际工作电压应低于或等于额定电压值。若熔断器的工作电压值超过额定电压值，则会迅速熔断。

熔断器的电流承载能力的实验，是在 25℃环境温度条件下进行的。熔断器的使用寿命与工作环境温度成反比。环境温度越高，熔断器的工作温度也越高，其寿命也越短。

反应速度是指熔断器对各种电负荷作出反应的迅速程度。

熔断器按反应速度和性能可分为正常响应型、延时断开型、快动作型和电流限制型。

（二）热熔断器

热熔断器也称温度熔丝，是一种不可恢复式过热熔断器元件，广泛应用于各类电炊具、电动机、洗衣机、电风扇、电源变压器等电子产品中。

热熔断器按感温体材料的不同，可分为低熔点合金型热熔断器、有机化合物型热熔断器和塑料-金属型热熔断器。

1. 低熔点合金型热熔断器

低熔点合金型热熔断器的感温体由具有固定熔点的合金材料加工而成。当温度达到合金熔点时，感温体则自动熔断，将被保护电路断开。

根据其结构的不同，低熔点合金型热低熔点合金型热熔断器又可分为重力式、表面张力式和弹簧反应式三种。

2. 有机化合物型热熔断器

有机化合物型热熔断器由感温体、可动电极、弹簧等组成。

感温体是用高纯度、低熔断温度范围的有机化合物加工而成。正常时，可动电极与固定端点相接触，电路被熔断器接通；当温度达到熔点时，感温体自动熔断，可动电极在弹簧的作用下与固定端点断开，将电路断开而进行保护。

3. 塑料-金属型热熔断器

塑料-金属型热熔断器采用表面张力式结构，其感温体的电阻值几乎为0。当工作温度达到设定温度时，感温体的电阻值会突然增大，阻止电流通过。

（三）自恢复熔断器

自恢复熔断器是一种有过流、过热保护功能的新型熔断器元件，可以多次重复使用。

1. 自恢复熔断器的结构原理

自恢复熔断器属于正温度系数的PTC热敏元件，由高分子聚合物及导电材料等混合制成，它串联在电路中，可以代替传统的熔断器。

在电路正常工作时，自恢复熔断器处于导通状态。当电路出现过电流故障时，熔断器自身温度将迅速上升，聚合材料受热后迅速进入高阻状态，由导体变成绝缘体，切断电路中的电流，使电路进入保护状态。当故障消失、自恢复熔断器冷却后，它又呈低阻导通状态，自动接通电路。自恢复熔断器的动作速度与异常电流的大小及环境温度有关，电流越大、温度越高，则动作速度也越快。

2. 常用的自恢复熔断器

自恢复熔断器有插件式、表面安装式、片式等结构外形。

常用的插件式自恢复熔断器有RGE系列、RXE系列、RUE系列、RUSR系列等，用于电脑及一般电器。

教学资源6 熔断器的特点

熔体额定电流不等于熔断器额定电流，熔体额定电流按被保护设备的负荷电流选择，熔断器额定电流应大于熔体额定电流，与主电器配合确定。熔断器主要由熔体、外壳和支座三部分组成，其中熔体是控制熔断特性的关键元件。熔体的材料、尺寸和形状决定了熔断特性。熔体材料分为低熔点和高熔点两类。低熔点材料如铅和铅合金，其熔点低容易熔断，由于其电阻率较大，故制成熔体的截面尺寸较大，熔断时产生的金属蒸气较多，只适用于低分断能力的熔断器。高熔点材料如铜、银，其熔点高，不容易熔断，但由于其电阻率较低，可制成比低熔点熔体较小的截面尺寸，熔断时产生的金属蒸气少，适用于高分断能力的熔断器。熔体的形状分为丝状和带状两种。改变变截面的形状可显著改变熔断器的熔断特性。熔断器具有反时延特性，即过载电流小时，熔断时间长；过载电流大时，熔断时间短。所以，在一定过载电流范围内，当电流恢复正常时，熔断器不会熔断，可继续使用。熔断器有各种不同的熔断特性曲线，可以适用于不同类型保护对象的需要。

教学资源7 熔断器的分类

熔断器根据使用电压可分为高压熔断器和低压熔断器。根据保护对象可分为保护变压器用和一般电气设备用的熔断器、保护电压互感器的熔断器、保护电力电容器的熔断器、保护半导体元件的熔断器、保护电动机的熔断器和保护家用电器的熔断器等。根据结构可分为敞开式、半封闭式、管式和喷射式熔断器。

敞开式熔断器结构简单，熔体完全暴露于空气中，由瓷柱作支撑，没有支座，适于低压户外使用。分断电流时在大气中产生较大的声光。

半封闭式熔断器的熔体装在瓷架上，插入两端带有金属插座的瓷盒中，适于低压户内使用。分断电流时，所产生的声光被瓷盒挡住。

管式熔断器的熔体装在熔断体内。然后插在支座或直接连在电路上使用。熔断体是两端套有金属帽或带有触刀的完全密封的绝缘管。这种熔断器的绝缘管内若充以石英砂，则分断电流时具有限流作用，可大大提高分断能力，故又称作高分断能力熔断器。若管内抽真空，则称作真空熔断器。若管内充以 SF_6 气体，则称作 SF_6 熔断器，其目的是改善灭弧性能。由于石英砂，真空和 SF_6 气体均具有较好的绝缘性能，故这种熔断器不但适用于低压也适用于高压。

喷射式熔断器是将熔体装在由固体产气材料制成的绝缘管内。固体产气材料可采用电工反白纸板或有机玻璃材料等。当短路电流通过熔体时，熔体随即熔断产生电弧，高温电弧使固体产气材料迅速分解产生大量高压气体，从而将电离的气体带电弧在管子两端喷出，发出极大的声光，并在交流电流过零时熄灭电弧而分断电流。绝缘管通常是装在一个绝缘支架上，组成熔断器整体。有时绝缘管上端做成可活动式，在分断电流后随即脱开而跌落，此种喷射式熔断器俗称跌落熔断器。一般适用于电压高于6kV的户外场合。

此外，熔断器根据分断电流范围还可分为一般用途熔断器，后备熔断器和全范围熔断器。一般用途熔断器的分断电流范围指从过载电流大于额定电流1.6～2倍起，到最大分断电流的范围。这种熔断器主要用于保护电力变压器和一般电气设备。后备熔断器的分断电流范围指从过载电流大于额定电流4～7倍起至最大分断电流的范围。这种熔断器常与接触器串联使用，在过载电流小于额定电流4～7倍的范围时，由接触器来实现分断保护。主要用于保护电动机。

随着工业发展的需要，还制造出适于各种不同要求的特殊熔断器，如电子熔断器、热熔断器和自复熔断器等。

热熔断器受环境温度控制而动作，是一种一次性的过热保护器件，热熔断器外壳内连接两端引线的感温导电体由具有固定熔点的低熔点合金制成，正常情况下（未熔断时）热熔断器的电阻值为零。当热熔断器所处环境温度达到其额定动作温度时，感温导电体快速熔断切断电路。热熔断器具有多种不同的额定动作温度，广泛应用在电子设备的热保护方面。

自复熔断器采用金属钠作熔体，在常温下具有高电导率。当电路发生短路故障时，短路电流产生高温使钠迅速气化，气态钠呈现高阻态，从而限制了短路电流。当短路电流消失后，温度下降，金属钠恢复原来的良好导电性能。自复熔断器只能限制短路电流，不能真正分断电路。其优点是不必更换熔体，能重复使用。

教学资源8 熔断器的种类

（1）螺旋式熔断器RL。在熔断管装有石英砂，熔体埋于其中，熔体熔断时，电弧喷向石英砂及其缝隙，可迅速降温而熄灭。为了便于监视，熔断器一端装有色点，不同的颜色表示不同的熔体电流，熔体熔断时，色点跳出，示意熔体已熔断。螺旋式熔断器额定电流为5～200A，主要用于短路电流大的分支电路或有易燃气体的场所。

（2）有填料管式熔断器RT。有填料管式熔断器是一种有限流作用的熔断器。由填有石英砂的瓷熔管、触点和镀银铜栅状熔体组成。填料管式熔断器均装在特别的底座上，如带隔离开关的底座或以熔断器为隔离刀的底座上，通过手动机构操作。填料管式熔断器额定电流为50～1000A，主要用于短路电流大的电路或有易燃气体的场所。

（3）无填料管式熔断器RM。无填料管式熔断器的熔丝管是由纤维物制成。使用的熔体为变截面的锌合金片。熔体熔断时，纤维熔管的部分纤维物因受热而分解，产生高压气体，使电弧很快熄灭。无填料管式熔断器具有结构简单、保护性能好、使用方便等特点，一般均与刀开关组成熔断器刀开关组合使用。

（4）有填料封闭管式快速熔断器RS。有填料封闭管式快速熔断器是一种快速动作型的熔断器，由熔断管、触点底座、动作指示器和熔体组成。熔体为银质窄截面或网状形式，熔体为一次性使用，不能自行更换。由于其具有快速动作性，一般作为半导体整流元件保护用。

（5）熔断器根据使用电压可分为高压熔断器和低压熔断器。根据保护对象可分为保护变压器用和一般电气设备用的熔断器、保护电压互感器的熔断器、保护电力电容器的熔断器、保护半导体元件的熔断器、保护电动机的熔断器和保护家用电器的熔断器等。根据结构可分为敞开式、半封闭式、管式和喷射式熔断器。

（6）敞开式熔断器。结构简单，熔体完全暴露于空气中，由瓷柱作支撑，没有支座，适于低压户外使用。分断电流时在大气中产生较大的声光。

（7）半封闭式熔断器。熔体装在瓷架上，插入两端带有金属插座的瓷盒中，适于低压户内使用。分断电流时，所产生的声光被瓷盒挡住。

（8）管式熔断器。熔体装在熔断体内。然后插在支座或直接连在电路上使用。熔断体是两端套有金属帽或带有触刀的完全密封的绝缘管。这种熔断器的绝缘管内若充以石英砂，则分断电流时具有限流作用，可大大提高分断能力，故又称作高分断能力熔断器。若管内抽真空，则称作真空熔断器。若管内充以SF_6气体，则称作SF_6熔断器，其目的是改善灭弧性能。由于石英砂，真空和SF_6气体均具有较好的绝缘性能，故这种熔断器不但适用于低压也适用于高压。

（9）喷射式熔断器。是将熔体装在由固体产气材料制成的绝缘管内。固体产气材料可采用电工反白纸板或有机玻璃材料等。当短路电流通过熔体时，熔体随即熔断产生电弧，高温电弧使固体产气材料迅速分解产生大量高压气体，从而将电离的气体带电弧在管子两端喷出，发出极大的声光，并在交流电流过零时熄灭电弧而分断电流。绝缘管通常是装在一个绝缘支架上，组成熔断器整体。有时绝缘管上端做成可活动式，在分断电流后随即脱开而跌落，此种喷射式熔断器俗称跌落熔断器。一般适用于电压高于6kV的户外场合。此外，熔断器根据分断电流范围还可分为一般用途熔断器、后备熔断器和全范围熔断器。一般用途熔断器的分断电流范围指从过载电流大于额定电流1.6～2倍起，到最大分断电流的范围。这种熔断器主要用于保护电力变压器和一般电气设备。后备熔断器的分断电流范围指从过载电流大于额定电流4～7倍起至最大分断电流的范围。这种熔断器常与接触器串联使用，在过载电流小于额定电流4～7倍的范围时，由接触器来实现分断保护。主要用于保护电动机。

教学单元2 熔断器的选择

教学资源1 熔断器的选择

选用熔断器时，一般只考虑熔断器的额定电压、额定电流和熔体的额定电流三个参数。

(1) 额定电压。是指能保证熔断器长期正常工作的电压。若熔断器的实际工作电压大于其额定电压，熔体熔断时可能会发生电弧不能熄灭的危险。所以选用熔断器的额定电压值应大于线路的工作电压。

(2) 额定电流。是指保证熔断器能长期正常工作的电流，是由熔断器各部分长期工作时的允许温升决定。熔断器的额定电流应不小于所装熔体的额定电流。

(3) 熔体电流。是指在规定的工作条件下，长时间通过熔体而熔体不熔断的最大电流值。

通常，一个额定电流等级的熔断器可以配用若干个额定电流等级的熔体。而低压熔断器保护对象的不同，熔体额定电流的选择方法也有所不同。对于容量小的电动机和照明支线，常采用熔断器作为过载及短路保护，因而希望熔体的熔化系数适当小些。通常选用铅锡合金熔体的 RQA 系列熔断器。对于较大容量的电动机和照明干线，则应着重考虑短路保护和分断能力。通常选用具有较高分断能力的 RM10 和 RL1 系列的熔断器；当短路电流很大时，宜采用具有限流作用的 RT0 和 RT12 系列的熔断器。

熔体的额定电流可按以下方法选择。

(1) 保护无启动过程的平稳负荷如照明线路、电阻、电炉等时，熔体额定电流略大于或等于负荷电路中的额定电流。

(2) 保护单台长期工作的电动机熔体电流可按最大启动电流选取，也可按下式选取：

$$I_{RN} \geqslant (1.5 \sim 2.5) I_N$$

式中 I_{RN}——熔体额定电流；

I_N——电动机额定电流。

如果电动机频繁启动，式中系数可适当加大至 3～3.5，具体应根据实际情况而定。

(3) 保护多台长期工作的电机（供电干线）

$$I_{RN} \geqslant (1.5 \sim 2.5) I_{N,max} + \sum I_N$$

式中 $I_{N,max}$——容量最大单台电动机的额定电流；

$\sum I_N$——其余电动机额定电流之和。

教学资源2 断路器的选择要求

在电气设备正常运行时，熔断器不应熔断；在出现短路时，应立即熔断；在电流发生正常变动（如电动机启动过程）时，熔断器不应熔断；在用电设备持续过载时，应延时熔断。对熔断器的选用主要包括类型选择和熔体额定电流的确定。选择熔断器的类型时，主要依据负荷的保护特性和短路电流的大小。

例如，用于保护照明和电动机的熔断器，一般是考虑它们的过载保护，这时，希望熔断器的熔化系数适当小些。所以容量较小的照明线路和电动机宜采用熔体为铅锌合金的 RC1A 系列熔断器，而大容量的照明线路和电动机，除过载保护外，还应考虑短路时分断短路电流的能力。若短路电流较小时，可采用熔体为锡质的 RCIA 系列或熔体为锌质的 RM10 系列熔断器。用于车间低压供电线路的保护熔断器，一般是考虑短路时的分断能力。当短路电流较大时，宜采用具有高分断能力的 RL1 系列熔断器。当短路电流相当大时，宜采用有限流作用的RT0系列熔断器。在安装或使用熔断器之前，应首先核对熔断器的额定电压、额定分断能力。熔断器的额定电压要大于或等于电路的额定电压，熔断器的额定分断能力应大于线路中的预期短路电流，因此熔断器的额定电流要依据负荷情况而选择。

（1）电阻性负荷或照明电路，这类负荷启动过程很短，运行电流较平稳，一般按负荷额定电流的1～1.1倍选用熔体的额定电流，进而选定熔断器的额定电流。

（2）电动机等感性负荷，这类负荷的启动电流为额定电流的4～7倍，一般选择熔体的额定电流为电动机额定电流的1.5～2.5倍。这样一般来说，熔断器难以起到过载保护作用，而只能用作短路保护，过载保护应用热继电器才行。

教学资源3　熔断器和断路器的区别

熔断器和断路器的相同点是都能实现短路保护，熔断器的原理是利用电流流经导体会使导体发热，达到导体的熔点后导体融化所以断开电路保护用电器和线路不被烧坏。它是热量的一个累积，所以也可以实现过载保护。一旦熔体烧毁就要更换熔体。

断路器也可以实现线路的短路和过载保护，不过原理不一样，它是通过电流底磁效应（电磁脱扣器）实现断路保护，通过电流的热效应实现过载保护（不是熔断，多不用更换器件）。具体到实际中，当电路中的用电负荷长时间接近于所用熔断器的负荷时，熔断器会逐渐加热，直至熔断。如上所述，熔断器的熔断是电流和时间共同作用的结果起到对线路进行保护的作用，它是一次性的。而断路器是电路中的电流突然加大，超过断路器的负荷时，会自动断开，它是对电路一个瞬间电流加大的保护，例如当漏电很大时，或短路时，或瞬间电流很大时的保护。当查明原因，可以合闸继续使用。正如上面所说，熔断器的熔断是电流和时间共同作用的结果，而断路器，只要电流一过其设定值就会跳闸，时间作用几乎可以不用考虑。断路器是低压配电常用的元件。也有一部分地方适合用熔断器。

熔断器和断路器的性能比较如下。

（一）熔断器

1. 熔断器的主要优点和特点

（1）选择性好。上下级熔断器的熔断体额定电流只要符合国标和IEC标准规定的过电流选择比为1.6∶1的要求，即上级熔断体额定电流不小于下级的该值的1.6倍，就视为上下级能有选择性切断故障电流。

（2）限流特性好，分断能力高。

（3）相对尺寸较小。

（4）价格较便宜。

2. 熔断器的主要缺点和弱点

（1）故障熔断后必须更换熔断体。

（2）保护功能单一，只有一段过电流反时限特性，过载、短路和接地故障都用此防护。

（3）发生一相熔断时，对三相电动机将导致两相运转的不良后果，当然可用带发报警信号的熔断器予以弥补，一相熔断可断开三相。

（4）不能实现遥控，需要与电动刀开关、开关组合才有可能。

（二）非选择型断路器

1. 主要优点和特点

（1）故障断开后，可以手操复位，不必更换元件，除非切断大短路电流后需要维修。

（2）有反时限特性的长延时脱扣器和瞬时电流脱扣器两段保护功能，分别作为过载和短路防护用，各司其职。

（3）带电操机构时可实现遥控。

2. 主要缺点和弱点

（1）上下级非选择型断路器间难以实现选择性切断，故障电流较大时，很容易导致上下级断路器均瞬时断开。

（2）相对价格略高。

（3）部分断路器分断能力较小，如额定电流较小的断路器装设在靠近大容量变压器位置时，会使分断能力不够。现有高分断能力的产品可以满足，但价格较高。

（三）选择型断路器

1. 主要优点和特点

（1）具有非选择性断路器上述各项优点。

（2）具有多种保护功能，有长延时、瞬时、短延时和接地故障（包括零序电流和剩余电流保护）保护，分别实现过载、断路延时、大短路电流瞬时动作及接地故障防护，保护灵敏度极高，调节各种参数方便，容易满足配电线路各种防护要求。另外，可有级联保护功能，具有更良好的选择性动作性能。

（3）现今产品多具有智能特点，除保护功能外，还有电量测量、故障记录，以及通信借口，实现配电装置及系统集中监控管理。

2. 主要问题

（1）价格很高，因此只宜在配电线路首端和特别重要场所的分干线使用。

（2）尺寸较大。

教学资源 4　熔断器型号含义

第一位：产品字母代号（R-熔断器）；

第二位：使用环境（N-户内，W-户外）；

第三位：设计序号（1，2，3…）；

第四位：额定电压（kV）；

第五位：结构特点（H-带有限流电阻，Z-带重合闸，T-带热脱扣器）；

第六位：额定电流（A）。

教学单元 3　熔断器的检修

鉴于熔断器优秀的短路保护性能，它广泛应用于高低压配电系统、控制系统以及用电设备中，作为短路和过电流的保护器，是应用最普遍也最重要的保护器件之一。

在应用中要重视熔断器的使用注意事项、日常巡视检查及维修保养。

教学资源 1　熔断器的使用注意事项

（1）熔断器的保护特性应与被保护对象的过载特性相适应，考虑到可能出现的短路电流，选用相应分断能力的熔断器。

（2）熔断器的额定电压要适应线路电压等级，熔断器的额定电流要大于或等于熔体额定电流。

（3）线路中各级熔断器熔体额定电流要相应配合，保持前一级熔体额定电流必须大于下一级熔体额定电流。

（4）熔断器的熔体要按要求使用相配合的熔体，不允许随意加大熔体或用其他导体代替熔体。

教学资源2　熔断器的安装

（1）安装低压熔断器时应保证熔体和夹头以及夹头和夹座接触良好，并具有额定电压、额定电流值标志。

（2）插入式熔断器应垂直安装，螺旋式熔断器的电源线应接在瓷底座的下接线座上，负荷线应接在螺纹壳的上接线座上。这样在更换熔断管时，旋出螺帽后螺纹壳上不带电，保证操作者的安全。

（3）熔断器内要安装合格的熔体，不能用多根小规格熔体并联代替一根大规格熔体。

（4）安装熔断器时，各级熔体应相互配合，并做到下一级熔体规格比上一级规格小。

（5）安装熔断丝时，熔丝应在螺栓上沿顺时针方向缠绕，压在垫圈下，拧紧螺钉的力应适当，以保证接触良好，同时注意不能损伤熔丝，以免减小熔体的接触面积，产生局部发热而造成误动作。

（6）更换熔体或熔管时，必须切断电源，尤其不允许带负荷操作，以免发生电弧灼伤。

（7）熔断器兼作隔离器使用时应安装在控制开关的电源进线端；若仅做短路保护用，应装在控制开关的出线端。

教学资源3　熔断器故障分析及检修

1. 熔体熔断时可能的原因

（1）短路故障或过载运行而正常熔断。

（2）熔体使用时间过久，熔体因受氧化或运行中温度高，使熔体特性变化而误断。

（3）熔体安装时有机械损伤，使其截面积变小而在运行中引起误断。

2. 拆换熔体时的要求

（1）安装新熔体前，要找出熔体熔断原因，未确定熔断原因，不要拆换熔体试送。

（2）更换新熔体时，要检查熔体的额定值是否与被保护设备相匹配。

（3）更换新熔体时，要检查熔断管内部烧伤情况，如有严重烧伤，应同时更换熔管。瓷熔管损坏时，不允许用其他材质管代替。填料式熔断器更换熔体时，要注意填充填料。

教学资源4　熔断器巡视检查

（1）检查熔断器和熔体的额定值与被保护设备是否相配合。

（2）检查熔断器外观有无损伤、变形，瓷绝缘部分有无闪烁放电痕迹。

（3）检查熔断器各接触点是否完好，接触紧密，有无过热现象。

（4）熔断器的熔断信号指示器是否正常。

教学资源5　熔断器使用维修

（一）熔断器应与配电装置同时进行维修工作

（1）清扫灰尘，检查接触点接触情况。

（2）检查熔断器外观（取下熔断器管）有无损伤、变形，瓷件有无放电闪烁痕迹。

（3）检查熔断器，熔体与被保护电路或设备是否匹配，如有问题应及时调查。

（4）注意检查在TN接地系统中的N线，设备的接地保护线上，不允许使用熔断器。

(5) 维护检查熔断器时，要按安全规程要求，切断电源，不允许带电摘取熔断器管。

(二) 断路器在停电检修时应做的检查

(1) 静、动触头是否吻合，紧密完好，有否烧伤痕迹。

(2) 熔断器转动部位是否灵活，有否锈蚀、转动不灵等异常，零部件是否损坏、弹簧有否锈蚀。

(3) 熔体本身有否受到损伤，经长期通电后有无发热伸长过多变得松弛无力。

(4) 熔管经过多次动作管内产气用消弧管是否烧伤及日晒雨淋后是否损伤变形、长度是否缩短。

(5) 清扫绝缘子并检查有无损伤、裂纹或放电痕迹，拆开上、下引线后，用 2500V 绝缘电阻表测试绝缘电阻应大于 300MΩ。

(6) 检查熔断器上下连接引线有无松动、放电、过热现象。

1. 简述熔断器的作用。
2. 熔断器的分类有哪些?
3. 熔断器和断路器的区别是什么?
4. 熔断器的检修项目有哪些?

课程模块 5　高压负荷开关的检修

模块概要

【学习目标】

1. 熟悉高压负荷开关的结构，了解高压负荷开关的工作原理。
2. 了解常用高压负荷开关的种类。
3. 掌握高压负荷开关的检修方法及过程。

【重点】 高压负荷开关的检修

【难点】 高压负荷开关的检修

教学单元 1　高压负荷开关的简介

教学资源 1　高压负荷开关的概述

高压负荷开关是一种功能介于高压断路器和高压隔离开关之间的电器，高压负荷开关常与高压熔断器串联配合使用，用于控制电力变压器。高压负荷开关具有简单的灭弧装置，能通断一定的负荷电流和过负荷电流。但是它不能断开短路电流，所以它一般与高压熔断器串联使用，借助熔断器来进行短路保护。

高压负荷开关及组合电器，适用于三相交流 10kV、50Hz 的电力系统中，或与成套配电设备及环网开关柜，组合式变电站等配套使用，广泛用于域网建设改造工程、工矿企业、高层建筑和公共设施等，可作为环网供电或终端，起着电能的分配、控制和保护的作用。

教学资源 2　高压负荷开关的作用

在电力系统中，负荷开关的作用如下。

(1) 开断和关合作用。接通、断开正常工作状态下的负荷电流，以及与高压熔断器一起配合使用，可代替断路器。图 5.1 所示便是一款户内高压负荷开关及熔断器组合电器。由于它有一定的灭弧能力，因此可用来开断和关合负荷电流和小于一定倍数（通常为 3～4 倍）的过载电流；也可以用来开断和关合比隔离开关允许容量更大的空载变压器，更长的空载线路，有时也用来开断和关合大容量的电容器组。

(2) 替代作用。负荷开关与限流熔断器串联组合可以代替断路器使用。即由负荷开关承担开断和关合小于一定倍数的过载电流，而由限流熔断器承担开断较大的过载电流和短路电流。

图 5.1　高压负荷开关实物图

负荷开关与限流熔断器串联组合成一体的负荷开关，在国家标准中规定称为“负荷开关—熔断器组合电器”。熔断器可以装在负荷开关的电源侧，也可以装在负荷开关的受电侧。当不需要经常调换熔断器时，宜采用前一种布置，以便利用负荷开关兼作隔离开关的功能，用它来隔离加在限流熔断器上的电压。

教学资源3　高压负荷开关使用环境

（1）海拔高度：200m及以下；

（2）环境温度：－25℃；

（3）相对湿度：日平均值不大于95％，月平均值不大于90％；

（4）无导电性尘埃、腐蚀性气体及水蒸气体的场所；

（5）无火灾、爆炸危险的场所；

（6）无经常性的剧烈振动的场所。

教学资源4　高压负荷开关的结构特点

负荷开关及组合电器主要由框器、隔离开关（组合器的限流熔断器在隔离开关上）、真空开关管、接地开关、弹簧操动机构等组成。产品结构紧凑、体积小、寿命长、关合开断能力强、操作维护简便。真空开关配有弹簧操动机构，采用电动机（另配手动）弹簧储能、合闸方式有电磁铁合闸和手动分、合闸两种。隔离开关、真空开关、接地开关之间互相联锁（机械联锁），以防止误操作。

高压负荷开关可以隔离电源，有明显的断开点，多用于固定式高压设备。具有灭弧装置和一定的分合闸速度，在合闸状态下可以通过正常工作电流和规定的短路电路。严禁带负荷接通和断开电路，常与高压熔断器串联使用。（功能接近于高压断路器，可以简化配电装置及继电保护，降低设备费用。）

教学资源5　高压负荷开关的型号及含义

目前我国高压负荷开关型号是根据国家技术标准的规定，一般由文字符号和数字按以下方式组成：

①②③④

① 高压开关类别：F—负荷开关，G—隔离开关，R—熔断器；

② N—户内型、W—户外型；

③ 设计序号；

④ 电压等级（kV）；

R—带熔断器的代号（不带熔断器不表示）；

S—熔断器装于开关上端（装于开关下端不表示）。

教学资源6　高压负荷开关的分类

（1）压气式高压负荷开关。利用开断过程中活塞的压气吹灭电弧，其结构也较为简单，适用于35kV及以下产品。

（2）压缩空气式高压负荷开关。利用压缩空气吹灭电弧，能开断较大的电流，其结构较为复杂，适用于60kV及以上的产品。

（3）SF_6式高压负荷开关。利用SF_6气体灭弧，其开断电流大，开断电容电流性能好，但结构较为复杂，适用于35kV及以上产品。

（4）油浸式高压负荷开关。利用电弧本身能量使电弧周围的油分解气化并冷却熄灭电弧，其结构较为简单，但重量大，适用于35kV及以下的户外产品。

（5）真空式高压负荷开关。利用真空介质灭弧，电寿命长，相对价格较高，适用于

220kV 及以下的产品。

教学资源 7　高压负荷开关的工作原理

高压负荷开关的工作原理与断路器相似。一般装有简单的灭弧装置，但其结构比较简单。一种压气式高压负荷开关，其工作过程如下。

(1) 分闸时，在分闸弹簧的作用下，高压穿墙套管主轴顺时针旋转，一方面通过曲柄滑块机构使活塞向上移动，将气体压缩；另一方面通过两套四连杆机构组成的传动系统，高压穿墙套管使主隔离开关先打开，然后推动灭弧隔离开关使弧触头打开，气缸中的压缩空气通过喷口吹灭电弧。

(2) 合闸时，通过主轴及传动系统，使主隔离开关和灭弧隔离开关同时顺时针旋转，弧触头先闭合；主轴继续转动，使主触头随后闭合。在合闸过程中，高压限流熔断器分闸弹簧同时储能。由于负荷开关不能开断短路电流，故常与限流式高压熔断器组合在一起使用，利用限流熔断器的限流功能，不仅完成开断电路的任务并且可显著减轻短路电流所引起的热和电动力的作用。

教学资源 8　高压负荷开关和隔离开关的区别

隔离开关没有特殊的灭弧装置，其灭弧能力微弱，故一般用来隔离电压，将已由短路器切断，没有负荷电流流过的电路接通或切断，而不能用来接通或切断负荷电流。隔离开关的主要用途是当电气设备需停电检修时，用它来隔离电源电压，并造成一个明显的断开点，以保证检修人员工作的安全。

负荷开关是一种带有专用灭弧触头、灭弧装置和弹簧断路装置的分合开关。从结构上看，负荷开关与隔离开关相似（在断开状态时都有可见的断开点），但它可用来开闭电路，这一点又与断路器类似。然而，断路器可以控制任何电路，而负荷开关只能开闭负荷电流，或者开断过负荷电流，所以只用于切断和接通正常情况下电路，而不能用于断开短路故障电流。但是，要求它的结构能通过短路时间的故障电流而不致损坏。由于负荷开关的灭弧装置和触头是按照切断和接通负荷电流设计的，所以负荷开关在多数情况下，应与高压熔断器配合使用，由后者来担任切断短路故障电流的任务。负荷开关的开闭频度和操作寿命往往高于断路器。负荷开关的优点是价格较低，多用于 10kV 以下的配电线路，其灭弧方式有空气、压缩空气、SF_6 和真空灭弧等几种。随着科学技术的不断发展，负荷开关的种类和质量都有所增加和提高。

负荷开关具有简单的灭弧装置，其灭弧能力有限，在电路正常工作时，用来接通或切断负荷电流，但在电路断路时，不能用来切断巨大的短路电流，负荷开关断开后，有可见的断开点，是其特点。

两者的区别如下。

(1) 负荷开关是可以带负荷分断的，有自灭弧功能，但它的开断容量很小很有限。

(2) 隔离开关一般是不能带负荷分断的，结构上没有灭弧罩，也有能分断负荷的隔离开关，只是结构上与负荷开关不同，相对来说简单一些。

(3) 负荷开关和隔离开关，都可以形成明显断开点，大部分断路器不具隔离功能，也有少数断路器具隔离功能。

(4) 隔离开关不具备保护功能，负荷开关的保护一般是加熔断器保护，只有速断和过流。

(5) 断路器的开断容量可以在制造过程中做的很高。主要是依靠加电流互感器配合二次设备来保护。可具有短路保护、过载保护、漏电保护等功能。

教学资源 9　高压负荷开关灭弧原理

(FN3-10R)——利用分闸时主轴带动活塞压缩空气，使压缩空气由喷嘴中高速喷出而吹灭电弧；FN5-10D——由整套灭弧装置的灭弧管构成。(真空管)

其特点如下。

(1) 可以隔离电源，有明显的断开点，多用于固定式高压设备。

(2) 具有灭弧装置和一定的分合闸速度，在合闸状态下可以通过正常工作电流和规定的短路电路。

(3) 严禁带负荷接通和断开电路，常与高压熔断器串联使用。(功能接近于高压断路器，可以简化配电装置及继电保护，降低设备费用。)

教学资源 10　高压负荷开关的特点和用途

(1) 用途。高压负荷开关是一种功能介于高压断路器和高压隔离开关之间的电器，高压负荷开关常与高压熔断器串联配合使用；用于控制电力变压器。高压负荷开关具有简单的灭弧装置，因为能通断一定的负荷电流和过负荷电流。但是它不能断开短路电流，所以它一般与高压熔断器串联使用，借助熔断器来进行短路保护。

(2) 特点。可以隔离电源，有明显的断开点，多用于固定式高压设备。没有灭弧装置，在合闸状态下可以通过正常工作电流和短路电路。严禁带负荷接通和断开电路，常与高压断路器串联使用。

教学单元 2　高压负荷开关的检修

教学资源 1　高压负荷开关使用注意事项

(1) 垂直安装，开关框架、合闸机构、电缆外皮、保护钢管均应可靠接地(不能串联接地)。

(2) 运行前应进行数次空载分、合闸操作，各转动部分无卡阻，合闸到位，分闸后有足够的安全距离。

(3) 与负荷开关串联使用的熔断器熔体应选配得当，即应使故障电流大于负荷开关的开断能力时保证熔体先熔断，然后负荷开关才能分闸。

(4) 合闸时接触良好，连接部无过热现象，巡检时应注意检查绝缘子脏污、裂纹、掉瓷、闪烁放电现象；开关上不能用水冲(户内型)。(一台高压柜控制一台变压器时，更换熔断器最好将该回路高压柜停运。)

高压负荷开关是一种功能介于高压断路器和高压隔离开关之间的电器，高压负荷开关常与高压熔断器串联配合使用；用于控制电力变压器。高压负荷开关具有简单的灭弧装置，因为能通断一定的负荷电流和过负荷电流。但是它不能断开短路电流，所以它一般与高压熔断器串联使用，借助熔断器来进行短路保护。

教学资源 2　高压负荷开关维护和检修规程

(一) 检修项目和周期

1. 检修周期

每 1～3 年检修一次。在开短 20 次负荷电流后进行全面的检查，重点检修灭弧管。

2. 检修项目

（1）清扫负荷开关所有部件上的灰尘、污物。

（2）检修瓷质部分。

（3）检查接触部分。

（4）检查机构及传动部分。

（5）检查灭弧装置。

（6）金属构架除锈防腐。

（7）检修后的调整试验。

（二）检修质量标准

（1）负荷开关的所有部件，均应清洁无灰尘、油污。

（2）仔细检查各种绝缘件，应无损伤、裂纹、断裂、老化及放电痕迹。

（3）检查触头烧伤情况，对烧伤表面可用细锉修整，然后涂导电膏或中性凡士林，注油负荷开关要测接触电阻。

（4）检修后三相触头接触时，其同期误差应符合产品的技术要求，动刀片插入静触座的深度不应小于刀宽度的90%。

（5）调整灭弧装置位置，使其与喷嘴之间不应有过分摩擦。

（6）检修调整触头断开顺序，使灭弧触头的接触要先于触头，分开时其顺序相反。

（7）清洗导电部分旧油脂，涂以导电膏或中性润滑剂，触头接触紧密，两侧压力均匀。

（8）机构和传动部分检查后应达到下列要求。

1）所有传动机构应转动灵活，无卡涩现象，并涂以适合当地气候条件的润滑脂。

2）传动部分的定位螺钉应调整适当，并加以固定，防止传动装置的拐臂越过死点。

3）负荷开关的传动拉杆及保护环完好。

4）操动机构检修后，应进行不少于3～5次的合闸试验，刀片与触座的接触应良好。

（9）灭弧筒内产生气体的有机绝缘物，应完整无裂纹；灭弧触头与灭弧筒的间隙应符合产品的技术规定。

（10）合闸时，固定主触头应可靠接地与足刀片接触，分闸时，三相灭弧刀刃应同时跳离灭弧触头。

（11）检修调整负荷开关合闸后触头间的相对位置，备用行程及拉杆角度，应符合产品的技术规定。

（12）开关的辅助切换接点应牢固，动作准确，接触良好。

（13）检修完毕后，应进行速度试验，其刚分和刚合速度应符合产品的技术要求。

（14）负荷开关的金属构架应防腐良好，接地可靠。

（三）维护

1. 维护检查周期

有人值班时，没班至少检查一次；无人值班时，每周至少检查一次；环境恶劣场所或气候异常时，应增加检查次数。

2. 维护检查项目与标准

（1）负荷开关的绝缘件应清洁无损伤、裂纹与放电痕迹。

（2）负荷开关的操动机构、传动装置、转轴等销子齐全，无松脱现象。

(3) 各电器连接部位和动、静触头，应接触紧密，无过热、变色现象。

(4) 闭锁位置良好，动作准确。

(5) 显示开关分合闸的指示正确。

(6) 负荷开关的接地线应无松动、断股和锈蚀现象。

(四) 高压负荷开关的异常运行与处理

(1) 熔断器熔断。熔断器熔断是负荷开关常见故障，一般来说是由于系统短路或过负荷所致，或者熔体选得过小。一般应查明原因，排除故障后更换符合要求的熔体。

(2) 触头发热或烧坏。这种故障一般是由于三相触点合闸时不同步、压力调整不当、触点接触不良、过负荷运行及操动机构有问题造成的。

1) 当开关在断开、闭合位置时，拐臂不能高支在缓冲器上。旋转操动机构手柄的角度，要与主轴的旋转角度互相配合（主轴旋转角度约 105°），并使开关在断开、闭合位置时，拐臂都能高支在缓冲器上。如果达不到要求，应调整扇形板上的不同连接孔或改变拐臂长度来达到。

2) 长期运行，在银触头表面产生一层黑色硫化银，使接触电阻增大。对于镀银触头，不宜用打磨法，而应用以下方法处理：①拆下触头，用汽油清洗干净；②用刮刀修平伤痕，然后将触头浸入 25%～28%的氨水中浸泡，15min 取出；③用尼龙刷刷去已变得非常疏松的硫化银层；④用清水清洗触头，并擦干，再涂上导电膏或中性润滑剂，即可使用。

3) 负荷开关的刀开关与主静触头之间要有合适的开断空间距离。若超出此范围，可调节操动机构中拉杆长度或负荷开关的橡胶缓冲器上的垫片来达到。

4) 在合闸位置时，调整刀开关的下边缘，使其与主静触头的红线标志上边缘相齐。如不能达到要求，可将刀开关与绝缘拉杆间的轴销取出，调解装在内部的六角偏心零件来达到。

5) 负荷开关在分闸过程中，灭弧动触头与灭弧喷嘴不应有较大的摩擦，否则应对灭弧动触头与刀开关间隙进行调节，并检查灭弧静触头的装置是否符合要求。

6) 在开关合闸时，开关三相灭弧触头的不同时接触偏差不应大于 2mm，否则可调节刀开关与绝缘拉杆处的六角偏心接头。

(3) 隔离开关不能拉合。

1) 操动机构本身有故障或锈蚀。可轻轻摇动操动机构，找出阻碍操作的部位，切不可硬拉硬合。

2) 隔离开关结冰。隔离开关若被冰冻住，可轻轻摇动操动机构进行破冰，如仍不行，应停电除冰。

3) 连接轴磨损严重或脱落。应更换轴销。

(4) 支持绝缘子损伤。

1) 绝缘子自然老化或胶合不好，引起瓷件松动、掉簧或瓷釉脱落。应加强巡视，避免闪络和短路事故。

2) 传动机构配合不良，使绝缘子受过大的应力。需重新调整传动机构。

3) 操作时用力过猛。负荷开关的拉、合闸操作要迅速，但不能用力过猛。

4) 外力造成机械损伤。负荷开关的安装和使用过程中，要防止外力损伤绝缘子。

(5) 负荷开关的检修。

1）检查外部情况、开关紧固情况及操动机构是否灵活，必要时加以调整。

2）检查和修理触头，清除触头烧损痕迹。

3）检查与调整动、静触头的接触紧密程度，并检查三相是否同时接触，必要时加以调整。

4）更换损坏的灭弧装置，检查灭弧罩绝缘间有无间隙。

5）更换有裂纹的、损坏的绝缘子。

6）擦净负荷开关。

7）检查接地是否完整可靠。

8）负荷开关安装或修理完毕后，应进行速度试验，要求刚分闸速度达到（3.6±0.2)m/s，刚合闸速度为（4±0.4)m/s。如断开速度达不到要求，可调节开断弹簧来达到，合闸速度可调节管内的垫片来达到。

9）负荷开关大修后，需要经过绝缘电阻测量、交流耐压试验、触头接触电阻测量及触头发热试验等，试验合格后方可投入运行。

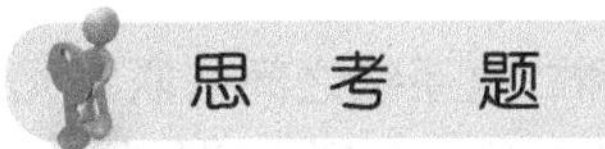

思 考 题

1. 高压负荷开关的作用是什么?
2. 简述高压负荷开关的结构特点。
3. 高压负荷开关与隔离开关的区别有哪些?
4. 简述高压负荷和开关检修项目。

课程模块6 互 感 器 的 检 修

模块概要

【学习目标】

1. 熟悉互感器的结构，了解互感器的工作原理。
2. 了解常用互感器的种类。
3. 掌握互感器的检修方法及过程。

【重点】互感器的检修

【难点】互感器的使用

互感器是电力系统中一次系统和二次系统之间的联络元件，分为电压互感器（TV）和电流互感器（TA），用以变换电压或电流，分别为测量仪表、保护装置和控制装置提供电压或电流信号，反映电气设备的正常运行和故障情况。在交流电路多种测量中，以及各种控制和保护电路中，应用了大量的互感器。测量仪表的准确性和继电保护动作的可靠性，在很大程度上与互感器的性能有关。

一、互感器的作用

1. 电流互感器的作用

电流互感器的作用是可以把数值较大的一次电流通过一定的变比转换为数值较小的二次电流，用来进行保护、测量等用途。如变比为400/5的电流互感器，可以把实际为400A的电流转变为5A的电流。

2. 电压互感器的作用

把高电压按比例关系变换成100V或更低等级的标准二次电压，供保护、计量、仪表装置使用。同时，使用电压互感器可以将高电压与电气工作人员隔离。电压互感器虽然也是按照电磁感应原理工作的设备，但它的电磁结构关系与电流互感器相比正好相反。电压互感器二次回路是高阻抗回路，二次电流的大小由回路的阻抗决定。当二次负荷阻抗减小时，二次电流增大，使得一次电流自动增大一个分量来满足一、二次侧之间的电磁平衡关系。可以说电压互感器是一个被限定结构和使用形式的特殊变压器。电压互感器是发电厂、变电站等输电和供电系统不可缺少的一种电器。精密电压互感器是电测试验室中用来扩大量限测量电压、功率和电能的一种仪器。

线路上为什么需要变换电压呢？这是因为根据发电、输电和用电的不同情况线路上的电压大小不一，而且相差悬殊有的是低压220V和380V，有的是高压几万伏甚至几十万伏。要直接测量这些低压和高压电压，就需要根据线路电压的大小制作相应的低压和高压的电压表和其他仪表和继电器。这样不仅会给仪表制作带来很大的困难，而且更主要的是，要直接制作高压仪表，直接在高压线路上测量电压。那是不可能的，而且也是绝对不允许的。如果在线路上接入电压互感器变换电压，那么就可以把线路上的低压和高压电压，按相应的比例统一变换为一种或几种低压电压，只要用一种或几种电压规格的仪表和继电器，例如通用的电压为100V的仪表，就可以通过电压互感器测量和监视线路上的电压。

进线、出线电压互感器的作用：监视本线路电压。应用于系统并列装置，例如检同期检无压BZT装置等。

母线电压互感器的作用：监视本母线电压以及绝缘状态。为保护、自动装置、仪表等设备提供电压回路。

进线、出线电压互感器和母线电压互感器的区别：进线、出线电压互感器一般安装单只的，只有一组二次线圈，而母线电压互感器是三相的，有两套二次线圈。

二、互感器和变压器区别

互感器和变压器的工作原理相同，都是运用电磁感应原理来工作的。变压器的作用是将一种等级的电压变换成另一种等级的同频率的电压，它只能实现电压的变换，不能实现功率的变换。互感器分为电压互感器和电流互感器。电压互感器的作用是供给测量仪表，继电器等电压，从而正确的反映一次电气系统的各种运行情况。使测量仪表，继电器等二次电气系统与一次电气系统隔离，以保证人员和二次设备的安全，将一次电气系统的高电压变换成同一标准的低电压值（100V，100/1.732V，100/3V）。电力互感器的作用与电压互感器的作用基本相同，不同的就是电流互感器是将一次电气系统的大电流变换成标准的5A或1A供给继续电器，测量仪表的电流线圈。

教学单元1　电压互感器

教学资源1　电压互感器的简介

电压互感器（VT）和变压器很相像，都是用来变换线路上的电压。但是变压器变换电压的目的是为了输送电能，因此容量很大，一般都是以千伏安或兆伏安为计算单位；而电压互感器变换电压的目的，主要是用来给测量仪表和继电保护装置供电，用来测量线路的电压、功率和电能，或者用来在线路发生故障时保护线路中的贵重设备、电动机和变压器，因此电压互感器的容量很小，一般都只有几伏安、几十伏安，最大也不超过1000VA。

电压互感器是一个带铁芯的变压器。它主要由一、二次线圈，铁芯和绝缘组成。当在一次绕组上施加一个电压U_1时，在铁芯中就产生一个磁通ϕ，根据电磁感应定律，则在二次绕组中就产生一个二次电压U_2。改变一次或二次绕组的匝数，可以产生不同的一次电压与二次电压比，这就可组成不同比的电压互感器。电压互感器将高电压按比例转换成低电压，即100V，电压互感器一次侧接在一次系统，二次侧接测量仪表、继电保护等；主要是电磁式的（电容式电压互感器应用广泛），另有非电磁式的，如电子式、光电式。

（一）电压互感器的基本结构

电压互感器和变压器很相似，它也有两个绕组，一个称为一次绕组，一个称为二次绕组。两个绕组都装在或绕在铁芯上。两个绕组之间以及绕组与铁芯之间都有绝缘，使两个绕组之间以及绕组与铁芯之间都有电气隔离。电压互感器在运行时，一次绕组N1并联接在线路上，二次绕组N2并联接仪表或继电器。因此在测量高压线路上的电压时，尽管一次电压很高，但二次却是低压的，可以确保操作人员和仪表的安全。

（二）电压互感器的主要类型

（1）按安装地点可分为户内式和户外式。35kV及以下多制成户内式；35kV以上则制成户外式。

（2）按相数可分为单相和三相式，35kV及以上不能制成三相式。

（3）按绕组数目可分为双绕组和三绕组电压互感器，三绕组电压互感器除一次侧和基本二次侧外，还有一组辅助二次侧，供接地保护用。

（4）按绝缘方式可分为干式、浇注式、油浸式和充气式。干式电压互感器结构简单、无着火和爆炸危险，但绝缘强度较低，只适用于6kV以下的户内式装置；浇注式电压互感器结构紧凑、维护方便，适用于3～35kV户内式配电装置；油浸式电压互感器绝缘性能较好，可用于10kV以上的户外式配电装置；充气式电压互感器用于SF_6全封闭电器中。

（5）按工作原理划分，还可分为电磁式电压互感器，电容式电压互感器和电子式电压互感器。

（三）电压互感器的铭牌标志

电压互感器型号由以下几部分组成，各部分字母，符号表示内容如下。

第一个字母：J——电压互感器；

第二个字母：D——单相，S——三相；

第三个字母：J——油浸，Z——浇注；

第四个字母：数字——电压等级（kV）。

例如：JDJ-10表示单相油浸电压互感器，额定电压10kV。

额定一次电压，为互感器性能基准的一次电压值。额定二次电压，为互感器性能基准的二次电压值。额定变比，为额定一次电压与额定二次电压之比。

准确级，由互感器系统定的等级，其误差在规定使用条件下应在规定的限值之内负荷，二次回路的阻抗，通常以视在功率（VA）表示。额定负荷，确定互感器准确级可依据的负荷值。

（四）电压互感器的工作原理

电压互感器的工作原理与变压器相同，基本结构也是铁芯和一次、二次侧绕组。特点是，容量很小且比较恒定，正常运行时接近于空载状态。

电压互感器本身的阻抗很小，一旦二次侧发生短路，电流将急剧增长而烧毁线圈。为此，电压互感器的一次侧接有熔断器，二次侧可靠接地，以免一次、二次侧绝缘损毁时，二次侧出现的对地高电位而造成人身和设备事故。

测量用电压互感器一般都做成单相双线圈结构，其一次侧电压为被测电压（如电力系统的线电压），可以单相使用，也可以用两台接成V-V形作三相使用。实验室用的电压互感器往往是一次侧多抽头的，以适应测量不同电压的需要。供保护接地用电压互感器还带有一个第三线圈，称三线圈电压互感器。三相的第三线圈接成开口三角形，开口三角形的两引出端与接地保护继电器的电压线圈联接。

正常运行时，电力系统的三相电压对称，第三线圈上的三相感应电动势之和为零。一旦发生单相接地时，中性点出现位移，开口三角的端子间就会出现零序电压使继电器动作，从而对电力系统起保护作用。线圈出现零序电压则相应的铁芯中就会出现零序磁通。为此，这种三相电压互感器采用旁轭式铁芯（10kV及以下时）或采用三台单相电压互感器。对于这种互感器，第三线圈的准确度要求不高，但要求有一定的过励磁特性（即当一次侧电压增加时，铁芯中的磁通密度也增加相应倍数而不会损坏）。

电压互感器在正常运行中，二次负荷阻抗很大，电压互感器是恒压源，内阻抗很小，容量很小，一次绕组导线很细，当互感器二次发生短路时，一次电流很大，若二次熔丝选择不当，熔丝不能熔断时，电压互感器极易被烧坏。当运行中电流互感器二次侧开路后，一次侧电流仍然不变，二次侧电流等于零，则二次电流产生的去磁磁通也消失了。这时，一次电流全部变成励磁电流，使互感器铁芯饱和磁通也很高，将产生以下后果。

（1）由于磁通饱和，其二次侧将产生数千伏高压，且波形改变，对人身和设备造成危害。

（2）由于铁芯磁通饱和，使铁芯损耗增加，产生高热，会损坏绝缘。

（3）将在铁芯中产生剩磁，使互感器比差和角差增大，失去准确性，所以电流互感器二次侧是不允许开路的。

（五）电压互感器的基本作用

1. 电压互感器的作用

电压互感器的作用是把高电压按比例关系变换成100V或更低等级的标准二次电压，供保护、计量、仪表装置使用。同时，使用电压互感器可以将高电压与电气工作人员隔离。电压互感器虽然也是按照电磁感应原理工作的设备，但它的电磁结构关系与电流互感器相比正好相反。电压互感器二次回路是高阻抗回路，二次电流的大小由回路的阻抗决定。当二次负荷阻抗减小时，二次电流增大，使得一次电流自动增大一个分量来满足一、二次侧之间的电磁平衡关系。可以说，电压互感器是一个被限定结构和使用形式的特殊变压器。简单的说就是“检测元件”。

2. 电压互感器的变比

大电流接地系统电压互感器的变比：

$$\frac{U}{\sqrt{3}}\bigg/\frac{100}{\sqrt{3}}\bigg/100$$

小电流接地系统电压互感器的变比：

$$\frac{U}{\sqrt{3}}\bigg/\frac{100}{\sqrt{3}}\bigg/\frac{100}{3}$$

教学资源2　电压互感器的接线方式

电压互感器的接线方式很多，常见的有以下几种。

（一）单相电压互感器接线方式

用一台单相电压互感器来测量某一相对地电压或相间电压的接线方式（见图6.1）。

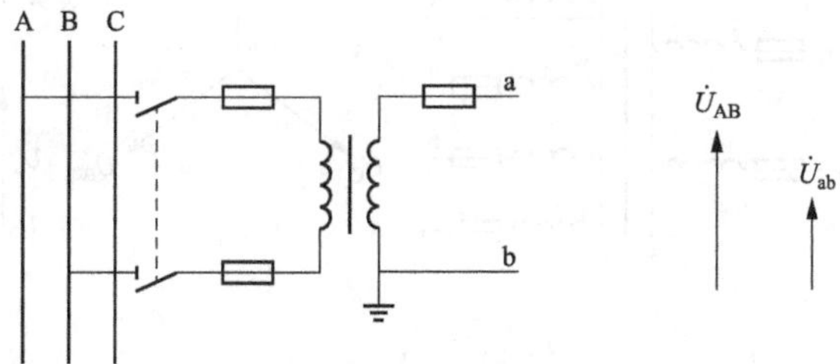

图6.1　单相电压互感器接线方式

特点：一次侧不能接地，二次绕组接地，只能测量线电压。

(二) 两个单相电压互感器构成的 V-V 接线方式

用两台单相互感器接成不完全星形，也称 V-V 接线（见图 6.2），用来测量各相间电压，但不能测量相对地电压，广泛应用在 20kV 以下中性点不接地或经消弧线圈接地的电网中。

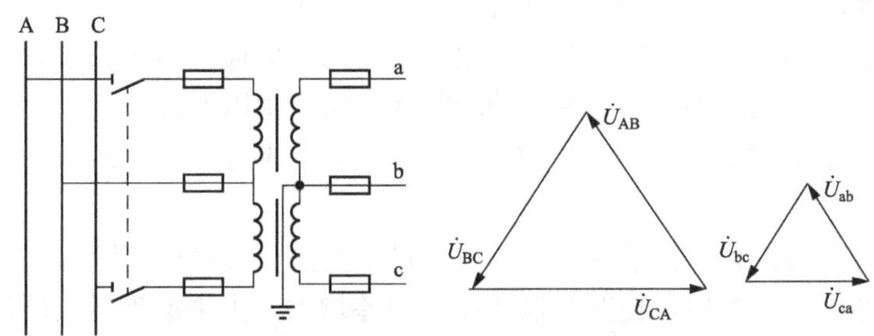

图 6.2　V-V 接线方式

特点：V-V 接线方式又称不完全三角形接线，其一次绕组不能接地，二次绕组接地。只用两支单相电压互感器就可以获得三个对称的线电压和相对中性点的相电压，但是无法得到相对地的电压。V-V 接线以前较广泛地应用于各种电测仪表，目前已经不再使用这种接线方式。

(三) 三相三柱式电压互感器构成的星形接线方式（见图 6.3）

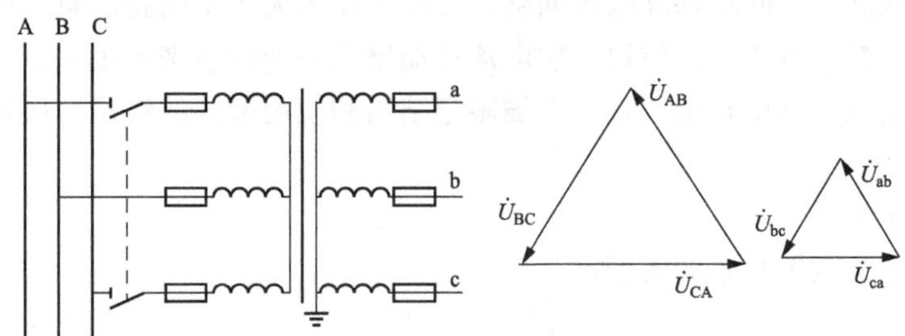

图 6.3　三相三柱式的星形接线方式

特点：可测量线电压和相电压，但不能测量供绝缘监察的相对地电压二次绕组接地，一次绕组中性点不允许接地。

(四) 三相五柱式电压互感器的接线（见图 6.4）

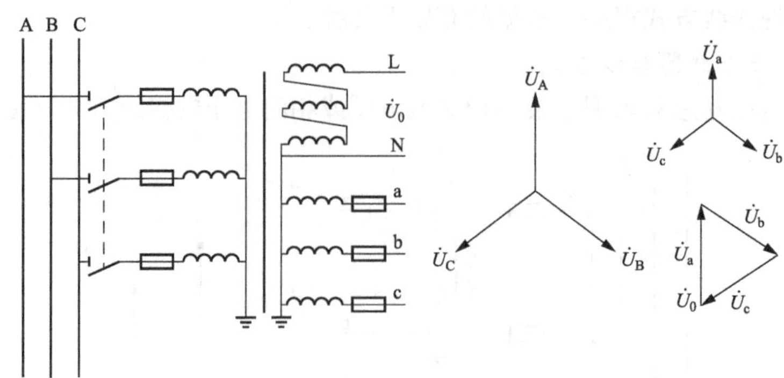

图 6.4　三相五柱式电压互感器的接线

特点：35kV 及以下小电流接地系统，普遍采用三相五柱式电压互感器。一、二次绕组中性点及开口三角形绕组一端接地。可测量线电压、相电压、绝缘监察的相对地电压及零序电压。

（五）三个单相电压互感器的接线（见图 6.5）

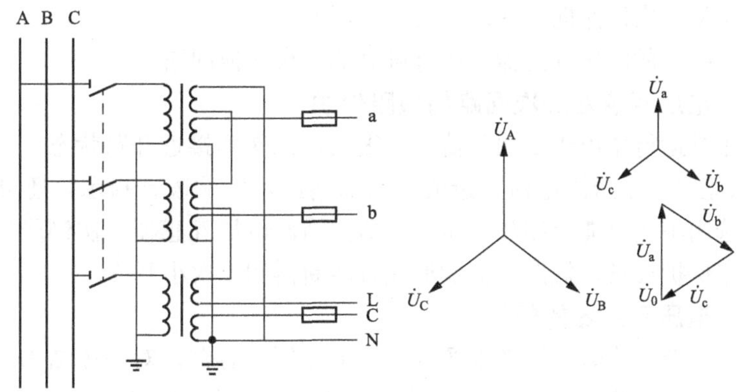

图 6.5　三个单相电压互感器的接线

特点：110kV 及以上大电流接地系统则采用三个单相电压互感器组。一、二次绕组中性点及开口三角形绕组一端接地。可测量线电压、相电压、绝缘监察的相对地电压及零序电压。

教学资源 3　电压互感器二次侧回路的接地方式及基本要求

（一）电压互感器的二次侧接地方式

电压互感器的各个二次绕组均必须有可靠的保护接地，且只允许有一个接地点。二次侧接地属保护接地，是为了防止一次绕组与二次绕组间绝缘损坏后，一次侧高电压串入二次侧，危及人身和设备安全。接地方式的种类有：①中性线接地；②B 相接地。

发电厂的电压互感器多采用 B 相接地方式（见图 6.6），其中性点 F 作为后备。变电站电压互感器采用中性点接地方式。

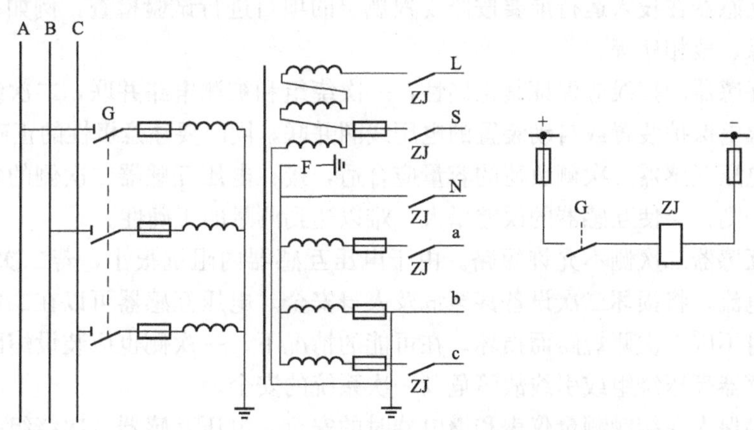

图 6.6　电压互感器二次侧 B 相接地

（二）电压互感器二次回路的基本要求

(1) 电压互感器的接线方式应满足测量仪表、远动装置、继电保护和自动装置的具体要求。

(2) 应有一个可靠的安全接地点。

(3) 应设置短路保护。

(4) 应有防止从二次回路向一次回路反馈电压的措施。

(5) 对于双母线上的电压互感器，应有可靠的二次切换回路。

教学资源4　电压互感器二次回路的短路保护

电压互感器正常运行中由于二次负荷阻抗很大，二次侧接近开路状态。一般二次侧电压可达100V，如果短路产生短路电流，造成熔断器熔断，影响表计指示，还可引起继电保护误动，若熔断器选用不当可能会损坏电压互感器。因此电压互感器二次侧严禁短路，且必须在二次侧装设短路保护设备。短路保护的形式有熔断器和二次小开关。

教学资源5　电压互感器的解体

电容式电压互感器大修时，应在现场分节拆下分压电容器。对一体结构的互感器，可把最下一节分压电容器连同电磁单元一起运到检修车间。拆下的分压电容器应做好安装位置记录。

(1) 解体前画好油箱上盖与底箱的相对位置。

(2) 打开放油阀，放尽油箱中的绝缘油。

(3) 拆除中压抽头与中压瓷套的连线（如果有）。

(4) 拆除油箱与底箱的固定螺钉，将分压电容器连同油箱上盖一起吊起。在上盖稍微吊起分离后，即应拆除相关连线，然后把上盖吊放在支架上。

注意：不要碰伤中压和低压套管。

(5) 根据故障情况，决定是否调出电磁单元：需将电磁单元调出检修时，可拆除固定电磁单元底板的螺栓，松开二次接线板连线（必要时还要松开误差调节绕组端子半连线），整体吊出电磁单元，放置在清洁的底板上。松开连线时应挂上连线的标志，保证装配时能正确连接。

教学资源6　电压互感器的使用注意事项

(1) 电压互感器在投入运行前要按照规程规定的项目进行试验检查。例如，测极性、连接组别、测绝缘、核相序等。

(2) 电压互感器的接线应保证其正确性，一次绕组和被测电路并联，二次绕组应和所接的测量仪表、继电保护装置或自动装置的电压线圈并联，同时要注意极性的正确性。

(3) 接在电压互感器二次侧负荷的容量应合适，接在电压互感器二次侧的负荷不应超过其额定容量，否则，会使互感器的误差增大，难以达到测量的正确性。

(4) 电压互感器二次侧不允许短路。由于电压互感器内阻抗很小，若二次回路短路时，会出现很大的电流，将损坏二次设备甚至危及人身安全。电压互感器可以在二次侧装设熔断器以保护其自身不因二次侧短路而损坏。在可能的情况下，一次侧也应装设熔断器以保护高压电网不因互感器高压绕组或引线故障危及一次系统的安全。

(5) 为了确保人在接触测量仪表和继电器时的安全，电压互感器二次绕组必须有一点接地。因为接地后，当一次和二次绕组间的绝缘损坏时，可以防止仪表和继电器出现高电压危及人身安全。

（6）电压互感器二次侧绝对不容许短路。

教学单元2 电流互感器

教学资源1 电流互感器的简介

（一）电流互感器的结构

电流互感器是依据电磁感应原理制成的，由闭合的铁芯和绕组组成。它的一次绕组匝数很少，串在需要测量的电流的线路中，因此它经常有线路的全部电流流过，二次绕组匝数比较多，串接在测量仪表和保护回路中，电流互感器在工作时，它的二次回路始终是闭合的，因此测量仪表和保护回路串联线圈的阻抗很小，电流互感器的工作状态接近短路。

（二）基本工作原理

在供电用电的线路中电流大大小小相差悬殊，从几安到几万安培都有。为便于二次仪表测量需要转换为比较统一的电流。电流互感器就起到变流和电气隔离作用。便于二次仪表测量需要转换为比较统一的电流，避免直接测量线路的危险。电流互感器是升压（降流）变压器，它是电力系统中测量仪表、继电保护等二次设备获取电气一次回路电流信息的传感器，电流互感器将高电流按比例转换成低电流，电流互感器一次侧接在一次系统，二次侧接测量仪表、继电保护等。

教学资源2 电流互感器的分类

（一）按用途分类

按用途分为测量用电流互感器和保护用电流互感器。

1. 测量用电流互感器

在正常工作电流范围内，向测量、计量等装置提供电网的电流信息。

2. 保护用电流互感器

在电网故障状态下，向继电保护等装置提供电网故障电流信息。

（1）保护用电流互感器又可以分为：①过负荷保护电流互感器；②差动保护电流互感器；③接地保护电流互感器（零序电流互感器）。

（2）保护用电流互感器的精度等级：5P/10P，10P标示复合误差不超过10%。

保护用电流互感器主要与继电装置配合，在线路发生短路过载等故障时，向继电装置提供信号切断故障电路，以保护供电系统的安全。

（3）保护用互感器主要要求：①绝缘可靠；②足够大的准确限值系数；③足够的热稳定性和动稳定性。保护用互感器在额定负荷下能够满足准确级的要求，最大一次电流为额定准确限值一次电流。准确限值系数就是额定准确限值一次电流与额定一次电流比。当一次电流足够大时，铁芯就会饱和，起不到反映一次电流的作用，准确限值系数就是表示这种特性。保护用互感器准确等级5P、10P，表示在额定准确限值一次电流时的允许误差5%、10%。线路发生故障时的冲击电流产生热和电磁力，保护用电流互感器必须承受。二次绕组短路情况下，电流互感器在一秒内能承受而无损伤的一次电流有效值，称额定短时热电流。二次绕组短路情况下，电流互感器能承受而无损伤的一次电流峰值，称额定动稳定电流。

（二）按绝缘介质分类

按绝缘介质分为干式电流互感器、浇注式电流互感器、油浸式电流互感器和气体绝缘电流互感器。

1. 干式电流互感器

由普通绝缘材料经浸漆处理作为绝缘。

2. 浇注式电流互感器

用环氧树脂或其他树脂混合材料浇注成型的电流互感器。

3. 油浸式电流互感器

由绝缘纸和绝缘油作为绝缘，一般为户外型。目前在我国各种电压等级均为常用。

4. 气体绝缘电流互感器

主绝缘由气体构成。

（三）按电流变换原理分类

按电流变换原理可分为电磁式电流互感器和光电式电流互感器。

1. 电磁式电流互感器

根据电磁感应原理实现电流变换的电流互感器。

2. 光电式电流互感器

通过光电变换原理以实现电流变换的电流互感器，目前还在研制中。

（四）按安装方式分类

按安装方式可分为贯穿式电流互感器、支柱式电流互感器、套管式电流互感器和母线式电流互感器。

1. 贯穿式电流互感器

用来穿过屏板或墙壁的电流互感器。

2. 支柱式电流互感器

安装在平面或支柱上，兼作一次电路导体支柱用的电流互感器。

3. 套管式电流互感器

没有一次导体和一次绝缘，直接套装在绝缘的套管上的一种电流互感器。

4. 母线式电流互感器

没有一次导体但有一次绝缘，直接套装在母线上使用的一种电流互感器。

教学资源3　电流互感器的使用注意事项

（1）电流互感器的接线应遵守串联原则，即一次绕组应与被测电路串联，而二次绕组则与所有仪表负荷串联。

（2）按被测电流大小，选择合适的变化，否则误差将增大。同时，二次侧一端必须接地，以防绝缘一旦损坏时，一次侧高压窜入二次低压侧，造成人身和设备事故。

（3）二次侧绝对不允许开路，因一旦开路，一次侧电流 I_1 全部成为磁化电流，引起 ϕ_m 和 E_2 骤增，造成铁芯过度饱和磁化，发热严重乃至烧毁线圈；同时，磁路过度饱和磁化后，使误差增大。电流互感器在正常工作时，二次侧近似于短路，若突然使其开路，则励磁电动势由数值很小的值骤变为很大的值，铁芯中的磁通呈现严重饱和的平顶波，因此二次侧绕组将在磁通过零时感应出很高的尖顶波，其值可达到数千甚至上万伏，危及工作人员的安全及仪表的绝缘性能。另外，一次侧开路使二次侧电压达几百伏，一旦触及将造成触电事故。因此，电流互感器二次侧都备有短路开关，防止一次侧开路。在使用过程中，二次侧一旦开路，应马上撤掉电路负荷，然后再停车处理。一切处理好后方可再用。

(4) 为了满足测量仪表、继电保护、断路器失灵判断和故障滤波等装置的需要，在发电机、变压器、出线、母线分段断路器、母线断路器、旁路断路器等回路中均设2～8个二次绕组的电流互感器。对于大电流接地系统，一般按三相配置；对于小电流接地系统，依具体要求按二相或三相配置。

(5) 对于保护用电流互感器的装设地点应按尽量消除主保护装置的不保护区来设置。例如：若有两组电流互感器，且位置允许时，应设在断路器两侧，使断路器处于交叉保护范围之中。

(6) 为了防止支柱式电流互感器套管闪络造成母线故障，电流互感器通常布置在断路器的出线或变压器侧。

(7) 为了减轻发电机内部故障时的损伤，用于自动调节励磁装置的电流互感器应布置在发电机定子绕组的出线侧。为了便于分析和在发电机并入系统前发现内部故障，用于测量仪表的电流互感器宜装在发电机中性点侧。

教学资源4　电压互感器和电流互感器在作用原理上的区别

主要区别是正常运行时工作状态很不相同，表现如下。

1) 电流互感器二次可以短路，但不得开路，电压互感器二次可以开路，但不得短路。

2) 相对于二次侧的负荷，电压互感器的一次内阻抗较小，以至可以忽略，可以认为电压互感器是一个电压源，而电流互感器的一次却内阻很大，以至可以认为是一个内阻无穷大的电流源。

3) 电压互感器正常工作时的磁通密度接近饱和值，故障时磁通密度下降，电流互感器正常工作时磁通密度很低，而短路时由于一次侧短路电流变得很大，使磁通密度大大增加，有时甚至远远超过饱和值。

教学单元3　互感器的检修

教学资源1　互感器的检修

（一）检修前的准备

(1) 根据设备状况，确定检修内容，编制检修计划进度和方案。

(2) 组织好检修人员进行技术交流，讨论完善检修方案，明确检修任务。

(3) 备好检修所用设备、材料、工具、仪表、备品配件和文明、安全检修所用物品。

(4) 做好安全防护措施，办好工作票、动火证等。

（二）交接与验收

(1) 交接内容。检修人员在工作结束后向运行人员交待检修情况，现设备状态及尚存在的问题，检修调试有关数据等。

(2) 主管部门对重大设备检修项目应组织有关人员按完好设备标准和检修质量标准进行检查和验收，做出是否投运的明确结论。

（三）检修周期和项目

1. 检修周期

(1) 小修：每年一次。

(2) 大修（110kV 及以上送专业厂家或部门）。

1）一般 10～15 年 1 次。

2）根据设备运行状况及预防性试验结果确定。

2. 检修项目

(1) 小修项目。

1）清扫各部及套管，检查瓷套管有无裂纹及破损。

2）检查引线接头和串并接头有无过热，接触是否良好，螺栓有无松动，紧固各部螺栓。

3）检查（可看到的）铁芯、线圈有无松动、变形、过热、老化、剥落现象。

4）检查接地线是否完好、牢固。

5）检查清扫油位指示器、放油阀门及油箱外壳，紧固各部螺栓，消除渗漏油。

6）更换硅胶和取油样试验，补充绝缘油。

7）进行规定的测量和试验。

(2) 大修项目。

1）完成小修项目；

2）解体检查；

3）检修铁芯；

4）检修线圈；

5）检修引线、套管、瓷套、油箱；

6）更换密封垫；

7）检修油位指示器、放油阀、吸湿器等附件；

8）补充或更换保护绝缘油；

9）油箱外壳及附件进行防腐；

10）检查接地线；

11）必要时对绝缘进行干燥处理；

12）进行规定的测量和试验。

（四）检修质量标准

(1) 螺栓应无松动，附件齐全完整。

(2) 无变形且清洁紧密、无锈蚀，穿芯螺栓应绝缘良好。

(3) 线圈绝缘应完好，连接正确、紧固，油路应无堵塞现象。

(4) 绝缘支持物应牢固，无损伤。

(5) 互感器内部应清洁，无油垢。

(6) 二次接线板完整，引出端子连接牢固，绝缘良好，标志清晰。

(7) 所有静密封点均无渗油。

(8) 具有吸湿器的互感器，吸湿剂应干燥，油位应正常。

(9) 电容式电压互感器必须根据产品成套供应的组件编号进行回装，不行互换，各组件连接处的接触面无氧化锈蚀，且润滑良好。

（10）互感器的下列部位接地应良好。

1）分级绝缘的电压互感器，其一次线圈的接地引出端子。

2）电容型绝缘的电流互感器，其一次线圈末屏蔽的引出端子及铁芯引出接地端子。

3）互感器的外壳。

4）暂不使用的电流互感器的二次线圈应短接后接地。

（五）电气试验

1. 电压互感器

（1）电磁式和电容式电压互感器的试验项目周期和要求分别见表6.1、表6.2。

表6.1　电磁式电压互感器的试验项目、周期和要求

<table>
<tr><th>序号</th><th>项目</th><th>周期</th><th>要求</th><th>说明</th></tr>
<tr><td>1</td><td>绝缘电阻</td><td>1～3年
大修后
必要时</td><td>自行规定</td><td>一次绕组用2500V绝缘电阻表，二次绕组用1000V或2500V绝缘电阻表</td></tr>
<tr><td>2</td><td>tanδ（20kV及以上）</td><td>绕组绝缘：
a）1～3年；
b）大修后；
c）必要时
66～220kV串级式电压互感器支架：
a）投运前；
b）大修后；
c）必要时</td><td>绕组绝缘tanδ（%）不应大于下表中的数值
<table>
<tr><td colspan="2">温度（℃）</td><td>5</td><td>10</td><td>20</td><td>30</td><td>40</td></tr>
<tr><td rowspan="2">35kV及以下</td><td>大修后</td><td>1.5</td><td>2.5</td><td>3.0</td><td>5.0</td><td>7.0</td></tr>
<tr><td>运行中</td><td>2.0</td><td>2.5</td><td>3.5</td><td>5.5</td><td>8.0</td></tr>
<tr><td rowspan="2">35kV及以上</td><td>大修后</td><td>1.0</td><td>1.5</td><td>2.0</td><td>3.5</td><td>5.0</td></tr>
<tr><td>运行中</td><td>1.5</td><td>2.0</td><td>2.5</td><td>4.0</td><td>5.5</td></tr>
</table>
支架绝缘tanδ一般不大于6%</td><td>串级式电压互感器的tanδ试验方法建议采用末端屏蔽法，其他试验方法与要求自行规定</td></tr>
<tr><td>3</td><td>油中溶解气体色谱分析</td><td>投运前
1～3年（66kV及以上）
大修后
必要时</td><td>油中溶解气体组分含量（体积分数）超过下列任一值时应引起注意：
总烃　100×10^{-6}
H_2　150×10^{-6}
C_2H_2　2×10^{-6}</td><td>新投运互感器的油中不应含有C_2H_2
全密封互感器按制造厂要求（如果有）进行</td></tr>
<tr><td>4</td><td>交流耐压试验</td><td>3年（20kV及以下）
大修后
必要时</td><td>一次绕组按出厂值的85%进行，出厂值不明的，按下列电压进行试验：
<table>
<tr><td>电压等级（kV）</td><td>3</td><td>6</td><td>10</td><td>15</td><td>20</td><td>35</td><td>66</td></tr>
<tr><td>试验电压（kV）</td><td>15</td><td>21</td><td>30</td><td>38</td><td>47</td><td>72</td><td>120</td></tr>
</table>
二次之间及末屏对地为2kV
全部更换绕组绝缘后按出厂值进行</td><td>级式或分级绝缘式的互感器用倍频感应耐压试验
进行倍频感应耐压试验时应考虑互感器的容升电压
倍频耐压试验前后，应检查有否绝缘损伤</td></tr>
</table>

续表

序号	项目	周期	要求	说明
5	局部放电测量	投运前 1～3年(20～35kV固体绝缘互感器) 大修后 必要时	固体绝缘相对地电压互感器在电压为 $1.1U_m/3$ 时，放电量不大于100pC，在电压为 $1.1U_n$ 时（必要时），放电量不大于500pC。固体绝缘相对相电压互感器，在电压为 $1.1U_m$ 时，放电量不大于100pC。 110kV及以上油浸式电压互感器在电压为 $1.1U_m/3$ 时，放电量不大于20pC	试验按GB 5583进行 出厂时有试验报告者投运前可不进行试验或只进行抽查试验
6	空载电流测量	大修后 必要时	在额定电压下，空载电流与出厂数值比较无明显差别； 在下列试验电压下，空载电流不应大于最大允许电流： 中性点非有效接地系统 $1.9U_n/3$； 中性点接地系统 $1.5U_n/3$	
7	密封检查	大修后 必要时	应无渗漏油现象	试验方法按制造厂规定
8	铁芯夹紧螺栓（可接触到的绝缘电阻）	大修时	自行规定	采用2500V绝缘电阻表
9	连接组别和极性	更换绕组后 接线变动后	与铭牌和端子标志相符	
10	电压比	更换绕组后 接线变动后	与铭牌标志相符	更换绕组后应测量比值差和相位差
11	绝缘油击穿电压	大修后 必要时		

注 投运前是指交接后长时间未投运而准备投运之前及库存的新设备投运之前。

表6.2 电容式电压互感器的试验项目、周期和要求

序号	项目	周期	要求	说明
1	电压比	大修后 必要时	与铭牌标志相符	
2	中间变压器的绝缘电阻	大修后 必要时	自行规定	采用2500V绝缘电阻表
3	中间变压器的 $\tan\delta$	大修后 必要时	与初始值相比不应有显著变化	

(2) 各类试验项目。

1) 定期试验项目见表6.1中序号1、2、3、4、5项。

2) 大修时或大修后试验项目见表6.1中序号1、2、3、4、5、6、7、8、9、10、11项。(不更换绕组可不进行9、10项) 和表6.1中序号1、2、3项。

2. 电流互感器（见表6.3）

同电压互感器。

表 6.3　　电流互感器的试验项目、周期和要求

<table>
<tr><th>序号</th><th>项目</th><th>周期</th><th>要求</th><th>说明</th></tr>
<tr><td>1</td><td>绕组及末屏的绝缘电阻</td><td>投运前
1～3 年
大修后
必要时</td><td>绕组绝缘电阻与初始值及历次数据比较，不应有显著变化
电容型电流互感器末屏对地绝缘电阻一般不低于 1000MΩ</td><td>采用 2500 绝缘电阻表</td></tr>
<tr><td>2</td><td>tanδ 及电容量</td><td>投运前
1～3 年
大修后
必要时</td><td>主绝缘 tanδ（%）不应大于下表中的数值，且与历年数据比较，不应有显著变化。
<table>
<tr><td colspan="2">电压等级（kV）</td><td>20～35</td><td>66～110</td><td>220</td><td>330～500</td></tr>
<tr><td rowspan="3">大修后</td><td>油纸电容型</td><td>—</td><td>1.0</td><td>0.7</td><td>0.6</td></tr>
<tr><td>充油型</td><td>3.0</td><td>2.0</td><td>—</td><td>—</td></tr>
<tr><td>胶纸电容型</td><td>2.5</td><td>2.0</td><td>—</td><td>—</td></tr>
<tr><td rowspan="3">运行中</td><td>油纸电容型</td><td>—</td><td>1.0</td><td>0.8</td><td>0.7</td></tr>
<tr><td>充油型</td><td>3.5</td><td>2.5</td><td>—</td><td>—</td></tr>
<tr><td>胶纸电容型</td><td>3.0</td><td>2.5</td><td>—</td><td>—</td></tr>
</table>
电容型电流互感器主绝缘电容量与初始值或出厂值差别提出±5%范围时应查明原因
当电容型电流互感器末屏对地绝缘电阻小于 1000MΩ 时，应测量末屏对地 tanδ，其值不大于 2%</td><td>绝缘 tanδ 试验电压为 10kV，末屏对地 tanδ 试验电压为 2kV
油纸电容型 tanδ 一般不进行温度换算，当 tanδ 值与出厂值或上一次试验值比较有明显增长时，应综合分析，tanδ 随温度、电压的关系，当 tanδ 随温度明显变化或试验电压由 10kV 升到 $U_m/3$时，tanδ 增量超过±0.3%，不应继续运行
固体绝缘互感器可不进行 tanδ 测量</td></tr>
<tr><td>3</td><td>油中溶解气体色谱分析</td><td>投运前
1～3 年（66kV 及以上）
大修后
必要时</td><td>油中溶解气体组分含量（体积分数）超过下列任一值时应引起注意：
总烃　100×10^{-6}
H_2　150×10^{-6}
C_2H_2　2×10^{-6}（110kV 及以下）
1×10^{-6}（220～500kV）</td><td>新投运互感器的油中不应含有 C_2H_2
全密封互感器按制造厂要求（如果有）</td></tr>
<tr><td>4</td><td>交流耐压试验</td><td>1～3 年（20kV 及以下）；
大修后；
必要时</td><td>一次绕组按出厂值的 85%进行。出厂值不明的按下列电压进行试验：
<table>
<tr><td>电压等级（kV）</td><td>3</td><td>6</td><td>10</td><td>15</td><td>20</td><td>35</td><td>66</td></tr>
<tr><td>试验电压（kV）</td><td>15</td><td>21</td><td>30</td><td>38</td><td>47</td><td>72</td><td>120</td></tr>
</table>
二次绕组之间及末屏对地为 2kV
全部更换绕组绝缘后，应按出厂值进行</td><td></td></tr>
<tr><td>5</td><td>局部放电测量</td><td>1～3 年（20～35kV 固体绝缘互感器）
大修后
必要时</td><td>固体绝缘互感器在电压为 $1.1U_m/3$ 时，放电量不大于 100pC，在电压为 $1.1U_m$ 时（必要时），放电量不大于 500pC
110kV 及以上油浸式互感器在电压为 $1.1U_m/3$ 时，放电量不大于 20pC</td><td>试验按 GB 5583 进行</td></tr>
<tr><td>6</td><td>极性检查</td><td>大修后
必要时</td><td>与铭牌标志相符</td><td></td></tr>
</table>

续表

序号	项目	周期	要求	说明
7	各分接头的变比检查	大修后 必要时	与铭牌标志相符	更换绕组后应测量比值差和相位差
8	校核励磁	必要时	与同类互感器特性曲线或制造厂提供的特性曲线相比较，应无明显差别	继电保护有要求时进行
9	密封检查	大修后 必要时	应无渗漏油现象	试验方法按制造厂规定
10	一次绕组直流电阻测量	大修后 必要时	与初始值或出厂值比较，应无明显差别	
11	绝缘油击穿电压	大修后 必要时		

注 投运前是指交接后长时间未投运而准备投运前及库存的新设备投运之前。

（六）试投运

（1）试运前应进行下列检查。

1）外观完整无缺损。

2）油浸式互感器应无渗油，油位指示正常。

3）保护间隙的距离应符合规定。

4）油漆完整，相色正确，接地良好。

（2）试运行时进行下列检查。

1）表面及内部均应无放电或其他异声。

2）表计指示正常，装有三相表计时三相表计指示平衡，无缺相或不平衡现象。

3）油温油位正常，无渗油。

（七）维护检查与故障处理

（1）维护检查周期。

1）专业检查应每周一次。

2）运行人员检查应每班至少 2 次。

3）天气恶劣时，对于安装于室外的互感器应缩短检查周期，每小时 1 次。

4）有互感器接头发热异常现象时，应缩短检查周期，加强跟踪。

5）当系统内有过电压或单相接地故障时，应对故障系统内的互感器进行检查。

（2）维护检查项目与标准。

1）瓷件部分应清洁完整，无裂纹、破损及放电。

2）接线牢固，各接头应无松动及过热。

3）油位、油色应正常，无渗油。

4）接地应良好。

5）带有呼吸器的互感器，吸湿剂不应失效。

6）表面及内部均应无放电或其他异声。

7）表计指示正常。

教学资源2　互感器常见故障与处理方法（见表6.4）

表6.4　常见故障与处理方法

<table>
<tr><th>序号</th><th colspan="2">常见故障</th><th>故障原因</th><th>处理方法</th></tr>
<tr><td>1</td><td colspan="2">电流互感器二次开路</td><td>电流引线接头松动，端子损坏等</td><td>1. 按表判断是测量回路还是保护回路开路；
2. 尽量减少一次电流或停用一次回路；
3. 停用保护；
4. 用绝缘导线或绝缘棒短接二次端子；
5. 处理时戴绝缘手套，站立在绝缘垫上</td></tr>
<tr><td>2</td><td colspan="2">绝缘受潮</td><td>互感器进水</td><td>1. 停用互感器；
2. 对互感器进行真空干燥</td></tr>
<tr><td rowspan="2">3</td><td rowspan="2">放电</td><td>电晕放电</td><td>局部场强大</td><td>停用设备，将绝缘表面与绝缘表面五铁芯铜隙用半导体垫紧中防晕漆塞紧</td></tr>
<tr><td>局部放电</td><td>绝缘内部有气孔等缺陷</td><td>测量局部放电量：油浸式互感器不大于40pC，环氧绝缘放电量不大于200pC</td></tr>
<tr><td>4</td><td colspan="2">电压互感器铁磁谐振</td><td>在中性点不直接接地的系统中，系统运行状态发生突变时，铁芯饱和</td><td>1. 改善互感器的伏安特性；
2. 调整系统的 X_L 和 X_C 的参数，使 X_L/X_C 值脱离易激发铁磁谐振区；
3. 在开口三角并非线性电阻或在一次线圈中性点接入适当的阻尼电阻</td></tr>
</table>

当发生下列情况之一时，应立即将互感器停用（注意保护的投切）。

（1）电压互感器高压熔断器连续熔断2～3次。

（2）高压套管严重裂纹、破损，互感器有严重放电，以威胁安全运行时。

（3）互感器内部有严重异音、异味、冒烟或着火。

（4）油浸式互感器严重漏油，看不到油位，SF_6 气体绝缘互感器严重漏气、压力表指示为零；电容式电压互感器分压电容器出现漏油时。

（5）互感器本体或引线端子有严重过热时。

（6）膨胀器永久变形或漏油。

（7）压力释放装置（防爆片）已冲破。

（8）电流互感器末屏开路，二次侧开路；电压互感器接地端子N（X）开路、二次侧短路，不能消除时。

（9）树脂浇注互感器出现表面严重裂纹、放电。

教学资源3　互感器的检查与处理

（1）外观检查。

1）外绝缘表面清洁、无裂纹及放电现象；表面污秽轻微，裂纹损伤不严重，底座、支架轻微变形，可等停电机会处理。

2）金属部位无锈蚀，底座、支架牢固，无倾斜变形；锈蚀及油漆层的缺陷可等停电机处理。

3）设备外涂漆层清洁、无大面积掉漆；硅橡胶增爬裙有放电痕迹应更换处理。

4）套管瓷套根部若有放电痕迹应更换处理。

5）膨胀器正常。膨胀器异常升高时，互感器应停止运行，进一步检查处理。

（2）温度检查。

1）用红外测温仪检测一、二次引线接触是否良好，接头无过热，各连接引线无发热、变色。

2）互感器内外接头接触情况，一次侧过负荷，二次侧短路或绝缘介质损耗升高。

3）是否发生谐振。

（3）油位检查。油位正常，油面指示应与实际温度相符。

1）油位计问题。

2）油面过低用真空注油。

（4）渗漏油检查。瓷套、底座、阀门和法兰等部件应无渗漏现象。

1）如果油从密封处渗出，则重新紧固密封件，如果还渗漏则更换密封件。

2）如焊缝渗漏应进行补焊，若面积较大或时间较长，则应带油在持续真空下（油面上抽真空）补焊。

3）如果防爆膜渗漏油，重点检查：①油是否过高；②防爆膜如有裂纹及时更换，同时检查本体通往膨胀器管路是否有堵塞；③膨胀器本体渗漏，应更换。

（5）端子箱检查。

1）密封性。如果漏水进入则重新密封。

2）接触良好。电压互感器端子箱熔断器和二次低压断路器正常。

3）完整性。如果电器元件有损坏，则应进行更换。

（6）声响和震动。检查有无异常声响和异常振动。

1）如果是不正常的噪声或振动，则是由于连接松动造成的，应重新连接紧固这些连接部位。

2）如果是由于谐振引起的，应及时汇报运行人员破坏谐振条件，消除谐振。

3）末屏（末端）开路；电流互感器二次侧开路。

（7）其他。各连接及接地部位连接可靠，力矩扳手螺丝紧固，连接可靠。

思 考 题

1. 电流互感器和电压互感器的作用分别是什么？

2. 电力互感器和电压互感器的接线方式有哪些？

3. 互感器的常见故障有哪些？

4. 互感器的检修项目有哪些？

课程模块7 避雷器的检修

【学习目标】

1. 熟悉避雷器作用，了解避雷器的工作原理。
2. 了解常用避雷器的种类。
3. 掌握避雷器的检修方法及过程。

【重点】避雷器的检修

【难点】避雷器的运行

教学单元1 避雷器的简介

避雷器是一种过电压限制器，它实际上是过电压能量的吸收器，它与被保护设备并联运行，当用电压超过一定幅值以后避雷器总是先动作，泄放大量能量，限制过电压，保护电气设备。

避雷器放电时，强大的电流泄入大地，大电流过后，工频电流将沿原冲击电流的通道继续通过，此电流称为工频续流。避雷器应能迅速切断续流，才能保证电力系统的安全运行，因此对避雷器基本技术要求有以下两条。

(1) 过电压作用时，避雷器先于被保护电力设备放电，这需要由两者的全伏秒特性的配合来保证。

(2) 避雷器应具有一定的熄弧能力，以便可靠地切断在第一次过零时的工频续流，使系统恢复正常。

以上两条要求对有间隙的避雷器都是适合的。这类避雷器主要有：保护间隙、管式避雷器、带间隙阀式避雷器。

对于无间隙金属氧化物避雷器（MOA）的基本技术要求则不同，由于无间隙，它长期承受系统工作电压和间或承受各种过电压，即工频下流过很小的泄漏电流，过电压下其残压应小于被保护设备冲击绝缘强度，它必须具有长时间工频稳定性和过电压下的热稳定性，它没有灭弧问题，相应地却产生了独特的热稳定性问题。

一、避雷器的组成

防雷器包括电源防雷器和信号防雷器，以及天馈防雷器。防雷器也称为避雷器、浪涌保护器、电涌保护器，简称 SPD。在信息时代，电脑网络和通信设备越来越精密，而雷电以及大型电气设备的瞬间过电压会越来越频繁的通过电源、天线、无线电信号收发设备等线路侵入室内电气设备和网络设备，造成设备或元器件损坏，人员伤亡，传输或储存的数据受到干扰或丢失，甚至使电子设备产生误动作或暂时瘫痪、系统停顿，数据传输中断，局域网乃至广域网遭到破坏。其危害触目惊心，间接损失一般远远大于直接经济损失。防雷器就是依据现代电学以及其他技术集成、制造的过电压和过电流嵌位设备。

二、避雷器工作原理

（1）管式避雷器，其基本工作原理是内间隙（又称灭弧间隙）置于产气材料制成的灭弧管内，外间隙将管子与电网隔开。雷电过电压使内外间隙放电，内间隙电弧高温使产气材料产生气体，管内气压迅速增加，高压气体从喷口喷出灭弧。管式避雷器具有较大的冲击通流能力，可用在雷电流幅值很大的地方。但管式避雷器放电电压较高且分散性大，动作时产生截波，保护性能较差。主要用于变电站、发电厂的进线保护和线路绝缘弱点的保护。

（2）碳化硅避雷器，其基本工作原理是叠装于密封瓷套内的火花间隙和碳化硅阀片（电压等级高的避雷器产品具有多节瓷套）。火花间隙的主要作用是平时将阀片与带电导体隔离，在过电压时放电和切断电源供给的续流。碳化硅避雷器的火花间隙由许多间隙串联组成，放电分散性小，伏秒特性平坦，灭弧性能好。碳化硅阀片是以电工碳化硅为主体，与结合剂混合后，经压形、烧结而成的非线性电阻体，呈圆饼状。碳化硅阀片的主要作用是吸收过电压能量，利用其电阻的非线性（高电压大电流下电阻值大幅度下降）限制放电电流通过自身的压降（称残压）和限制续流幅值，与火花间隙协同作用熄灭续流电弧。碳化硅避雷器按结构不同，又分为普通阀式和磁吹阀式两类。后者利用磁场驱动电弧来提高灭弧性能，从而具有更好的保护性能。碳化硅避雷器保护性能好，广泛用于交、直流系统，保护发电、变电设备的绝缘。

（3）金属氧化物避雷器，其基本工作原理是密封在瓷套内的氧化锌阀片。氧化锌阀片是以 ZnO 为基体，添加少量的 Bi_2O_3、MnO_2、Sb_2O_3、Co_3O_3、Cr_2O_3 等制成的非线性电阻体，具有比碳化硅好得多的非线性伏安特性，在持续工作电压下仅流过微安级的泄漏电流，动作后无续流。因此金属氧化锌避雷器不需要火花间隙，从而使结构简化，并具有动作响应快、耐多重雷电过电压或操作过电压作用、能量吸收能力大、耐污秽性能好等优点。由于金属氧化锌避雷器保护性能优于碳化硅避雷器，已在逐步取代碳化硅避雷器，广泛用于交、直流系统，保护发电、变电设备的绝缘，尤其适合于中性点有效接地（见电力系统中性点接地方式）的 110kV 及以上电网。

三、避雷器基本特点

防雷器，也叫浪涌保护器，是一种为各种电子设备、仪器仪表、通信线路提供安全防护的电子装置。当电气回路或者通信线路中因为外界的干扰突然产生尖峰电流或者电压时，浪涌保护器能在极短的时间内导通分流，从而避免浪涌对回路中其他设备的损害。

防雷器基本特点如下：

（1）保护通流量大，残压极低，响应时间快。

（2）采用最新灭弧技术，彻底避免火灾。

（3）采用温控保护电路，内置热保护。

（4）带有电源状态指示，指示浪涌保护器工作状态。

（5）结构严谨，工作稳定可靠。

四、避雷器作用特点

避雷器的作用是用来保护电力系统中各种电器设备免受雷电过电压、操作过电压、工频暂态过电压冲击而损坏的一种电器。避雷器的类型主要有保护间隙、阀型避雷器和氧化锌避雷器。保护间隙主要用于限制大气过电压，一般用于配电系统、线路和变电站进线段保护。阀型避雷器与氧化锌避雷器用于变电站和发电厂的保护，在500kV及以下系统主要用于限制大气过电压，在超高压系统中还将用来限制内过电压或作内过电压的后备保护。

五、避雷器主要分类

避雷器有高压和低压避雷器之分，本节介绍的是低压配电系统中的避雷器（电涌保护器SPD）。

（一）电涌保护器的种类

名目繁多的防雷器在中国的市场上已经超过了上百种，如何对不同品牌、不同型号的避雷器进行分类有待解决。

(1) 从组合结构分，现在市场上的避雷器有以下几种：

1) 间隙类：开放式间隙、密闭式间隙。

2) 放电管类：开放式放电管密封式放电管。

3) 压敏电阻类：单片、多片。

4) 抑制二极管类。

5) 压敏电阻/气体放电管组合类：简单组合、复杂组合。

6) 碳化硅类。

(2) 按照其保护性质有可以分为：开路式避雷器、短路式避雷器或开关型、限压型。

(3) 按照工作状态（安装形式）又可分为：并联避雷器和串联式避雷器。

（二）避雷器的结构及特性

1. 间隙避雷器

(1) 开放式间隙避雷器。

间隙避雷器的工作原理：基于电弧放电技术，当电极间的电压达到一定程度时，击穿空气电弧在电极上进行爬电。

优点：放电能力强，通流量大（可以达到100kA），漏电流小，热稳定性好。

缺点：残压高，反应时间慢，存在续流。

工艺特点：由于金属电极在放电时承受较大电流，所以容易造成金属的升华，使放电腔内形成金属镀膜，影响避雷器的启动和正常使用。放电电极的生产主要还是集中在国外一些避雷器生产企业，电极的主要成分是钨金属的合金。

工程应用：该种结构的避雷器主要应用在电源系统做B级避雷器使用。但由于避雷器自身的原因容易引起火灾，避雷器动作后（飞出）脱离配电盘等事故。根据型号的不同适合与各种配电制式。

工程安装时一定要考虑安装距离，避免引起不必要的损失和事故。

(2) 密闭式间隙避雷器。

现在国内市场有一种多层石墨间隙避雷器，这种避雷器主要利用的是多层间隙连续放电，每层放电间隙相互绝缘，这种叠层技术不仅解决了续流问题而且是逐层放电，无形中增大了产品自身的通流能力。

优点：放电电流大，测试最大50kA（实际测量值），漏电流小，无续流，无电弧外泄，热稳定性好。

缺点：残压高，反应时间慢。

工艺特点：石墨为主要材料，产品内采用全铜包被解决了避雷器在放电时的散热问题，不存在后续电流问题，最大的特点是没有电弧的产生，且残压与开放式间隙避雷器比较要低很多。

工程应用：该种避雷器应用在各种B、C类场合，与开放式间隙比较不用考虑电弧问题。根据型号的不同该种产品适合与各种配电制式。

2. 放电管类避雷器

(1) 开放式放电管避雷器。

开放式放电管避雷器，实质与开放式间隙避雷器是一样的产品，都属于空气放电器。但是与间隙放电器比较它的通流能力就降了一个等级。

优点：体积小，通流能力强（10～15kA），漏电流小，无电弧喷泄。

缺点：残压较高，有续流，产品一致性差，反应时间慢。

(2) 密闭式气体放电管

密闭式气体放电管也叫惰性气体放电管，主要是内部充盈了惰性气体，放电方式是气体放电，靠击穿气体来起到一次性泄放电流的目的。一般有2极和3极两种结构。

优点：体积小（气体管可以很小），通流量大，无电弧。

缺点：产品一致性差（启动电压、残压），有续流残压较高。

工艺特点：空气放电管还是属于开放式产品，在工作时不保证绝对没有点火花从排压孔喷出，气体放电管是密封结构，一般有二极和三极两种结构形式，一般三极有热保护装置（短路装置），在放电管工作时温度超过了一定范围，短路装置启动使放电管整体导通。防止温度过高造成放电管内气压生高器件爆裂。

工程应用：一般空气放电管现在很少应用，而气体放电管现今被广泛的应用在信号防雷器上。型号的不同也有在电源避雷器上使用。

3. 氧化锌电阻类避雷器

(1) 单片压敏电阻避雷器。

单片压敏电阻避雷器是20世纪80年代由日本最先发明使用。直到现在，单片敏电阻的使用率也是避雷器中最高的。压敏电阻避雷器的工作原理是利用了压敏电阻的非线性特点。当电压没有波动时氧化锌呈高阻态，当电压出现波动达到压敏电阻的启动电压时压敏电阻迅速呈现低阻态，将电压限制在一定范围内。

(2) 多片压敏电阻避雷器。

由于单片压敏电阻的通流量一直不够理想，在这种前提下多片组合压敏电阻避雷器产生，多片压敏电阻组合避雷器主要是解决了单片压敏电阻的通流量较小，不能满足B级场合的使用。多片压敏电阻的产生从根本上解决了压敏电阻通流量的问题。

优点：通流容量大，残压较低，反应时间较快（≤25ns），无跟随电流（续流）。

缺点：漏电流较大，老化速度快。热稳定一般。

工艺特点：多数采用积木结构。

工程应用：根据结构不同，压敏电阻避雷器广泛的应用在B、C、D级以及信号避雷器。但是应解决的问题是工程中有个别产品存在燃烧现象，所以在产品选型时应注意厂家使用的外壳材料。

4. 抑制二极管类防雷器

抑制二极管类防雷产品主要是网络等信号避雷产品中大量的应用，主要采用的器件有P＊KE（雪崩管）等系列等产品。工作原理是基于PN结反向击穿保护。

优点：残压低、动作精度高、反应时间快、无续流、体积小。

缺点：通流量小2.5压敏电阻/气体放电管组合类。

5. 组合式避雷器

（1）简单组合避雷器。

组合式避雷器典型结构是N-PE结构形式，这种避雷器与单一结构的避雷器相比，综合了两种不同产品的优点，而减少了单一器件的缺点。

优点：通流量大，反应时间快。

缺点：残压相对较高。

工程应用：仅在N-PE制式使用的避雷器，适合电压波动率较大地区使用。

（2）复杂型组合式避雷器。

这种避雷器充分发挥各种元器件的优点，在结构上一般使用数量较多的压敏电阻和气体放电管。这种结构的避雷器一般具有较高的通流能力，且残压较低。行业内也称这种结构的避雷器为一体化避雷器。

优点：通流量大，反映时间快，残压低无续流，热稳定性好。

缺点：无声音报警，无计数器。

工艺特点：一体化避雷器的电路结构紧凑，充分发挥了氧化锌电阻反映时间快的特点，有结合了气体放电管具有较高通流能力的优点。在电路上避雷器使用了较多的氧化锌电阻来提高整体避雷器的通流能力，用气体放电管作为备用放电通道。基于这种完善的电路结构使避雷器的使用寿命大大提高。

工程应用：一体化避雷器根据型号的不同广泛应用与B、C、D各种安装环境。由于是一体化设计，所以更适合在不具备安装距离的场合使用。（IEC规定B、C、D模块化避雷器三级间的最短距离在10m以上）

6. 碳化硅避雷器（阀式避雷器）

碳化硅避雷器主要应用于高压电力防雷，现今仍是电力系统使用率较高的电力防雷产品。

六、如何选用避雷器

基于防雷器的防护想要取得理想的效果，应注重“在合适的地方合理地装设合适的防雷器”，防雷器的选择十分重要。

（1）进入建筑物的各种设施之间的雷电流分配情况如下：约有50%的雷电流经外部防雷装置泄放入地，另有50%的雷电流将在整个系统的金属物质内进行分配。这个模式用于估算在LPAOA区、LPZOB区和LPZ1区交界处作等电位连接的防雷器的通流能力和金属导线的规格。该处的雷电流为10/35μs电流波形。在各金属物质中雷电流的分配情况下：各部分雷电流幅值取决于各分配通道有的阻抗与感抗，分配通道是指可能被分配到雷电流的金属物质，如电力线、信号线、自来水管、金属构架等金属管级及其他接地，一般仅以各自的接地电阻值就可以大致估算。在不能确定的情况下，可以认为接地电阻相等，即各金属管线平均分配电流。

(2) 在电力线架空引入，并且电力线可能被直击雷击中时，进入建筑物内保护区的雷电流取决于外引线路、防雷器放电支路和用户侧线路的阻抗和感抗。如内外两端阻抗一致，则电力线被分配到一半的直击雷电流。在这种情况下必须采用具有防直击雷功能的防雷器。

(3) 后续的模式用于 LPZ1 区以后防护区交界处的雷电流分配情况。由于用户侧绝缘阻抗远远大于防雷器放电支路与外引线路的阻抗，进入后续防雷区的雷电流将减少，在数值上不需特别估算。一般要求用于后续防雷区的电源防雷器的通流能力在 20kA（8/20μs）以下，不需采用大通流能力的防雷器。

后续防雷区防雷器的选择应考虑各级之间的能量分配和电压配合，在许多因素难以确定时，采用串并式电源防雷器是个好的选择。串并式是根据现代雷电防护中许多应用场合、保护范围层次区分等特点提出的概念（相对于传统的并式防雷器而言）。其实质是经能量配合和电压分配的多级放电器与滤波器技术的有效结合。串并式防雷有如下特点：应用广泛。不但可以按常规进行应用，也适合保护区难以区别的场所。感生退耦器件在瞬态过电压下的分压、延迟作用，以帮助实现能量配合。减缓瞬态干扰的上升速率，以实现低残压与长寿命以及极快的响应时间。

(4) 防雷器的其他参数选择取决于各个被保护物所在防雷区的级别，其工作电压以安装在引电路中所有部件的额定电压为准。串并式防雷器还需注意其额定电流。

(5) 影响电子线雷电流分配的其他因素：变压器端接地电阻降低将使电子线中分配电流增大。供电线缆的长度的增加将使电力线中分配电流减少，并使导线中有平衡的电流分配。过短的电缆长度和过低的中性线阻抗将使电流不平衡，从而引起差模干扰。供电线缆并接多用户将降低有效阻抗，导致分配电流增大，在连成网状的供电状态下，临时性流主要流入电力线，这是多数雷损发生在电力线处的原因。

(6) 定期检查电源避雷器的工作情况：避雷器正常时，工作指示灯（绿灯）亮，当避雷器上的劣化指示灯（红）亮时，表明该电源避雷器内部重要元器件失效，则请立即更换。

(7) 电源防雷箱使用期间，应定期检测并查看指示灯工作状态：绿色指示灯为工作指示，防雷箱工作正常；红色指示灯正常工作时不亮，当防雷箱出现故障，红色指示灯亮，应及时维修或更换。

(8) 电源防雷箱的雷电计数器计数范围为 0～99 次，计数动作电流为不小于 5kA；通电时显示为 00 次，当停电时不再显示，可以按“读数”按钮，显示雷击的次数。在防雷箱上端设有计数器清零按钮，查看后可随时对计数器进行清零。

(9) 接地电阻不大于 4Ω。

(10) 非专业人员请勿拆卸。

箱体采用优质钢材制作，阻燃、防腐。

教学资源 1　保护间隙与管式避雷器

(一) 保护间隙避雷器

保护间隙常用角形保护间隙形式，其目的是使工频续流电弧在电动力和上升热气流的作用下向上运动并拉长，以利电弧的自行熄灭。在我国保护间隙多用于 3～10kV 的配电系统中，保护间隙虽有一定的限制过电压效果，但不能避免供电中断。其优点是：结构简单、价廉。主要缺点是：熄弧能力低，与被保护的伏秒特性不易配合，动作后产生截波，不能保护带绕组的设备，它往往需与其他保护措施配合使用。

（二）管式避雷器

管式避雷器由两个串联间隙组成，一个间隙 F1 装在消弧管内，称为内间隙，另一个间隙 F2 装在管外，成为外间隙。当有雷电冲击波时，间隙 F1、F2 均被击穿，使雷电流入地。冲击电流过后又加上工频续流电弧的高温，使管内产生大量气体，可达到数十甚至上百个大气压。此高压气体急速喷出产气管，造成对弧柱的强烈纵吹，使其在工频续流 1～3 周波内的某一过零值时熄灭。外间隙的作用是使消弧管在线路正常运行时与工作电压隔离，以免管子材料加速老化或在管壁受潮时发生沿面放电。

管式避雷器的熄弧能力与工频续流的数值有关。续流太大的产气过多，可能使管子炸裂而损坏；续流过小产气不足，电弧不能熄灭，可见管式避雷器所能熄灭的续流有一定的上、下限。管式避雷器的型号通常记为：G 代表管式；X 代表线路用；W 代表所用的产气材料为纤维；U_N 是额定工作电压（kV，有效值），I_{max}、I_{min}（kV，有效值）是熄弧电流的上、下限。使用时根据避雷器安装地点的运行条件，使单相接地短路电流在熄弧电流的范围内。由于管式避雷器伏秒特性陡峭，放电分散性大，动作产生截波，放电性能受大气条件影响。因此，它目前只用于输电线路个别地段的保护，如大跨距和交叉挡距处，或变电站的进线段保护。

教学资源 2　阀式避雷器

阀式避雷器分带间隙和无间隙阀式避雷器两种，近几年又出现了有机合成外套的金属氧化物避雷器。它们相对于管式避雷器来说，在保护性能上有重大改进，是电力系统中广泛应用的主要过电压保护设备。

（一）带间隙阀式避雷器

1. 主要性能参数

（1）额定电压。指正常运行时作用在避雷器上的工频工作电压，也就是使用该避雷器的电网额定电压。

（2）冲击放电电压。对额定电压为 220kV 及以下的避雷器，指的是在标准雷电波下的放电电压（幅值）的上限。对于 330kV 及以上超高压系统用的避雷器，除了雷电冲击放电电压外，还包括在标准操作冲击波下的放电电压（幅值）的上限。

（3）工频放电电压。普通避雷器是靠间隙与阀片的配合使电弧不能维持而自熄的，所以这种避雷器的灭弧能力和通流容量是有限的，一般不允许它们在持续时间较长的内过电压下动作，以免损坏。因此，它们的工频放电电压除了应有上限值外，还必须规定一个下限值，以保证它们不至于在内过电压作用下误动作。

（4）灭弧电压。指避雷器应能可靠地熄灭续流电弧时的最大工频作用电压。灭弧电压应大于避雷器安装点可能出现的最大工频电压。我国有关规程规定，在中性点有效接地的系统中，灭弧电压应取设备运行电压的 80%，而在中性点非有效接地系统中，发生单相接地故障时仍能继续运行。此时，另两相的对地电压升为线电压，如这两相的避雷器因雷击而动作，作用在它上面的最大工频电压等于该电网额定电压的 100%～110%，即灭弧电压取值不应低于设备运行线电压的 100%。

（5）冲击系数。它等于避雷器冲击放电电压与工频放电电压幅值之比，一般希望它接近于 1，这样间隙的伏秒特性就比较平坦，易于绝缘配合。

（6）切断比。它等于避雷器工频放电电压的下限与灭弧电压之比。如前所述，灭弧电压是避雷器最重要的设计依据，而切断比是表征间隙灭弧能力的一个技术指标，切断比越接近于1，说明该间隙的灭弧性能越好。

以上各技术参数主要是描述避雷器间隙性能的。此外，评述阀片性能指标的主要如下：

(1) 残压 (U_R)。指波形为8/20μs的一定幅值的冲击电流流过避雷器时，在阀片上产生的电压峰值称为避雷器的残压。我国标准规定，220kV及以下避雷器冲击电流幅值为5kA，330kV及以上避雷器相应幅值为10kA。

(2) 通流容量。包括冲击通流容量和工频通流容量。冲击通流容量是用具有一定波形和幅值的所允许通过的次数表示的；而工频通流容量以一定幅值的半波电流所允许通过的次数来表示，因为在工频半波内，避雷器必须吸收半波能量完成工频灭弧。

避雷器的间隙与阀片串联组成一个完整的统一体，因此描述避雷器的性能参数还有如下。

(1) 保护水平。它表示避雷器上可能出现的最大冲击电压的峰值。IEC和我国都规定以残压、标准雷电冲击 (1.2/50μs) 放电电压及陡波放电电压U_{st}除以1.15后所得电压值三者之中的最大值作为避雷器的保护水平。不难理解，阀型避雷器的保护水平越低越好。

(2) 保护比。它等于避雷器的残压与灭弧电压之比。保护比越小，表明残压越低或灭弧电压越高，意指绝缘上受到的过电压较小，而工频续流又能很快被切断，因而避雷器的保护性能越好。

事实上灭弧电压也是描述避雷器整体性能的主要参量，因为雷电波作用于避雷器，间隙动作后，当工频续流流过间隙时，熄灭工频续流是靠阀片协助间隙灭弧的。

2. 动作过程

在系统正常工作无过电压时，间隙将阀片与工作导线隔开，以免由于工作电压在阀片中产生的电流使阀片长期受热烧坏。为此，采用电场比较均匀的间隙，伏秒特性较为平坦，能与被保护设备很好地配合。当系统中出现过电压且其幅值超过间隙放电电压时，间隙击穿冲击电流经过阀片流入大地。由于阀片的非线性特性，其电阻在流经冲击电流时变得很小，故在阀片上产生的压降（即残压）得到限制，使其低于被保护设备的冲击耐压。同时，由于残压的存在，间隙被击穿后，不致形成截波。当过电压消失后，间隙中的电弧并不随之熄灭，由工频电压产生的电弧电流（工频续流）仍将继续存在，此续流远较冲击电流为小，故阀片电阻变得很大，进一步限制了工频续流的数值，使间隙能在工频续流第一次经过零值时就将电弧切断。此后，间隙的绝缘强度能够耐受电网恢复电压的作用而不发生重燃。避雷器从间隙击穿到工频续流切断不超过半个周期，而且工频续流数值不大，因此继电保护来不及反应，系统就已恢复正常。

3. 结构特征

由上可知这类避雷器的动作过程是以过电压下间隙闭合开始，以续流电弧过零时间间隙开断结束。为完成上述动作过程，间隙的结构特征如下。

(1) 间隙，有平板火花间隙和磁吹式火花间隙两种。

1) 平板火花间隙。它由很多单个间隙串联而成。单个间隙的电极由黄铜材料冲压成小盘形状，中间以云母垫圈隔开。由于电极之间的电场是很均匀的，因而具有平坦的伏秒特性，放电分散性小。多个的单个间隙串联组成多重间隙保证了极间电场的均匀度，有利于实现绝缘配合，这是间隙闭合应满足的技术要求。多重短间隙的优点还表现在它易于切断工频续流，因为已将工频续流分割成许多段短弧，可充分利用“近极效应”，大大有利于电弧的熄灭，这就解决了间隙开断的技术问题。

考虑到多个间隙串联使用时，由于对地电容的影响存在，使得沿串联间隙上的电压分布不均匀，对间隙的闭合和开断都有影响。采用分路电阻，使工频电压分布得到改善，其原理接线如图7.1所示，提高了工频击穿电压，改变了续流的灭弧条件，亦即改善了开断条件。分路电阻接入后，并不改变冲击电压分布，冲击电压分布基本上取决于电容。对地电容的存在使冲击电压分布不均匀时，将带来有利影响，因为它能降低整个火花间隙的冲放电压，使各个间隙单元迅速地相继击穿，为被保护绝缘提供可靠保护。

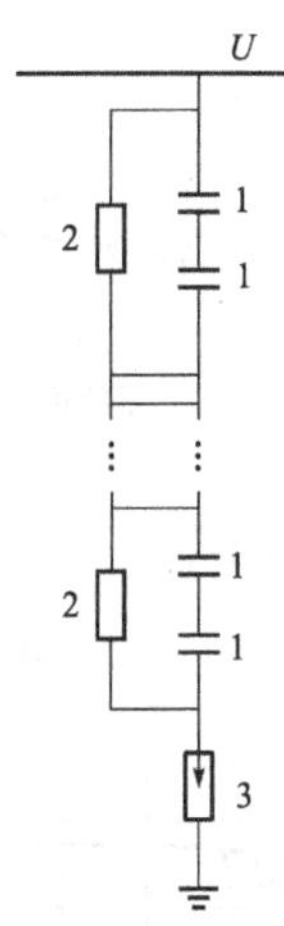

图7.1　分路电阻原理接线

1—间隙；2—分路电阻；

3—工作电阻

2）磁吹式火花间隙。它是利用磁场对电弧的电动力，迫使间隙中的电弧加快运动，旋转或拉长，使弧柱中去电离作用增强，从而大大提高其灭弧能力。

磁吹式火花间隙分为旋弧型磁吹和灭弧栅型磁吹间隙结构。

旋弧型磁吹火花间隙由两个同心式内、外电极构成，磁场由永久磁铁产生。在外磁场的作用下，电弧受力沿着圆形间隙高速旋转（旋转方向取决于电流方向），使弧柱得以冷却，加速去电离过程，它灭弧能力能可靠切断300A（幅值）的工频续流，切断比仅为1.3左右。这种间隙用于电压较低的如保护旋转电动机用的FCD系列磁吹避雷器中。

灭弧栅型磁吹火花间隙由主间隙，辅助（分流）间隙，磁吹线圈，灭弧盒组成，主间隙与线圈串联连接，分流间隙与线圈并联连接。当雷电流通过线圈时，线圈的感抗很大，所以，雷电流在避雷器上的压降，除阀片的残压以外，还有线圈上的压降，这会大大削弱避雷器的保护性能。为此，磁吹线圈上必须并联一个分流间隙。当雷电流通过线圈在线圈上形成很大压降时，分流间隙动作将线圈短路，使避雷器的压降不致增大。当工频续流通过时，主间隙电弧压降大于续流在线圈中的压降（线圈阻抗变得很小），此时分流间隙电弧会自动熄灭，使续流转入线圈产生吹弧作用。很明显，永久磁铁所产生的磁场不能满足在续流方向改变时磁场的方向也做相应改变这一要求。因此主间隙的磁场是由和间隙串联的磁吹线圈产生的。主间隙的续弧电弧被磁场迅速吹入灭弧栅的狭缝内，结果被拉长或分割成许多短弧而迅速熄灭。当续流反相时，磁通方向也反相，而电弧的运动方向总是向着灭弧栅的狭缝不变。

这种磁吹间隙能切断450A左右的工频续流，为普通间隙的4倍多。由于电弧被拉长、冷却，电弧电阻明显增大，可以与阀片一起来限制工频续流，故这种间隙又称“限流间隙”。考虑到电弧电阻的限流作用，可以适当减少阀片数目，因而也有助于降低避雷器的残压。这种间隙用于电压较高的如保护变电站用的FCZ系列磁吹避雷器中。

（2）阀片，有SiC阀片和MOV两种。

1）SiC阀片。由金刚砂（SiC）粉末与粘合剂（如水玻璃等）模压成圆饼，在320℃温度下焙烧而成。

2）MOV。由氧化锌，还有氧化铋及一些其他的金属氧化物经过煅烧、混料、选粒、成

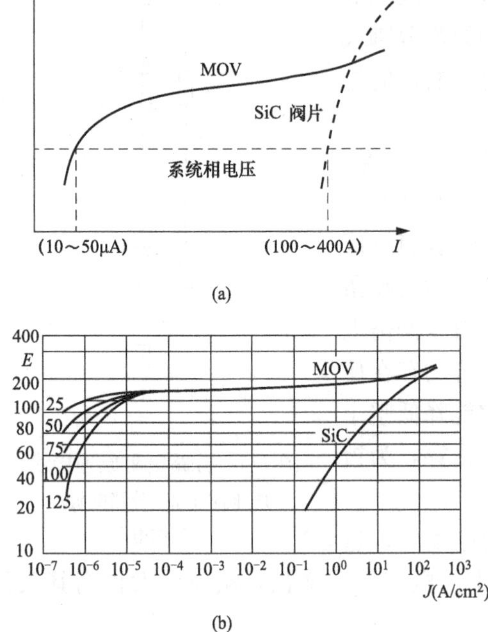

图 7.2　阀片的 $U—I$ 特性和 $E—J$ 特性

型、表面处理等工艺过程而制成。它们都是随通过电流的大小而变化的非线性电阻，其非线性的伏安特性如图 7.2 所示，表达式为：

$$u = CI^{\alpha} \tag{7.1}$$

式中，C 为常数；α 为非线性系数，$0<\alpha<1$，其值愈小愈好。

这两种阀片分别与以上所述间隙串联组成带间隙阀型避雷器。由于阀片具有非线性，间隙在冲击放电瞬间通过电流值较小时阀片呈现较高的阻值，放电瞬间的压降较大，减小了截断波电压值。当电流增大时，阀片呈现较低的阻值，使避雷器上电压降低，增加了避雷器的保护效果。另一方面，为可靠地熄弧，必须限制续流的大小，在工频电压升高后流过避雷器的续流不超过规定值。也就是说，此时阀片呈现的电阻具有足够的数值，阀片的非线性同时满足了上述两个要求。

MOV 的非线性远优于 SiC 阀片，在图 7.2 中，如果假定 MOV，SiC 电阻片在 10kV 下的残压相同，即保护水平相等，那么在额定电压（灭弧电压）下，SiC 阀片曲线所对应的电流值是 400A 左右。而 MOV 曲线所对应的电流却近乎为零值（约 100μA 左右），两者相差七个数量级。若以式（7-1）来表示 $U—I$ 特性，SiC 阀片的 α 值在 0.2 左右，而 MOV 则在 0.02 左右。当 MOV 与 SiC 阀片几何尺寸相同时，前者是后者通流能力的 4～4.5 倍。可见，MOV 较 SiC 阀片更优越，用 MOV 串联起来不带任何间隙构成 MOA 能直接挂网运行，且在冲击电压过后工频电压作用下是无续流的。

（二）无间隙氧化锌避雷器

1. 主要性能参数

（1）额定电压。它相当于 SiC 避雷器的灭弧电压，但含义不同，它是避雷器能较长期耐受的最大工频电压有效值，即在系统中发生短时工频电压升高时（此电压直接施加在 MOV）避雷器亦应能正常可靠地工作一段时间（完成规定的雷电及操作过电压动作负荷，特性基本不变而不出现热崩溃）。

（2）容许最大持续运行电压（MCOV）。指避雷器能长期持续运行的最大工频电压有效值。它一般应等于系统的最高工作相电压。

（3）起始动作电压（亦称参考电压或转折电压）。大致位于 MOV 伏安特性曲线由小电流区上升部分进入大电流区平坦部分的转折处，可认为避雷器此时开始进入动作状态以限制过电压，通常以通过 1mA 电流时的电压 U_{1mA} 作为起始动作电压。

（4）荷电率（AVR）。是容许最大持续运行电压峰值 $U_{co,max}$ 与参考电压 U_{ref}（或起始动作电压 U_{1mA}）的比值。

它是影响 MOA 老化性能和保护水平的一项重要指标。荷电率的高低直接影响到避雷器的老化进行，当MOA的伏安特性一定时，MOA片数越少，AVR越高。AVR偏高时将改善避雷器的保护性能（因为U_R越低），但会加速避雷器的老化，使其寿命减少，可靠性降低。而另一方面，MOA片数越多，AVR越低，AVR取得较低时，虽然寿命延长，工作可靠，其暂时过电压的耐受能力也会提高，但保护性能也将随之变坏（U_R越高）。因此，荷电率的合适选取，必须保证在选定的AVR下有规定的运行寿命。

(5) 保护比（压比PR）：是标称放电电流下的残压U_R与参考电压U_{ref}之比。它反映了避雷器保护水平的高低，显然PR越小越好。

2. 主要优点

与传统的有串联间隙的SiC避雷器相比，MOA具有一系列优点，主要表现如下。

(1) 由于省去了串联火花间隙，所以结构大大简化，体积也可缩小很多，适合于大规模自动化生产。

(2) 保护性能优越，由于MOV具有优异的非线性伏安特性，进一步降低其保护水平和被保护设备绝缘水平的潜力过大。其次，它没有火花间隙，一旦作用电压开始升高，阀片立即开始吸收过电压的能量，抑制过电压的发展。没有间隙的放电时延，因而有良好的陡波响应特性，特别适合于伏秒特性十分平坦的SF_6组合电器和气体绝缘变电站的保护。

(3) 无续流、动作负荷轻，能重复动作实施保护：MOA的续流仅为微安级，实际上可认为无续流。所以，在雷电或内部过电压作用下，只需吸收过电压的能量而不需吸收续流能量，因而动作负荷轻；再加上MOV通流容量远大于SiC阀片，所以MOA有耐受多重雷击和重复发生的操作过电压的能力。

(4) 通流容量大，能制成重载避雷器，即使是带间隙的MOA的通流能力，也完全不受串联间隙被灼伤的制约，它仅与MOV本身的通流能力有关。前已提到，MOV单位面积的通流能力比SiC阀片大得多，因而可用来对内部过电压进行保护。若采用多个MOV柱并联使用，则可进一步增大通流容量，制造出用于特殊保护对象的重载避雷器，解决长电缆系统、大容量电容器组等的保护问题。

(5) 耐污性能好。由于没有串联间隙，因而可避免因磁套表面不均匀污染使串联火花间隙放电电压不稳定的问题，即这种避雷器具有极强的耐污性能，有利于制造耐污型和带电清洗型避雷器。

由于MOV具有上述重要优点，因而发展潜力很大，由MOV构成的新型避雷器正在逐步取代普通阀式避雷器和磁吹避雷器。近些年发展必将获得更广泛的应用。

教学单元2 避雷器的检修

教学资源1 概述

（一）避雷器应用

电力系统输变电和配电设备在运行中会受到以下几种电压的作用：

(1) 长期作用的工作电压。

(2) 由于接地故障、谐振以及其他原因产生的暂态过电压。

(3) 雷电过电压。

(4) 操作过电压。

雷电过电压和操作过电压可能有较高的数值，单纯依靠提高设备绝缘水平来承受这两种过电压，不但在经济上是不合理的，而且在技术上往往也是不可能的。积极的办法是采用专门限制过电压的电器，将过电压限制在一个合理的水平上，然后按此选用相应绝缘水平的设备。避雷器是其中最主要的一种限制过电压的电器。避雷器的保护特性是被保护设备绝缘配合的基础，改善避雷器的保护特性，可以提高被保护设备运行的安全可靠性，也可以降低设备的绝缘水平，从而降低造价。设备电压等级越高，降低绝缘水平所带来的经济效益越显著。避雷器安装在被保护设备上，过电压由线路传到避雷器，当其值达到避雷器动作电压时避雷器动作，将过电压限制到某一定水平（称为保护水平）。过电压之后，避雷器立即恢复截止状态，电力系统恢复正常状态。避雷器应符合下列基本要求。

（1）能长期承受系统的持续运行电压，并可短时承受可能经常出现的暂态过电压。

（2）在过电压作用下，其保护水平满足绝缘水平的要求。

（3）能承受过电压作用下放电电流产生的能量。

（4）过电压之后能迅速恢复正常工作状态。

（二）避雷器的正常使用条件

避雷器的正常使用条件为：

（1）适合于户内外运行。

（2）环境温度为－40～40℃。

（3）可经受阳光的辐射。

（4）海拔高度不超过其设计高度。

（5）电源的频率不小于48Hz，不超过62Hz。

（6）长期施加于避雷器的工频电压不超过避雷器持续运行电压的允许值。

（7）地震烈度7度及以下地区。

（三）避雷器分类

我国通用型避雷器系列及其应用范围见表7.1。

表7.1　通用型避雷器系列及其应用范围

序号	名称	系列代号	应用范围
1	低压阀式避雷器	FS	用于低压网络，保护交流电器、电能表和配电变压器低压绕组
2	配电用普通阀式避雷器		用于3～10kV交流配电系统，保护变压器等电气设备
3	电站用普通阀式避雷器	FZ	用于3～110kV交流系统，保护变压器等电气设备
4	电站用磁吹阀式避雷器	FCZ	用于35kV及以上交流系统，保护变压器等电气设备，尤其适合于绝缘水平较低或需要限制操作过电压的场合
5	保护旋转电机用磁吹阀式避雷器	FCD	用于保护交流发电机和电动机
6	无间隙金属氧化物避雷器	YW	包括序号1～序号5中的全部应用范围
7	有串联间隙金属氧化物避雷器	YC	用于3～10kV交流系统，保护配电变压器、电缆头和其他电气设备，与YW相比各有其特点
8	有并联间隙氧化物避雷器	YB	用于保护旋转电机和要求保护性能特别好的场合
9	直流金属氧化物避雷器	YL	用于保护直流电气设备

教学资源2　避雷器安装和运行维护

（一）避雷器安装

1. 安装前的检查

（1）避雷器额定电压与线路电压是否相同。

（2）底盘的瓷盘有无裂纹，瓷件表面是否有裂纹、破损和闪络痕迹及掉釉现象。如有破损，其破损面应在 $0.5cm^2$ 以下，在不超过三处时可继续使用。

（3）将避雷器向不同方向轻轻摇动，内部应无松动的响声。

（4）检查瓷套与法兰连接处的胶合和密封情况是否良好。

2. 电气试验

（1）绝缘电阻，用2500V绝缘电阻表测量绝缘电阻，与同类避雷器试验值进行比较，绝缘电阻值应未有明显变化。

（2）工频击穿电压试验，FS型避雷器工频放电电压标准：额定电压为3、6、10kV时；新装和大修后的避雷器为9～11、16～19、27～30kV；运行中的避雷器为8～12、15～21、23～33kV。

（3）FZ型避雷器一般可不做工频放电试验，但要做避雷器泄漏电流测量。

3. 安装要求

（1）避雷器应垂直安装，倾斜不得大于15°。安装位置应尽可能接近保护设备，避雷器与3～10kV设备的电气距离，一般不大于15m，易于检查巡视的带电部分距地面若低于3m，应设遮栏。

（2）避雷器的引线与母线、导线的接头，截面积不得小于规定值：3～10kV铜引线截面积不小于 $16mm^2$，铝引线截面不小于 $25mm^2$，35kV及以上按设计要求。并要求上下引线连接牢固，不得松动，各金属接触表面应清除氧化膜及油漆。

（3）避雷器周围应有足够的空间，带电部分与邻相导线或金属构架的距离不得小于0.35m，底板对地不得小于2.5m，以免周围物体干扰避雷器的电位分布而降低间隙放电电压。

（4）高压避雷器的拉线绝缘子串必须牢固，其弹簧应适当调整，确保伸缩自由，弹簧盒内的螺帽不得松动，应有防护装置；同相各拉紧绝缘子串的拉力应均匀。

（5）均压环应水平安装，不得歪斜，三相中心孔应保持一致；全部回路（从母线、线路到接地引线）不能迂回，应尽量短而直。

（6）对35kV及以上的避雷器，接地回路应装设放电记录器，而放电记录器应密封良好，安装位置应与避雷器一致，以便于观察。

（7）对不可互换的多节基本元件组成的避雷器，应严格按出厂编号、顺序进行叠装，避免不同避雷器的各节元件相互混淆和同一避雷器的各节元件的位置颠倒、错乱。

（8）避雷器底座对地绝缘应良好，接地引下线与被保护设备的金属外壳应可靠连接，并与总接地装置相连。

（二）避雷器的运行

避雷器在运行中应与配电装置同时进行巡视检查，雷电活动后，应增加特殊巡视。巡视检查项目如下。

（1）瓷套是否完整。

(2) 导线与接地引线有无烧伤痕迹和断股现象。

(3) 水泥接合缝及涂刷的油漆是否完好。

(4) 10kV避雷器上帽引线处密封是否严密，有无进水现象。

(5) 瓷套表面有无严重污秽。

(6) 动作记录器指示数有无变化，判断避雷器是否动作并做好记录。

(三) 避雷器的运行管理

(1) 避雷器投入运行时间，应根据当地雷电活动情况确定，一般在每年3月初到10月投入运行。

(2) 避雷器每年投入运行前，应进行检查试验，试验项目如下。

1) 用1000～2500V绝缘电阻表测量绝缘电阻，测量结果与前一次或同型号避雷器的试验值相比较，绝缘电阻值不应有显著变化。

2) 测量工频放电电压，对于FS型避雷器，额定电压为3、6、10kV时，其工频放电电压分别为8～12、15～21、23～33kV。

3) FZ型避雷器一般不做工频放电试验，但应做避雷器的泄漏电流测量。

(四) 避雷器运行中常见故障

1. 避雷器内部受潮

避雷器内部受潮的征象是绝缘电阻低于2500MΩ，工频放电电压下降。内部受潮的原因可能如下。

(1) 顶部的紧固螺母松动，引起漏水或瓷套顶部密封用螺栓的垫圈未焊死，在密封垫圈老化开裂后，潮气和水分沿螺钉缝渗入内腔。

(2) 底部密封试验的小孔未焊牢、堵死。

(3) 瓷套破裂，有砂眼，裙边胶合处有裂缝等易于进入潮气及水分。

(4) 橡胶垫圈使用日久，老化变脆而开裂，失去密封作用。

(5) 底部压紧用的扇形铁片未塞紧，使底板松动，底部密封橡胶垫圈位置不正，造成空隙而渗入潮气。

(6) 瓷套与法兰胶合处不平整或瓷套有裂纹。

2. 避雷器运行中爆炸

避雷器运行中发生爆炸的事故是经常发生的，爆炸的原因可能由系统的原因引起，也可能为避雷器本身的原因引起。

(1) 由于中性点不接地系统中发生单相接地，使非故障相对地电压升高到线电压，即使避雷器所承受的电压小于其工频放电电压，而在持续时间较长的过电压作用下，可能会引起爆炸。

(2) 由于电力系统发生铁磁谐振过电压，使避雷器放电，从而烧坏其内部元件而引起爆炸。

(3) 线路受雷击时，避雷器正常动作。由于本身火花间隙灭弧性能差，当间隙承受不住恢复电压而击穿时，使电弧重燃，工频续流将再度出现，重燃阀片烧坏电阻，引起避雷器爆炸；或由于避雷器阀片电阻不合格，残压虽然降低，但续流却增大，间隙不能灭弧而引起爆炸。

(4) 由于避雷器密封垫圈与水泥接合处松动或有裂纹，密封不良而引起爆炸。

（五）避雷器的日常维护

在日常运行中，应检查避雷器的瓷套表面的污染状况，因为当瓷套表面受到严重污染时，将使电压分布很不均匀。在有并联分路电阻的避雷器中，当其中一个元件的电压分布增大时，通过其并联电阻中的电流将显著增大，则可能烧坏并联电阻而引起故障。此外，也可能影响阀型避雷器的灭弧性能。因此，当避雷器瓷套表面严重污秽时，必须及时清扫。

检查避雷器的引线及接地引下线，有烧伤痕迹和断股现象以及放电记录器是否烧损，通过这方面的检查，最容易发现避雷器的隐形缺陷；检查避雷器上端引线处密封是否良好，避雷器密封不良会进水受潮易引起事故，因而应检查瓷套与法兰连接处的水泥接合缝是否严密，对10kV阀型避雷器上引线处可加装防水罩，以免雨水渗入；检查避雷器与被保护电气设备之间的电气距离是否符合要求，避雷器应尽量靠近被保护的电气设备，避雷器在雷雨后应检查记录器的动作情况；检查泄漏电流，工频放电电压大于或小于标准值时，应进行检修和试验；放电记录器动作次数过多时，应进行检修；瓷套及水泥接合处有裂纹；法兰盘和橡皮垫有脱落时，应进行检修。

避雷器的绝缘电阻应定期进行检查。测量时应用2500V绝缘电阻表，测得的数值与以前一次的结果比较，无明显变化时可继续投入运行。绝缘电阻显著下降时，一般是由密封不良而受潮或火花间隙短路所引起的，当低于合格值时，应作特性试验；绝缘电阻显著升高时，一般是由于内部并联电，接触不良或断裂以及弹簧松弛和内部元件分离等造成的。

为了能及时发现阀型避雷器内部隐形缺陷，应在每年雷雨季节之前进行一次预防性试验。

教学资源3　检修工作准备

1. 确定检修项目

避雷器设备检修不做具体的规定，检修工作一般是在发现缺陷或发生事故后有针对性的开展。通常，按照检修计划开展的避雷器设备检修工作称为计划性检修；由于紧急缺陷或设备事故而开展的抢修称为临时性间隙。根据避雷器缺陷或事故的种类，设备的检修一般包括以下项目。

（1）避雷器整体或元件更换。

（2）避雷器连接部位的检修。

（3）外绝缘的处理。

（4）放电动作计数器及在线监测装置的检修。

（5）绝缘基座的检修。

（6）避雷器引流线及接地装置的检修。

（7）气体介质的补充。

2. 制定检修方案

检修部门应根据检修项目的内容及收集到的资料制定检修方案，检修方案需经生产主管部门审查、批准后方可开始组实施。

教学资源4　避雷器检修作业指导书

220kV避雷器检修作业指导书。

（一）目的

（1）保证220kV避雷器检修符合检修工艺质量要求和文明生产管理要求。

（2）为所有参加本项目的工作人员，验收人员确定必须遵循的质量保证程序。

（二）适用范围

本作业指导书适用于供用电技术专业。

（三）引用标准

研读设备厂家说明书，并按其操作。

（四）作业条件

（1）避雷器停电，办理检修工作票。

（2）作业组成员了解检修前避雷器的缺陷。

（3）作业组成员了解避雷器的运行状态。

（4）清点所有专用工具齐全，检查合适，试验可靠。

（5）参加检修的人员必须熟悉本作业指导书，并能熟记熟背本书的检修项目，工艺质量标准等。

（6）参加本检修项目的人员必需安全持证上岗，并熟记本作业指导书的安全技术措施。

（7）准备好检修用的各易损件及材料。

（8）开工前召开专题会，对各检修参加人员进行组内分工，并且进行安全、技术交底。

（五）风险分析/危害辨识

1. 检修总体危害辨识

（1）参加检修的人员进行安全教育和技术培训，达到上岗条件。

（2）避雷器与所有系统完全解列。

（3）严禁携带工具以外的其他物品（如金属性物品或锋利物品）。

（4）作业组成员的着装要符合工作要求。

（5）所带的常用工具、应认真清点，绝不许遗落在设备内。

（6）各作业过程工作负责人要进行安全交底，做好危险预想。

2. 文明施工作业措施

（1）严格按照《检修工序、工艺及质量标准》和《检修质量验收卡》开展工作。

（2）现场和工具柜工具、零部件放置有序，拆下的零部件必须妥善保管并做好记号以便回装。

（3）工作区域卫生干净、整洁，做到工完、料净、场地清。

（4）检修临时电源、电焊线等一定要横平竖直，保证整洁、美观。

（5）因跑、冒、漏、滴影响工作环境及现场卫生后，必须及时清理。

（6）检修人员必须严格遵守工作纪律，严禁工作现场打闹、嬉戏等造成不良影响事件的发生。

（7）工作结束后将所修设备全面打扫干净，临时物品清理干净。

（六）组织及人员分工

1. 组织措施

（1）在整体检修工作中，各工作人员必须听从工作负责人的统一指挥。

（2）各小组成员，分工明确，各负其责，不得随意离开检修现场。

（3）所有在场的工作人员必须保持良好的精神状态。

（4）所有的组织措施、安全措施、技术措施准备就绪后方可开始进行工作。

2. 用工人员组织

在避雷器检修的整个过程中，要求所有作业人员要高度重视，精力要高度集中，不得出现一丝失误。为此，在这个过程中必须精心组织合理分工，所有作业人员必须服从工作负责人的统一指挥和调配。

检修工作负责人：1名　协调指挥

工作人员：技工2名

（七）工具、材料明细（见表7.2）

表7.2　工具、材料明细

一、工具类					
序号	名称	型号规格（材质）	单位	数量	备注
□1	梅花扳手	S17-19	把	2	
□2	梅花扳手	S22-24	把	2	
□3	活扳手	10″	把	1	
□4	活扳手	8″	把	1	
□5	一字改锥	6″	把	2	
□6	十字改锥	8″	把	2	
□7	升降梯	5m	把	1	
□8	安全带		副	2	
二、材料类					
序号	名称	型号规格（材质）	单位	数量	备注
□1	擦机布		kg	3	
□2	毛刷	50mm	把	2	
□3	导电膏		kg	0.5	
□4	清洗剂	JF41	桶	1	
□5	砂纸	＃0	张	2	

（八）备件（见表7.3）

表7.3　需要准备的备件

序号	名称	型号规格（材质）	单位	在装数量	备件数量	核实情况

（九）修前设备状况（如缺陷、运行情况等）（见表7.4）

表7.4　　修前设备状况

序号	内容
1	
2	
3	
4	

（十）检修工序、工艺及质量标准

1. 修前准备

(1) 熟悉设备结构及现状，准备好作业指导书。

(2) 将《检修作业指导书》中需要在检修前填写的内容填写完整。

(3) 准备好检修常用工具、专用工具。

(4) 准备好检修所需备品备件及耗材。

(5) 办理工作票，确认避雷器停运，设备已断电，系统已切出。

2. 避雷器检修工艺和质量标准

(1) 支持绝缘子检查。擦净绝缘子表面污垢，检查绝缘子有无掉釉、破裂和放电痕迹。

现场验证点W1：

(2) 检查导电接头。导电接头无氧化过热现象，接触紧密螺丝紧固无松动，接线端子与引出线接触面无氧化过热螺丝紧固。

停工待检点H1：

(3) 检查底座及瓷套上、下法兰螺丝，紧固无松动，表面油漆无脱落。

(4) 检查均压环同心程度，并找正，相色清楚明亮，必要时刷漆。

现场验证点W2：

(5) 检查避雷器与泄漏电流在线监测装置的连线，螺丝应紧固无松动，指针应在0位。

3. 检修记录单

4. 工作结束

(1) 现场打扫干净。

(2) 办理工作票终结手续。

思考题

1. 避雷器的分类有哪些?
2. 简述避雷器的工作原理。
3. 避雷器的特点是什么?
4. 简述避雷器的检修项目及注意事项。

课程模块8 高压开关柜的检修

【学习目标】

1. 熟悉高压开关柜的结构及原理。

2. 掌握高压开关柜的检修方法及过程。

【重点】高压开关柜的检修

【难点】高压开关柜的结构原理

教学单元1 高压开关柜

高压开关柜是指用于电力系统发电、输电、配电、电能转换和消耗中起通断、控制或保护等作用，高压开关柜按操作电压等级在3.6～550kV的电器产品，分为高压隔离开关与接地开关、高压负荷开关、高压自动重合与分段器，高压操动机构、高压防爆配电装置和高压开关柜等几大类。开关柜具有架空进出线、电缆进出线、母线联络等功能。主要适用于发电厂、变电站、石油化工、冶金轧钢、轻工纺织、厂矿企业和住宅小区、高层建筑等各种不同场所。

（一）高压开关柜的基本概念

（1）开关柜又称成套开关或成套配电装置，它是以断路器为主的电气设备，是指生产厂根据电气一次主接线图的要求，将有关的高低压电器，包括控制电器、保护电器、测量电器以及母线、载流导体、绝缘子等装配在封闭的或敞开的金属柜体内作为电力系统中接受和分配电能的装置。

（2）高压开关设备主要用于发电、输电、配电和电能转换的高压开关以及和控制、测量、保护装置、电气母线、外壳、支持件等组成的总称。

（3）开关柜防护要求中的"五防"防止误分误合断路器、防止带电分合隔离开关、防止带电合接地开关、防止带接地分合断路器、防止误入带电间隔。

（4）母排位置相序对应关系（见表8.1）。

表8.1　母排位置相序对应关系

相别	漆色	母线安装相互位置		
		垂直	水平	引下线
A相	黄	上	远	左
B相	绿	中	中	中
C相	红	下	近	右

（5）防护等级：外壳、隔板及其他部分防止人体接近带电部分和触及运动部件以及防止外部物体侵入内部设备的保护程度（见表8.2）。

表 8.2 防 护 等 级

防护等级	简称	定 义
IP1X	防止直径大于50mm的物体	1. 防止直径大于50mm的固体进入壳内； 2. 防止人体某一大面积部分，如手，意外触及壳内带电部分或运动部件
IP2X	防止直径大于12.5mm的物体	1. 防止直径大于12.5mm的固体进入壳内； 2. 防止手触及壳内带电部分或运动部件
IP3X	防止直径大于2.5mm的物体	1. 防止直径大于2.5mm的固体进入壳内； 2. 防止厚度（直径）大于2.5mm工具或金属线触及柜内带电部分或运动部件
IP4X	防止直径大于1mm的物体	1. 防止直径大于1mm的固体进入壳内； 2. 防止厚度（直径）大于1mm工具或金属线触及柜内带电部分或运动部件
IP5X	防尘	1. 能防止灰尘进入达到影响产品的程度； 2. 完全防止触及柜内带电部分或运动部件
IP6X	尘密	1. 完全防止灰尘进入壳内； 2. 完全防止触及柜内带电部分或运动部件

（二）高压开关柜的主要特点

（1）有一、二次方案，这是开关柜具体的功能标志，包括电能汇集、分配、计量和保护功能电气线路。一个开关柜有一个确定的主回路（一次回路）方案和一个辅助回路（二次回路）方案，当一个开关柜的主方案不能实现时可以用几个单元方案来组合而成。

（2）开关柜具有一定的操作程序及机械或电气连锁机构实践证明：无五防功能或五防功能不全是造成电力事故的主要原因。

（3）具有接地的金属外壳其外壳有支承和防护作用，因此要求它应具有足够的机械强度和刚度保证装置的稳固性，当柜内产生故障时，不会出现变形，折断等外部效应。同时也可以防止人体接近带电部分和触及运动部件，防止外界因素对内部设施的影响，以及防止设备受到意外的冲击。

（4）具有抑制内部故障的功能。内部故障是指开关柜内部电弧短路引起的故障，一旦发生内部故障要求把电弧故障限制在隔室以内。

（三）高压开关柜正常使用条件

（1）环境温度。周围空气温度不超过40℃（上限）一般地区为−5℃（下限）严寒地区可以为−15℃。环境温度过高，金属的导电率会减低，电阻增加，表面氧化作用加剧；另一方面，过高的温度，也会使柜内的绝缘件的寿命大大缩短，绝缘强度下降，反之，环境温度过低，在绝缘件中会产生内应力，最终会导致绝缘件的破坏。

（2）海拔。一般不超过1000m。对于安装在海拔高于1000m处的设备，外绝缘的绝缘水平应将所要求的绝缘耐受电压乘以修正系数 K_a 来决定：

$$K_a = 1 \div (1.1 - H \times 10^{-4})$$

由于高海拔地区空气稀薄，电器的外绝缘易击穿，采用加强绝缘型电器加大空气绝缘距离或在开关柜内增加绝缘防护措施。

（3）环境湿度。日平均值不大于95%月平均值不大于90%。

(4) 地震烈度。不超过8度。

(5) 其他条件。没有火灾、爆炸危险、严重污染、化学腐蚀及剧烈振动的场所。

教学资源1　高压开关柜的区别

(一) 高压开关柜区别

开关柜应满足“交流金属封闭开关设备标准”的有关要求，由柜体和断路器两大部分组成，柜体由壳体、电器元件(包括绝缘件)、各种机构、二次端子及连线等组成。其中，柜内常用一次电器元件(主回路设备)常见的有如下设备。

(1) 电流互感器简称TA(如LZZBJ9-10型)。

(2) 电压互感器简称TV(如JDZJ-10型)。

(3) 接地开关(如JN15-12型)。

(4) 避雷器(阻容吸收器)(如HY5WS单相型，TBP、JBP组合型)。

(5) 隔离开关(如GN19-12、GN30-12、GN25-12型)。

(6) 高压断路器[如少油型(S)、真空型(Z)、SF_6型(L)]。

(7) 高压接触器(如JCZ3-10D/400A型)。

(8) 高压熔断器(如RN2-12、XRNP-12、RN1-12型)。

(9) 变压器[如SC(L)系列干式变压器、S系列油浸式变压器]。

(10) 高压带电显示器(DXN-Q型，DXN-T型)。

(11) 绝缘件[如穿墙套管、触头盒、绝缘子、绝缘热缩(冷缩)护套]。

(12) 高压电抗器(如串联型：CKSC和启动电机型：QKSG)。

(13) 负荷开关[如FN26-12(L)、FN16-12(Z)型]。

(14) 高压单相并联电容器(如BFF12-30-1型)。

柜内常用的主要二次元件(又称二次设备或辅助设备，是指对一次设备进行监察、控制、测量、调整和护的低压设备)，常见的有如下设备：继电器，电度表，电流表，电压表，功率表，功率因数表，频率表，熔断器，空气断路器，转换开关，信号灯，电阻，按钮，电脑综合保护装置等。

(二) 高压开关柜制作材料

(1) 冷轧钢板或角钢(用于焊接柜)。

(2) 敷铝锌钢板或镀锌钢板(用于组装柜)。

(3) 不锈钢板(不导磁性)。

(4) 铝板(不导磁性)。

(5) 柜体的功能单元。

(6) 主母线室(一般主母线布置按“品”字形或“1”字形两种结构)。

(7) 断路器室。

(8) 电缆室。

(9) 继电器和仪表室。

(10) 柜顶小母线室。

(三) 五防

(1) 高压开关柜内的真空断路器小车在试验位置合闸后，小车断路器无法进入工作位置(防止带负荷合闸)。

(2) 高压开关柜内的接地刀在合位时，小车断路器无法进合闸（防止带接地线合闸）。

(3) 高压开关柜内的真空断路器在合闸工作时，盘柜后门用接地开关上的机械与柜门闭锁。(防止误入带电间隔)

(4) 高压开关柜内的真空断路器在工作时合闸，合接地开关无法投入。(防止带电合接地线)

(5) 高压开关柜内的真空断路器在工作合闸运行时，无法退出小车断路器的工作位置。(防止带负荷拉隔离开关)

教学资源2　高压开关柜的结构

(一) 高压开关柜的结构（见图8.1）

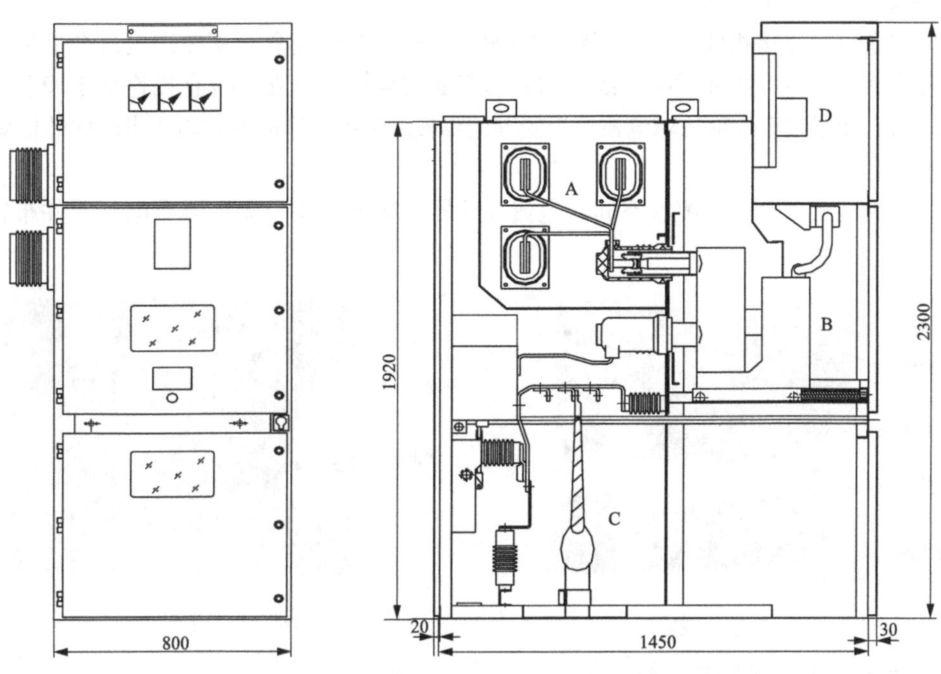

图8.1　KYN28A-12结构图

A—母线室；B—断路器手车室；C—电缆室；D—继电器仪表室

开关柜的柜体为组装式结构，开关柜不靠墙安装。柜体分四个单独的隔室：手车室、主母线室、电缆室、继电器仪表室。柜体外壳防护等级IP42，各小室间防护等级IP2X。

1. 手车

手车由开关柜的主元件和推进用底盘车组成（见图8.2）。手车采用中置式结构，通过一台专用转运车可方便地进行手车进出柜的操作。以断路器为例：手车的下部为推进用的底盘车，断路器固定安装在底盘车上。底盘车内设置有推进机构，用以实现对断路器手车的进出车操作。底盘车内还设置有联锁机构，用以实现断路器和柜体之间的各项联锁。

图8.2　手车

图 8.3 手车室

2. 手车室（见图 8.3）

隔室两侧安装了轨道，供手车在柜内移动时的导向和定位。静触头盒的隔板（活门）安装在手车室后侧。手车从断开位置/试验位置向工作位置移动的过程中，遮挡上、下静触头盒的活门自动打开；手车反方向移动时，活门自动关闭，直至手车退至断开位置/试验位置而完全遮挡住静触头盒，形成隔室间有效的隔离。断路器室的门上有观察窗，通过观察窗可以观察隔室内手车所处位置，断路器的合、分闸显示，储能状况等状态。

3. 主母线室（见图 8.4）

主母线室贯穿连接相邻两柜，用装在柜侧壁隔板上的母线套管支撑固定。全部母线用热缩绝缘套管封闭。主母线和联络母线采用矩形截面的铜排，分支母线直接连接于静触头盒和主母线之间。如果出现内部故障电弧，柜侧壁的隔板和母线套管能有效防止事故向邻柜蔓延。

4. 电缆室（见图 8.5）

本开关柜具有较大的电缆室空间。电流互感器、接地开关、避雷器等电气元件布置在电缆室内。

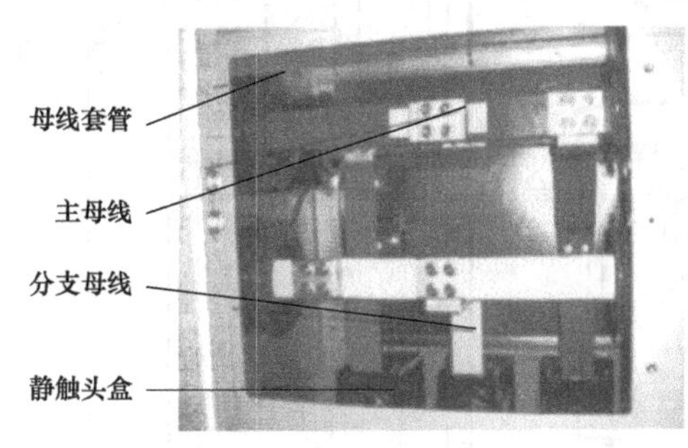

图 8.4 主母线室

图 8.5 电缆室

5. 继电器仪表室（见图 8.6）

继电器仪表室内安装继电保护元件、仪表、带电监测指示器及各种二次设备。仪表室的后下部留有通信电缆孔可方便通过柜与柜间的通信电缆。

图 8.6 继电器仪表室

（二）高压开关柜结构特性

(1) 侧封板改流水槽结构为固定板焊接，柜体拼台后外形美观。

(2) 柜体的五防联锁机构均采用机械联锁方式，安全可靠性高。

(3) 主母线在柜体前有眉头板（带观察窗）对主母线有隔离防护作用。

(4) 柜内绝缘子全部采用大爬距绝缘子主母线可以用绝缘护套，绝缘性能好。

(5) 因开关柜内空间较大，不会因为元器件外形大而影响元器件的选用，此柜体特别适用于变电站今后的改造。

(6) 结构简单，维护与操作都很方便，便于用户熟练掌握操作规程，因此本柜型在激烈的市场竞争中仍有很强的生命力。

(7) 价格低廉，与同类产品相比要便宜，特别适合对占用空间要求不高、投资少、见效快的工程。

(8) 柜体既可靠墙安装，从柜前操作和维护，又可离墙安装。

教学资源3　高压开关柜的联锁

高压开关柜的“机械联锁”是确保设备和人身安全、防止误操作的重要措施。《3～5kV交流金属封闭开关设备》(GB 3906—1991)中对此作了明确规定，此国家标准把“联锁”描述为“金属封闭式开关设备应具有：防止带负荷分、合隔离开关（隔离插头)；防止误分、误合断路器、负荷开关、接触器（允许提示性)；防止接地开关处在闭合位置时关合断路器、负荷开关等开关；防止在带电时误合接地开关；防止误入带电隔室等功能”，上述五项防止电气误操作的内容，简称“五防”。“五防”装置一般可分为机械、电气和综合三类。

(1) 手车位置与断路器的联锁。

1) 只有当手车上的断路器（接触器）处于分闸状态时，手车底盘车内阻止手车移动的联锁才能解锁，手车才能离开断开位置/试验位置或工作位。

2) 只有当手车锁定在断开位置/试验位置或工作位置时，手车上的电气控制回路才能接通，同时手车底盘车内阻止断路器（接触器）合闸的联锁才能解锁，断路器（接触器）才能合闸。

3) 当手车处于中间位置时，断路器（接触器）的电气合闸回路和合闸机械传动系统均被闭锁，断路器（接触器）不能合闸。

(2) 手车位置与接地开关的联锁。

1) 只有当手车处于断开位置/试验位置或移开位置时，手车阻止开关柜接地开关关合的联锁才能解锁，这时开关柜的接地开关才能合闸。

2) 接地开关处于合闸状态时，接地开关操作轴上的联锁结构将阻挡手车移动，以使手车不能向工作位置推进。

(3) 断路器和接触器状态指示。在手车面板上设有断路器（接触器）分、合状态的指示。

(4) 手车位置与二次插头的连锁。手车进入柜内后，二次插头（见图8.7）与手车位置之间有以下联锁：

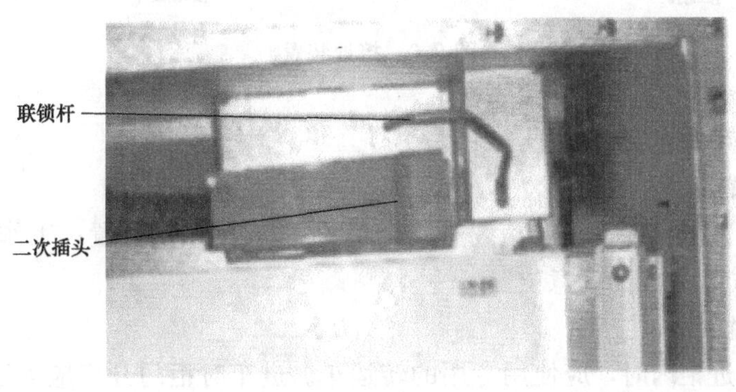

图8.7　二次插头

1）只有当手车处于断开位置/试验位置时才能插拔二次插头。

2）手车离开断开位置/试验位置后，在向工作位置推进的过程中和达到工作位置以后，不能拔开二次插头（二次插头被锁定）。

（5）接地开关与电缆室盖板间的联锁。只有当接地开关处于合闸状态时，开关柜的下门或电缆室的后封板才能打开。也只有在电缆室的后封板封闭时接地开关才可以打开。

（6）F-C开关熔断器与接触器之间的联锁。三相熔断器的任何一相（或两相或三相同时）熔断时，撞击器射出的顶杆将推动断相杆运动，压下行程开关，这时将使合闸状态的接触器分闸，接触器的合闸回路被断开。直到所有故障恢复正常后才能进行接触器的合闸操作。

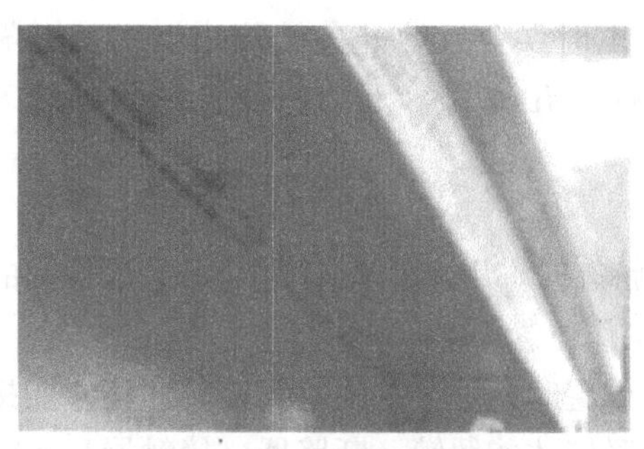

图8.8　卸压金属板

（7）卸压装置。在断路器手车室，母线室和电缆室的上方均设有泄压装置。当断路器或母线发生内部故障电弧时，卸压金属板（见图8.8）将自动打开，释放压力和排泄气体，以确保操作人员和开关柜的安全。

（8）防止凝露和腐蚀。为了避免在高湿度或温度变化较大的气候环境中产生凝露带来的危害，断路器手车室和电缆室内分别装设加热器，以使在上述环境中防止凝露和腐蚀发生。

（9）接地装置（见图8.9）。在电缆室内单独设有$8\times40mm^2$的接地铜排，贯穿相邻两柜，并与柜体良好接触，供直接接地的元器件使用。由于整个柜体用敷铝锌板相拴接，整个柜体处于良好接地状态，保证运行操作人员触及柜体安全。

图8.9　接地装置

教学资源4　手车的操作

（一）手车位置

断路器手车或其他元件手车在柜内有三个位置：断开/试验位置；工作位置；中间位置（试验位置到工作位置之间的任意位置）。

（二）进车操作

手车由柜外推进柜内时，应使用专用的转运车。进车时柜门开启应大于90°。将装有断路器的转运车推至柜前，使转运车定位杆对准开关柜上的定位孔，推动转运车靠近柜体，使转运车上锁钩勾在柜体上，调节转运车托盘下的调节螺母，使转运车的轨道与柜体轨道相连接。进车前确认断路器已分闸。进柜时需先用人力将手车推到试验位置。

配通用型底盘车时，离开断开/试验位置前，此时右手可将进出车摇把插入操作孔顺时针旋转，当断路器走完规定行程后，摇把转不动时，完成进车操作。

（三）从工作位置抽出手车

从工作位置抽出手车前，必须确认断路器已处于分闸状态。如果断路器未分闸，抽出手车之前必须先将断路器分闸。

配通用型底盘车时，离开工作位置前，右手将进出车摇把插入操作孔，逆时针旋转手车至试验位置。摇把完成出车操作。

（四）从柜内抽出手车

由柜内抽出手车时，应使用专用的转运车。出车时柜门开启大于90°，将未装断路器的转运车推至柜前，使转运车定位杆对准开关柜上的定位孔，推动转运车靠近柜体，使转运车上锁钩勾在柜体上，调节转运车托盘下的调节螺母，使转运车轨道与柜体轨道相连接。出车前确认活门已完全关闭，拔下二次插头，用人力将手车抽出柜外。

（五）断路器的分、合闸

一般情况下，不需要人直接进行断路器的合、分闸操作。手车面板上设有手动按钮，供调试人员在调试断路器时使用。断路器手车面板上仅设有手动分闸按钮（电保持没有），断路器的合闸需靠电动，供调试人员在调试断路器时使用。

开关柜面板上设有供操作者在紧急情况下对断路器进行分闸操作的紧急分闸装置。紧急情况下直接按动分闸按钮，就可使断路器分闸。

（六）分、合接地开关

接地开关的操作轴端在柜体右前部。接地开关的操作应使用厂家提供的专用操作手把。进行接地开关合闸操作前首先确认手车已退到试验位置或移出柜外，查看带电显示器的指示确认电缆不带电，确认柜体的后盖板没有打开，确认接地开关处于分闸状态。将专用操作手把插入接地开关的操作轴轴端，顺时针转动操作手把约90°，就可完成接地开关的合闸操作。接地开关合闸后，挡板操作孔的弯板将被锁住不复归。

进行接地开关分闸操作前首先确认柜体的后盖板已经完全盖好，确认接地开关处于合闸状态。将专用操作手把插入接地开关的操作轴轴端，逆时针旋转操作手把约90°，就可完成接地开关的分闸操作。此时档操作孔的弯板复归挡住操作孔。

教学资源5 断路器动作原理

（一）储能动作

由储能电动机或手动储能部件输出扭矩通过单向滚针轴承带动链轮转动，再经链条带动链轮转动，从而驱动储能轴上的挂簧拐臂顺时针转动拉长合闸弹簧，达到储能的目的。当合闸弹簧储能到位后，能量由储能保持擎子与滚轮保持。同时拨板带动储能指示牌，指示储能到位。

（二）分、合闸动作

(1) 合闸动作。储能到位后，按手动合闸按钮推动手动合闸弯板转动，或合闸电磁铁动作，推动电动合闸弯板转动，经轴带动储能保持擎子转动，从而解除了储能保持擎子与滚轮的约束，合闸弹簧的能量释放带动合闸凸轮作顺时针方向转动，通过二级四连杆传动机构及绝缘拉杆带动真空灭弧室的动导电杆向上运动，完成合闸动作。

（2）分闸动作。合闸动作完成后，按手动分闸按钮推动脱扣弯板转动，或分闸电磁铁动作，推动脱扣弯板转动，带动分闸半轴顺时针方向转动，半轴对分闸二级脱扣部分的约束解除，在绝缘拉杆内的触头碟簧和分闸拉杆作用下，带动真空灭弧室的动导电杆向下运动，完成分闸动作。

（三）操动机构

断路器的弹簧储能式操动机构布置在断路器的前半部，分为合闸单元、分闸单元、传动部分和辅助单元。

（1）合闸单元。合闸单元的主体是弹簧储能机构。储能轴的两侧是挂有合闸弹簧的挂簧拐臂，储能轴上安装有链轮、输出合闸动力的驱动凸轮等。装在储能轴和合闸线圈下部的电动机通过链条带动安装在大户能轴上的链轮，拉伸合闸弹簧从而储存合闸所需能量。机构合闸时，合闸弹簧储存的能量通过驱动凸轮及专用的连杆传递到断路器主回路，完成合闸操作。

（2）分闸单元。分闸单元的主体是合闸保持机构。合闸保持机构的一端与断路器的传动主轴发生关系，通过这一关系实现断路器合闸状态的有效保持。合闸保持机构的另一端是一个二级脱扣机构，当断路器分闸时，脱扣机构使得合闸保持机构解体，完成断路器的分闸操作。

（3）传动部分。传动部分是断路器连接操动机构和灭弧室的传动部分，主要包括传动主轴、四连杆传动机构、分闸弹簧、分闸缓冲器等结构件，传动部分负责把断路器操动机构的驱动输出传递给灭弧室的动导电杆，并实现规定的机械特性参数。

（4）辅助单元。该单元主要由分，合闸电磁铁，辅助开关，二次引出接线端子等部分组成，实现断路器操作所必需的与外部的接口。

（四）装配工艺要求

教学单元2　高压开关柜的检修

检测项目如下：

（1）所有的紧固件不得有松动现象；

（2）各门及活动件转动必须灵活；

（3）保证带电体之间及带电体对地的空气绝缘距离；

（4）保证隔离断路器传动部件的灵活可靠性；

（5）保证联锁的安全、可靠性，保证“五防”功能的完善；

（6）文明施工不得造成元器件的损坏；

（7）产品出厂前须清扫各部位尘土，特别是绝缘材料表面的污浊。

检修说明：

（1）高压开关柜的检修，包括开关柜体、柜面仪表及指示装置、继电保护装置及二次回路、联锁装置和开关内的真空断路器、电流互感器、过压保护器等设备，关于开关柜内的独立设备，如本检修工艺未详细说明，可参见相关设备的检修工艺。

（2）开关柜内二次回路的重新布线及检查测试，对小车隔离触指进行检查；操动机构的合闸与分闸线圈的电阻的测量。

教学资源1　通用检修工艺及注意事项

（一）检修所需人员及机具材料

（1）所需人员：3～6人。

（2）工具：常用电工工具及专用检修工具。

（3）材料：润滑油1kg，油漆（红、黄、绿各1kg/台），扁油刷1把，抹布0.5kg，防锈漆2kg，干黄油2kg。

（二）检修项目

（1）开关柜检修前，了解设备的运行状况，存在的缺陷。

（2）根据大修项目，制定大修进度，工时计划、备品备料、人员安排。

（3）熟悉设备图纸，安装说明书。

（4）组织工作班成员学习检修规程。

（5）向工作人员交代技术要求及安全措施。

（6）检修前办理好相关检修工作票；认真填写相关检修记录。

（三）检修周期（见表8.3）

表8.3　检修周期

检修类别	检修周期（个月）
日常检修	3（或停车时检修）
计划性检修	12～24

（四）高压开关柜的检修说明

（1）高压开关柜的检修，包括开关柜体、柜面仪表及指示装置、继电保护装置及二次回路、联锁装置和开关内的真空断路器、电流互感器、过压保护器等设备，关于开关柜内的独立设备，如本检修工艺未详细说明，可参见相关设备的检修工艺。

（2）开关柜内二次回路每三个月检查一次，对小车隔离触指进行检查；操动机构的合闸与分闸线圈的电阻，每二年测量一次。

（五）高压开关柜日常维护项目和要求

（1）检查、清扫开关柜，柜体清洁无灰尘。柜面观察窗清洁透明。

（2）柜面元件安装端正，接线牢固，电度表、高压带电指示装置、继电器及信号灯工作正常，符合相关规定。检查开关位置指示信号灯指示正确。

（3）检查开关柜密封良好，门锁齐全，机械和电气带电闭锁装置作用可靠，在有电情况下不能打开柜门。手车位置检测行程开关作用良好，能正确反映手车位置。开关机械位置闭锁装置作用良好。检查二次回路连接牢固，接线正确。

（4）拉出手车，检查开关柜后部带电防护挡板作用良好，开关手车拉出后能自动复位。

（5）检查柜体接地良好，手车接地轨道接触良好，表面无锈蚀现象，并涂干黄油。手车推拉应轻松灵活，到位后能自动闭锁定位，无卡滞现象。

（6）电流互感器及过电压吸收装置。用抹布擦拭互感器及过电压吸收装置表面，检查一次接线紧固情况。检查互感器二次端子和铁芯接地良好。

（六）检修工艺及质量标准（见表 8.4）

表 8.4 检修工艺及质量标准

序号	检修项目	工艺要点及注意事项	质量标准
1	开关柜体检修	断路器拉至试验位置，清扫检查断路器移动轨道、挡板连杆、轴销等情况；（注意：单个开关柜检修时，若母线未停电，严禁打开上挡板！） 接地开关及闭锁机构检查； 柜内加热器检查； 开关位置接点通断情况检查	开关柜内无异物，移动轨道润滑良好，挡板无变形，位置正确；轴销齐全、连杆无变形现象。 各电气连接部分可靠、无过热变色变形等现象。各闭锁装置正常并涂抹润滑剂。 接线紧固无松动，端子编号齐全，加热器完好。 外壳完整无碎裂，接点动作灵活可靠，接线紧固无松动
2	遮断器检修	遮断器外观检查； 真空遮断器绝缘子检查	外表完好无裂纹，固定螺栓紧固无松动； 表面应清洁完好，无碎裂、无灰尘、无污垢及变色现象
3	辅助设备检修	打开电缆仓盖板，清扫检查电缆仓； TA、TV、支撑绝缘子检查； 动力电缆头检查； 接地装置检查； 三相过电压吸收器检查； 母线、各绝缘子、母线连接处各绝缘外套及接头等检查	清洁无灰尘； 孔洞封堵完好； TA、TV、支撑绝缘子外表绝缘完好，无积灰、开裂、劣化现象； 电缆头主绝缘完好，相位标记清晰，相序对应一致； 操作良好，接地可靠，活动件的轴销、卡簧齐全不缺； 吸收器完好，安装牢固； 母线、绝缘子完好，无放电痕迹，无龟裂、变形等现象，接头牢固无过热、变色等现象
4	测量	2500V 绝缘电阻表测量主回路对地绝缘； 用 2500V 绝缘电阻表测量主回路相间绝缘	缘电阻≥500MΩ； 绝缘电阻≥500MΩ
5	二次控制回路检修	有二次接线清扫、检查、紧固； 继电器及信号灯检查	牢固，编号完整清晰，螺栓齐全无滑牙现象； 开关位置指示正确

教学资源 2　高压开关柜的计划检修

高压开关柜中修要编制详细的检修方案，工区进行讨论修改通过后，上报部门审批后方可进行作业。

（一）真空断路器检修

清扫断路器绝缘子和真空室，用抹布擦拭干净。检查储能弹簧应无变形，无锈蚀现象。传动轴转动灵活，并注润滑油。各零部件应正常完好。由于分、合闸时的振动致使螺栓、开口销松动妨碍机构的正常工作，因此，各固定螺栓、开口销等应齐全牢靠。各部螺栓连接坚固，受力均匀。检查三相触指弹簧应无变形，接触面无发热变色现象。

（二）电脑保护单元检修

清洁保护单元外部端子，用干扁油刷刷干净，各部件应正常完好无松动发热现象。保护定值及连接片投退检查，应与台账相符，对保护单元进行校验。更换保护单元前应仔细核对单元类型，并根据新保护单元提供两个版本图纸及施工方案报电控部审批后方可进行。

（三）电流互感器检修

用抹布擦拭互感器表面，检查互感器二次端子和铁芯接地良好。拆除电流互感器所有一次线后进行校验，更换电流互感器应仔细核对设备型号，先校验后方可更换。

（四）过电压吸收装置检修

用抹布擦拭表面，一次线拆除，一次线严禁拉提。按规程进行校验，不合格进行更换。（见表8.5）

表8.5　小修全部项目的检修工艺及质量标准

序号	检修项目	工艺要点及注意事项	质量标准
1	开关柜体检修	断路器拉至试验位置，用小车移至柜外。清扫检查断路器移动轨道、挡板连杆、轴销等情况；（注意：单个开关柜检修时，若母线未停电，严禁打开上挡板。） 接地开关及闭锁机构检查； 柜内加热器检查； 开关位置接点通断情况检查	开关柜内无异物，移动轨道润滑良好，挡板无变形，位置正确。轴销齐全、连杆无变形现象。 各电气连接部分可靠、无过热变色变形等现象。各闭锁装置正常并涂抹润滑剂。 接线紧固无松动，端子编号齐全，加热器完好。 外壳完整无碎裂，接点动作灵活可靠，接线紧固无松动
2	断路器本体检修	下断路器面板，用干净的白布清洁断路器各部位；（注意：确认断路器处于分闸状态，弹簧的能量已释放。） 各金属构件检查； 绝缘隔板检查； 一次隔离触头检查，触头表面涂抹少量油脂	各部位清洁无灰尘； 断路器本体完好无变形、无磨损、部件齐全不缺，各固定件紧固无松动，焊接部位完整； 绝缘隔板无裂纹、无松动现象； 触头清洁光滑、无变色变形现象，压力适中，螺栓紧固无松动
3	操动机构检修	各转动、传动部件检查，并加注少量机油； 所有弹性销、开口销、环形开口卡簧检查； 储能弹簧、分闸弹簧、弹簧导向杆检查； 手动储能，检查储能操动机构、储能显示器、储能终了限位开关的动作情况； 手动分合开关一次，检查分合闸机构动作情况。注意：断路器在合闸状态严禁按合闸按钮，按跳闸按钮的同时严禁按合闸按钮，当右侧联锁机构杆提起后严禁按合闸按钮	各部件清洁、完好，无磨损、断裂等现象； 弹性销齐全不缺无松动，开口销已打开，环形卡簧固定牢固； 弹簧固定牢固，弹簧匝间均匀，弹簧和导向杆无锈蚀，导向杆端部固定良好； 储能机构操作平稳灵活无卡涩，弹簧挂钩可靠，储能显示器动作灵活无卡涩，储能结束储能显示器应显示黄色，限位开关固定牢固，动作可靠； 开关分合闸机构灵活，分合闸动作正确可靠
4	遮断器检修	遮断器外观检查； 真空遮断器绝缘子检查	外表完好无裂纹，固定螺栓紧固无松动； 表面应清洁完好，无碎裂、无灰尘、无污垢及变色现象
5	二次控制回路检修	所有二次接线清扫、检查、紧固； 辅助开关检查； 分合闸线圈检查； 辅助继电器清扫检查； 储能电动机清扫检查	接线牢固，编号完整清晰，螺栓齐全无滑牙现象； 固定牢固，接点完好，动作可靠； 线圈完好，绝缘层无变色、开裂、发脆等现象。线圈铁芯活动自由，无卡涩变形； 继电器外壳清洁完好无碎裂。内部接线焊接牢固无虚焊、脱焊现象，接触良好； 电动机清洁无灰尘、固定牢固，电动机整流子表面光滑无划痕、无变色，炭刷完整无缺损、无裂纹，炭刷接触面大于70%，长度适中，炭刷弹簧弹性良好。电动机引线端子接线紧固无松动、无过热变色现象

续表

序号	检修项目	工艺要点及注意事项	质量标准
6	辅助设备检修	打开电缆仓盖板，清扫检查电缆仓； TA、TV、支撑绝缘子检查； 动力电缆头检查； 接地装置检查； 三相过电压吸收器检查； 母线、各绝缘子、母线连接处各绝缘外套及接头等检查	内部清洁无灰尘； TA、TV、支撑绝缘子外表绝缘完好，无积灰、开裂、劣化现象； 电缆头主绝缘完好，相位标记清晰，相序对应一致； 操作良好，接地可靠，活动件的轴销、卡簧齐全不缺； 吸收器完好，安装牢固； 母线、绝缘子完好，无放电痕迹，无龟裂、变形等现象，接头牢固无过热、变色等现象
7	测量	用2500V绝缘电阻表测量主回路对地绝缘； 用500V绝缘电阻表测量控制回路对地绝缘； 用2500V绝缘电阻表测量主回路相间绝缘； 用500V绝缘电阻表分别测量分闸线圈、合闸线圈、辅助继电器X、Y线圈的绝缘电阻； 用万用表测量分、合闸线圈、辅助继电器线圈的直流电阻； 用500V绝缘电阻表测量储能电动机线圈的绝缘电阻，用万用表测量其直流电阻； 用500V绝缘电阻表测量柜内加热器的绝缘电阻，用万用表测量其直流电阻	绝缘电阻≥500MΩ； 绝缘电阻≥5MΩ； 与标称值相近； 绝缘电阻≥5MΩ； 绝缘电阻≥10MΩ
8	断路器及辅助设备试验	交流耐压试验； 辅助回路和控制回路交流耐压试验； 导电回路电阻测试； 分合闸时间特性、同期性测试； 低电压动作试验； 真空断路器真空度测试； TA、TV试验； 过电压吸收器试验	DL/T 596—1996《电力设备预防性试验规程》

教学资源3　高压开关柜常见故障缺陷及处理方法

（一）故障的预防措施

开关柜在调试、运行过程中由于各种各样的原因会发生故障，为减少故障频率应进行下列项目的检修。

（1）检修程序锁和联锁动作，保持灵活可靠、程序正确。

（2）按断路器、隔离开关、操动机构等电器的规定进行检修调试。

（3）检查电器接触部位看接触情况是否良好，检测接地回路。

（4）有手车的须检查手车推进机构的情况，保证其满足说明书的有关要求。

（5）检查二次辅助回路有无异常并进行必要的检修。

（6）检查各部分紧固件如有松动应立即紧固。

（7）检查接地回路各部分的情况，如接地触头主接地线及过门接地线等保证其导电的连续性。

（8）对 SF_6 负荷开关须检查气体压力指标数据视情况及时进行补气。

（9）清扫各部位的尘土特别是绝缘材料表面的尘土。

（10）发现有异常情况如不能解决可同开关柜厂联系。

（二）常见故障及处理方法

（1）绝缘故障绝缘故障形式一般有环境条件恶劣破坏绝缘件性能、绝缘材料的老化破损、小动物进入等原因造成的短路或击穿。定期检修发现绝缘材料老化或破损立即更换清除绝缘材料表面的污渍电缆沟、开关室安装防护板，防止小动物进入发生故障，查找原因并立即整改。

（2）操作机构故障经常是由于造成拒分、拒合线圈烧坏，检查原因并立即更改同时更换新的线圈。

（3）保护元器件选用不当而造成的故障。如熔断器额定电流选用不当，继电器整定时间不匹配等原因造成的事故，发生故障及时查找原因，并更换合适的元器件。

（4）不按操作规程造成的事故。由于未按操作规程操作造成的误分、误合，或造成元器件损坏引起的故障，应了解产品操作规程按程序操作。

（5）由于环境变化引起的故障如由于环境温度、湿度及污染指数等的急剧变化引起的故障应注意改善环境，如安装空调加热器、了解污染源并及时清除等方法解决。

思　考　题

1. 高压开关柜的“五防”内容是什么？
2. 简述高压开关柜的分类。
3. 简述高压开关柜的组成及结构特点。
4. 简述高压开关柜的检修项目。

课程模块 9　六氟化硫封闭式组合电器的检修

模块概要

【学习目标】

1. 熟悉 GIS 的各组件及作用。
2. 掌握 GIS 的安装及检修。

【重点】 GIS 的安装和检修

【难点】 PASS 技术

教学单元 1　六氟化硫封闭式组合电器的简介

教学资源 1　六氟化硫封闭式组合电器的概述

六氟化硫封闭式组合电器，国际上称为“气体绝缘开关设备”（gas insulated switchgear，GIS）。它将一座变电站中除变压器以外的一次设备，包括断路器、隔离开关、接地开关、电压互感器、电流互感器、避雷器、母线、电缆终端、进出线套管等，经优化设计有机地组合成一个整体。三相共箱紧凑型 GIS，最小间隔宽度为 0.8m，标准间隔占地仅有 $2.9m^2$。一般 220kV GIS 设备的占地面积为常规设备的 37%；110kV GIS 设备占地面积为常规设备的 46%左右。因采用绝缘性能卓越的六氟化硫气体做绝缘和灭弧介质，所以能大幅度缩小变电站的体积，实现小型化。

六氟化硫封闭式组合电器（GIS）以其安装期短、可靠性高、检修量少等诸多优点在变电站中应用越来越多。由于 GIS 设备存在微量泄漏、SF_6 运行后毒性增强等原因，加强 GIS 设备寿命期的全程管理，特别是强化日常运行管理，对于避免电气绝缘降低、防止人身伤害尤为重要。针对 GIS 设备的特点，健全并优化运行维护工作，建立压力档案和泄漏预警机制，为 GIS 设备的安全运行和状态检修的实施提供了有力保障。

（一）GIS 的现状及发展动向

GIS 是由断路器、隔离开关、接地开关、互感器、避雷器、母线、连接件和出线终端等组成的组合电器的简称，这些设备或部件全部封闭在金属接地的外壳中，在其内部充有一定压力的 SF_6 绝缘气体，故也称 SF_6 全封闭组合电器。与常规变电站（AIS）相比，GIS 具有如下优点。

（1）结构紧凑。220kV GIS 占地面积仅为 AIS 的 10%，500kV GIS 占地面积仅为 AIS 的 5%，这一点在地皮昂贵的城镇和密集的负荷中心和山区水电站尤为重要。

（2）不受污染及雨、盐雾等大气环境因素的影响，因此，GIS 特别适合于工业污染和气候恶劣以及高海拔地区。

（3）安装方便。由于实现小型化，可在工厂内进行整机装配和试验合格后，以单元或间隔的形式运达现场，因此可缩短现场安装工期，又能提高可靠性。

（4）小型化。因采用绝缘性能卓越的 SF_6 气体做绝缘和灭弧介质，所以能大幅度缩小变电站的体积，实现小型化。

（5）可靠性高。由于带电部分全部密封于惰性 SF_6 中，大大提高了可靠性。此外具有优良的抗地震性能。

（6）安全性好。带电部分密封于接地的金属壳体内，因而没有触电危险。SF_6 为不燃烧气体，所以无火灾危险。

（7）杜绝对外部的不利影响。因带电部分以金属壳体封闭，对电磁和静电实现屏蔽，噪声小，抗无线电干扰能力强。

（8）维护方便，检修周期长。因其结构布局合理，灭弧系统先进，大大提高了产品的使用寿命，因此检修周期长，维修工作量小，而且由于小型化，离地面低，因此日常维护方便。

GIS 设备自 20 世纪 60 年代实用化以来，到目前为止，世界上已有 20 000 台 GIS 在运行。实践证明，GIS 运行安全可靠、配置灵活、环境适应能力强、检修周期长、安装方便。GIS 不仅在高压、超高压领域被广泛应用，而且在特高压领域变电站也被使用，在我国，63～500kV 电力系统中，GIS 的应用已相当广泛。

GIS 制造技术仍在不断进步和发展，30 多年来，各 GIS 生产厂围绕着提高经济性和可靠性这两个主要目标，在元件结构、组合形式、制造工艺以及使用和维护方面进行了大量研究、开发。随着大容量单压式 SF_6 断路器的研制成功和氧化锌避雷器的应用，GIS 的技术性能与参数已超过常规开关设备，并且使结构大大简化，可靠性大大提高，为 GIS 进一步小型化创造了十分有利的条件。

（二）GIS 的各组件

GIS 是各高压电器的集合，通常采用积木式结构，断路器、隔离开关、接地开关、互感器等元件均可随意组合。分述如下。

1. 断路器

断路器是 GIS 中最重要的设备之一，由于 SF_6 气体具有优良的绝缘性能和灭弧性能，因而 SF_6 气体绝缘断路器具有尺寸小、质量轻、开断容量大、维护工作量小等优点。目前 SF_6 断路器最高工作电压已达 765kV，开断电流已达 80kA，额定电流已达 12kA。SF_6 断路器应用在高压、超高压领域的同时，也在向中压 10～35kV 级发展，除了采用压气式灭弧室外，还出现了采用旋弧式和自能吹弧式灭弧室的新型 SF_6 断路器。SF_6 和真空灭弧技术的确立和发展，新型材料及多种触头形式（自动触头、多点触头等）的出现，使开关的开通和通流能力大大提高。灭弧结构中利用了电弧能量或开断电流产生的磁场，不仅降低了开关的机械应力，而且减小了灭弧结构的径向尺寸，成为当前的发展方向。灭弧方式的改进意味着操作能量的减少，机械性能的改善，外形尺寸更为紧凑，维护工作随之减少，工作更加安全可靠。断路器断口正在减少，300kV 以下为单断口、500kV 以下为双断口的现状有望在近几年内得到突破。在未来的几年里，特高压断路器有可能只有一个断口，从而只需很小的驱动能力。传统的瓷绝缘材料正被复合绝缘材料所取代，使得断路器质量更轻，结构更加简化。

2. 隔离开关和接地开关

隔离开关主要用于电路无电流投入和切除，动触头一般由电力操动机构驱动的绝缘旋杆传动。为了适应不同的电气主接线和 GIS 结构布置的需要，隔离开关具有多种结构形式，从而保证了GIS整体设计时的灵活性。隔离开关未来的发展趋势是：随着断路器结构的进一步缩小，质量的进一步减轻，隔离开关和断路器有可能集成在一起。

3. 电流互感器（TA）

长期以来，GIS一直采用电磁式电流互感器取得测量和保护信号，这种TA是按机电式继电器的要求设计的，需要较大的输入功率，功率损耗大，体大笨重；且受铁芯磁饱和影响，大大降低了互感器的测量精度，使用中不得不将测量信号和保护信号分开；高压电流互感器内部充油，如果密封不好，极易漏油，故障时容易发生爆炸等。

近年来出现的光电电流传感器（MOCT）无此缺点，且频率响应范围宽、精度高、不受电磁干扰等。MOCT是应用法拉第元件构成的电流传感器，它所检测的信号是被测电路的磁场而不是电流，来自光纤的自然光经过法拉第元件时会产生与交变磁场强度成正比的旋转光，经过光电二极管（O/E）变成电信号，经放大后输出。信号传输介质采用光纤。MOCT的优点是被测电流的范围很大，可从5A～4kA，且在100kA以下输出电流的波形不失真，因而也可以记录故障电流。MOCT的另一重大优点是工作安全可靠，不像TA有二次侧开路出现高压和铁磁谐振问题。和TA不同的是MOCT的输出是电压信号而不是电流信号。这种类型的传感器在市面已有产品出售，可用于123～420kV电压等级，并已有成功的运行经验。

4. 电压互感器（TV）

GIS中的TV分为电容分压式和电磁式两种，因电磁式高电压TV在制造上有困难，300kV以上的TV一般采用电容式，300kV及以下的TV一般才采用电磁式。无论哪种形式，和TA一样，也都存在易饱和、易渗油、易爆炸、精度低、体大笨重等缺陷。

EOVT是近年来新出现的有望取代传统TV的光电传感器，EOVT是根据泡克尔斯（Pockels）效应的原理工作的，整个装置由三个部分构成：承受被测电压的光学晶体、光学元件（包括发光二极管、光电二极管和光纤）、电子组件（模拟与数字处理单元和数模转换器）。EOVT的晶体装在充有SF_6气体的金属筒中。由于泡克尔斯元件（晶体）光的双折射率随电场强度而变化，因此可以根据光电二极管的输出电压来确定施加于晶体上的电场强度亦即电压的大小。美国纽约电力局早在1996年就将这种EOVT安装在一个345kV变电站中试运行。

此外，也有将电压、电流传感器做在一起，构成电流/电压传感器并已用于AIS产品中。

5. 避雷器

避雷器为氧化锌型封闭式结构，采用SF_6气体绝缘，有垂直或水平接口，主要由罐体盆式绝缘子安装底座及芯体等部分组成，芯体是由氧化锌电阻片作为主要元件，它具有良好的伏安特性和较大的通容量。

6. 气隔

GIS的每一个间隔，用不通气的盆式绝缘子（气隔绝缘子）划分为若干个独立的SF_6气室，即气隔单元。各独立气室在电路上彼此相通，而在气路上则相互隔离。设置气隔具有以下优点：

（1）可以将不同SF_6气体压力的各电器元件分隔开。

（2）特殊要求的元件（如避雷器等）可以单独设立一个气隔。

（3）在检修时可以减少停电范围。

(4) 可以减少检查时 SF_6 气体的回收和充放气工作量。

(5) 有利于安装和扩建工作。

每一个气隔单元有一套元件，即 SF_6 密度计、自封接头、SF_6 配管等。

其中，SF_6 密度计带有 SF_6 压力表及报警接点。除可在密度计上直接读出所连接的气室的 SF_6 压力外，还可通过引线，将报警触电接入就地控制柜。当气室内 SF_6 气压降低时，则通过控制柜上光字牌指示灯及综自系统报文发出“SF_6 压力降低”的报警信号，如压力降至闭锁值以下，则发闭锁信号，同时切断断路器控制回路，将断路器闭锁。

7. 套管

高压套管内部充有 SF_6 气体，用于组合电器与外部高压线路的绝缘，也用于 SF_6 组合电器与高压线路连接的枢纽。

8. 监测与自诊断

因 GIS 的全部元件都密封在一个金属壳中，为防止内部故障的发生，随时掌握设备的运行工况，发现设备的故障隐患，有效的检测手段是必不可少的，目前所采用的检测手段主要如下。

(1) X 射线照相。采用 X 射线可以从外部探测 GIS 状态，如触头烧损、螺栓松动等。

(2) 光学检测法。利用安装在 GIS 内部的光学传感器来检测 GIS 内部故障电弧。

(3) 红外定位技术。红外热敏成像装置可用于 GIS 内部电弧故障定位和故障点定位。该装置主要包括红外热敏镜头、磁带录像机和触发电子元件等。

(4) 电磁技术。GIS 内处于悬浮电位元件、固体绝缘中的气泡、自由导电杂质和局部电场畸变等均会引起局部放电，在隔离开关操作和 GIS 相对地闪络时还会产生陡波头暂态过电压，根据这些电磁现象可以进行局部放电的检测和定位。

(5) 化学检测法。GIS 内部闪络会导致 SF_6 气体分解。在现场常用化学测试管来检测 SF_6 生成物的成分，用以判断 GIS 内部是否存在放电。

近年来，随着传感器技术的飞速发展，新型传感器的不断推出，GIS 使用了更多的传感器作为其内部状态监测，而用微计算机技术来处理获得的信息。日本东芝公司研制的智能 GIS 监测系统，它主要包括了下列性能的检测。

(1) 绝缘性能监视诊断。应用了电晕传感器、压力传感器、气体传感器、温度传感器、漏电流传感器。

(2) 导电性能的检测。应用了温度传感器、光纤温度计。

(3) 机械方面的检测。应用了开、闭传感器。

在线检测技术和自我诊断技术的引入将打破传统的高压电器大小修计划模式，可以根据诊断结果安排更合理、更科学的检修计划，可将事故消灭在萌芽状态，从而缩短 GIS 的检修时间，提高设备的利用率和可靠性。

(三) GIS 设备的状态评价及检修

(1) 设备主管部门每季度对六氟化硫封闭式组合电器运行状态评价一次评价时应遵循动态评价和定期评价相结合的原则，应在设备某些状态发生变化或经历非正常工况后进行及时评价，并生成评价报告。

评价主要依据以下几个方面。

1) 设备的铭牌数据、出厂试验数据预防性试验数据及检修报告、技改情况等。

2）运行人员日常巡视情况及带电检测（如红外测温）情况。

3）从缺陷的统计分析工作中总结同型同厂的设备是否有存在同样缺陷的情况。

4）可分别对设备的各个部件进行评价，针对各自状态采取不同的检修策略。

5）SF_6 气体湿度的变化趋势，如果短时间内快速增长，应给予注意。

6）气体泄漏很多是由于密封件老化引起的，故应保证密封件按周期更换。

（2）检修部门对设备进行检修作业前应认真准备工作。

应对设备的安装运行情况、运行后出现的故障情况及设备近期进行的各类试验检测结果进行详细、全面的调查分析，以便能够制订出现场具体的检修方案。检修方案包括检修具体内容、标准、工期、流程等。同时严格按照标准化作业指导书（卡）的内容准备必要的工器具、仪器、备品备件及材料，如检修工作中必须用到的防护服、防毒面具或正压式空气呼吸器、防护手套等。开工前应制定详细的三大措施，严格进行危险点分析，做好充分的预防措施，并组织人员学习。

检修工作中，非工作人员禁止进入工作场地。同时应做好工作人员的防护措施以及防尘、防潮措施。工作人员要戴防护帽，戴口罩，进出场地要换鞋，穿防护衣。

设备解体检修前，应对有毒气体做好充分的防护措施。检修人员需要严格按照六氟化硫封闭式组合电器的检修规程进行作业，进行气体采样和处理一般渗漏时，要戴防毒面具或正压式空气呼吸器并保持通风情况良好。

对设备进行解体清洗、检查、更换零售部件工作时，由于电气设备内部含有有毒的或腐蚀性的粉末，有些固态粉末附着在设备内及元件的表面，要仔细将这些粉末彻底清理干净，用于清理的物品及清出的污物应经浸泡处理后进行深埋；工作中接触到设备的所有防护用品和工器具必须清洗干净，以杜绝二次污染的发生。

（四）运行中 SF_6 质量监督与管理

1. 对设备进行周期性试验及带电检测

运行中的 GIS 设备应严格进行气体监督，并保障设备机械特性和红外测温正常。要定期用气体检漏仪对设备的结合面进行检漏试验，确保无泄漏点，漏气检测的周期为：交接时，大修后，必要时（充气后或压力降低时）。

2. 按规定对设备进行 SF_6 水分的测定试验，同时在补气和更换吸附剂过程中要严格采取措施防止气体水分含量上升

微水试验的周期：新投运测一次，若接近注意值，半年之后应再测一次；新充（补）气 48h 之后 2 周之内应测量一次；气体压力明显下降时，应定期跟踪测量气体湿度。

3. GIS 室必须安装强力通风装置，排风口设置在室内底部

巡视人员进入 GIS 室巡视之前，应开启室内通风设备进行通风 20min，并要观察 SF_6 泄漏报警系统显示数据，确认含氧量及 SF_6 浓度正常后方可进入；工作人员应定期检查通风设施，确保通风良好。

4. 对 GIS 设备进行日常巡视工作时，应对气体压力指示进行记录并分析

进行这项工作的目的是以便及时发现问题，考虑对正常运行是否有严重影响。为加强对 SF_6 封闭式组合电器气体压力的跟踪检测，某供电公司自主研发了 SF_6 气体压力检测预警系统。系统分为 PDA 子系统和 PC 服务器系统。PDA 子系统将利用手持 PDA，现场采集 SF_6 气室压力值，在数据录入的同时，进行泄漏率计算和显示，并提供相关实用的计算工具。同

时，通过USB接口读入PC机；PC服务器系统则在PC机上建立设备识别、文件同步、数据分析与预警等模块系统。

运行巡视人员在对六氟化硫封闭式组合电器进行巡视时，应用现场GIS气室压力检测录入系统详细记录每个六氟化硫封闭式组合电器气室的压力值，并建立电子档案。针对漏气率相对较高以及接近补气间隔时间的GIS设备，应加强巡视力度，并缩短检漏试验和微水试验周期，建立有效的泄漏预警机制，以便有针对性及时采取防范措施。必要时应及时退出运行，进行检修，为设备的安全运行和状态检修的实施提供有力保障。

教学资源2　GIS的操作模式

（一）就地操作

就地操作需要通过就地控制柜来实现。

就地控制柜（LCP）是对GIS进行现场监视与控制的集中控制屏。也是GIS间隔内、外各元件，以及GIS与主控室之间电气联络的中继枢纽。就地控制柜具有就地操作、信号传输、保护和中继、对SF_6系统进行监控等功能。主要功能如下。

（1）实施断路器、隔离开关、接地开关就地—远方选择操作，在控制柜上进行就地集中操作。

（2）监视断路器、隔离开关、接地开关的分合闸位置状态。

（3）监视GIS各气室SF_6气体密度。

（4）实现GIS本间隔内断路器、隔离开关、接地开关之间的电气联锁及间隔之间各种开关之间的电气连锁。

（5）显示一次主接线形式及运行状态。

（6）作为GIS各元件间及GIS与主控室之间的中继端子箱接收或发信号用。

（7）监视控制回路电源是否正常，并通过电源开关、熔断器、保护开关，对就地控制柜及GIS的二次控制、测量和保护元件起保护作用。

就地操作时，将“远方/就地”操作手柄切换至“就地”位置，然后切相应的开关、隔离开关、接地开关操作开关即可。

（二）测控装置操作

以220kV系统为例。220kV系统采用FCK-851微机测控装置，具有测量、控制、监视、记录、同期、间隔层逻辑自锁互锁等功能。该装置通过自身实时、开放的网络通信功能互相交换数据，每台测控装置都能实时获得来自其他间隔的测控装置的遥控信息，并应用于控制的闭锁逻辑判别，从而实现间隔层的闭锁逻辑。当“远方/就地”手柄在远方状态时，只有远方遥控命令有效；当“远方/就地”手柄在就地状态时，只有就地的控制操作有效。然后判断联锁/解锁手柄的位置状态，确定是否需要进行逻辑闭锁，只有不需要逻辑闭锁或者满足闭锁逻辑的出口条件时，才允许完成控制命令，从而更有效地实现逻辑闭锁功能。在测控装置操作时，应先在五防机进行模拟操作，并将操作任务传至电脑钥匙。将测控装置的“远方/就地”切换手柄切换至“就地”位置，电脑钥匙插入对应的端口，然后切换相应的开关操作手柄即可。

教学资源3　PASS技术

伴随着计算机技术、传感器技术、数字化技术的不断发展，智能化GIS高压变电站——PASS技术，最近几年得到迅速的推广和应用，介绍如下。

（一）PASS的概念

PASS是具有金属外壳的、气体绝缘的、内装有断路器、隔离开关、接地开关、电压/电流传感器的全封闭组合电器。PASS反映了GIS制造技术的最新成果。其主要特点概括如下。

（1）采用了先进的组合式电压/电流传感器技术和组合式隔离开关/接地开关技术，使设备更加紧凑，体积更加小型化。

（2）在测量、控制、保护系统中，采用了计算机技术、数字化技术、光纤通信技术，支持数字式继电器，继电保护系统引入了微机处理和分段监控保护。

（3）采用了预安装技术，整套设备在出厂前安装、调试完毕。设备运抵现场后，一个PASS间隔在数小时之内即可安装完毕，实现了"即插即用"功能。

（4）每一PASS间隔配置一台就地控制柜，内设控制及保护单元，即将二次技术集成化。

PASS在充分考虑了满足不同的变电站主接线布置方案的前提下，选用了尽可能少的部件组合而成，除了绝缘套管之外，整套装置安装完毕后才运抵现场。

PASS中使用的断路器、隔离开关、接地开关等均采用了成熟的GIS技术，绝缘子大部采用了新型的复合绝缘材料，环氧树脂浇注的玻璃纤维管确保了绝缘子的机械强度，而采用硅橡胶浇注的绝缘子裙边则增加了爬距，提高了抗电性能。

（二）电压电流的测量

在PASS中，常规的电压、电流互感器已被新一代组合电压/电流传感器取代，采用罗柯夫斯基（Rogowiski）电流传感器技术来测量电流，其具有很宽的线性特性，保证了在所测量或保护的电流范围内不会出现饱和。电压的测量采用的是具有金属外壳封装的电容分压器，很好地避免了铁磁谐振。

检测到的电压、电流信号由PASS自身进行处理，先由传感器和执行器的处理器接口（process interface for sensors and actuators，PISA）将模拟信号数字化后经光纤通信母线以串行方式传输到就地的间隔控制柜中的智能控制和保护单元。传感器安装在断路器的出口处，这样既可以满足继电保护系统和计量表计的需要，也可以用于其他的目的。如有必要，也可以在断路器的母线侧安装额外的传感器。

（三）控制、保护和监测

PASS采用了如下技术。

（1）所有测量、保护信号经PISA预处理后经串行光纤总线送至间隔控制柜。

（2）面向间隔的控制、保护、测量功能的装置设在就地控制柜内。

（3）间隔与间隔之间、间隔与变电站之间的通信也采用串行通信光纤总线。

（4）PASS支持保护用的数字继电器，也兼顾了传统的机电式继电器，若使用后者，需另行安装电磁式互感器。

PASS的操动机构控制、气体绝缘强度的测量以及其他物理量的在线状态监测也可采用先进的传感器技术来实现，例如设备自检、绝缘气体强度趋势分析、断路器状态（操作能量需求、触头位移、剩余寿命预测）等。

（四）双母线结构的常规变电站（AIS）和PASS间隔的比较

AIS和PASS间隔的单线图，PASS技术和常规AIS模式，两者的差别就在于PASS在间隔的线路侧省去一组隔离开关和接地开关。在常规的AIS中，线路侧的隔离开关主要用于当设备检修时隔离之用，在PASS中，因为PASS具有高度的可靠性，故可不用该隔离开关和接地开关。

采用PASS技术后，除了提高了变电站的整体技术水平外，由于整个变电站的占地面积大大减少，土地利用率大大提高，带来的益处是显而易见的。

(1) 由于PASS可采用管形母线布置，从而减小了相间距离，可大大缩短软母线。

(2) 可减小间隔的长度和宽度，由于绝缘子的数量减少，绝缘子闪络的危险大大降低；需用更少的钢构架和接地钢材，电缆沟的数量也随之减少。

(五) PASS的应用

(1) 用于高电压、大容量变电站的新建。由于PASS本身就是一个独立的间隔，通过不同的组合，可适用于双母线、接线、桥形接线、双母线加旁路等多种主接线方式。其中双母线旁路的主接线方式在欧洲采用的比较多。

(2) 用于老式变电站的扩建，当需要将敞开式AIS变电站增容升压而空间不足时，采用PASS不失为可行的方案。

(3) 用于老式变电站主要高压电器更新换代。当需要更换同一间隔中的断路器、隔离开关、互感器时，可考虑用PASS取代整个间隔而不必一对一更新设备。

(4) 对于枢纽变电站大修而又不允许停电或不允许长期停电时，可临时安装PASS，大修完毕，再将PASS拆除，即将PASS作为一个移动变电站使用，当然，也可以将PASS作为大宗用户的临时电源。

教学单元2　六氟化硫封闭式组合电器的检修

教学资源1　施工内容

GIS安装工程的工程量、工期及其劳动力配置见表9.1。

表9.1　施工内容表

项目	单位	参数	备注
施工工期	天	7	
配电工	人	6	
起重工	人	2	
电焊工	人	2	
单元负责人			项目经理
指挥	人	1	项目总工
协调	人	1	施工技术部
质量及安全	人	2	质量及安全工程师
进度计划、资料及后勤管理	人	1	综合办综合员

教学资源2　安装前的准备工作

(1) 准备好厂家技术资料及有关设计图纸。

(2) 完成基础预埋，水平误差，不应低于产品的技术规定。

（3）安装调试工、器具（见表9.2）。

表9.2 安装调试工具表

工器具名称	型号	单位	数量	备注
吊车	25t	台	1	
吊车	8t	台	1	
加长载重汽车	10t	台	1	
加长载重汽车	3t	台	1	
吸尘器	0.7kW	台	1	
电焊机	16kW	台	1	
水平仪	长500mm	个	1	
铅垂（线垂）	500g	个	1	
画线墨斗	5m	个	1	
皮尺	20m	个	1	
人字梯	5m	把	1	
铁锤	5kg	个	1	
活扳手、平锉刀、圆锤、电工刀、电烙铁、万用表、榔头、钢卷尺				
切线钳、克丝钳、尖嘴钳、剥丝钳、螺丝刀、錾子、塞尺、三角尺				
各种丝锥、套扳手、钻头、手电钻、钢锯等				
电吹风	500W	个	1	
电烘箱200～300℃	6×6×5L	个	1	
SF_6气体回收装置		套	1	
SF_6贮气罐	600L	个	1	
微量水分检测仪	USL-1A	台	1	
SF_6检漏仪	LF-1	台	1	
微欧检测电桥		台	1	
绝缘电阻表	2500V	个	1	
工频耐压装置及附件	200kV/1A	台	1	
直流耐压装置及附件	200kV	台	1	
充气装置（带气压表、软管、接头）		套	1	
2kV耐压装置		套	1	
架管		米	300	
脚手架扣件		个	若干	
竹胶板		张	21	
千斤顶	2t	个	4	
麻绳		根	2	
楔子	1～10mm	块	若干	
工业酒精		kg	5	
高纯氮气	水价低于2.6×10^{-6} V/V	kg	50	
高级卫生纸		卷	50	
不掉纤维的白布		m	5	

续表

工器具名称	型号	单位	数量	备注
蚕丝白绸		m	3	
塑料薄膜		m^2	40	
汽油	90 号	kg	30	
砂纸	360 号	张	30	
砂纸	600 号	张	40	
塑料盆		个	2	
干电池	1 号	节	6	
灯泡	6V/0.15W	个	5	
塑料软导线	$1m/m^2$	m	50	
棉手套		副	10	
线手套		副	若干	
棉纱		kg	5	

教学资源3　施工流程（见图9.1）

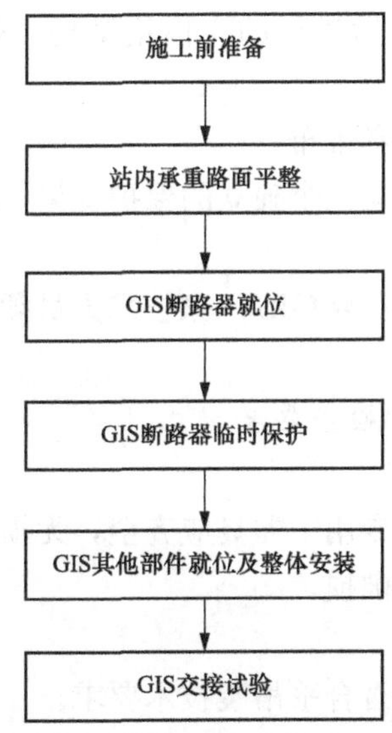

图9.1　施工流程图

教学资源4　施工技术措施

由于GIS断路器体积、质量较大，其就位安排在GIS主体钢结构尚未完成时进行，其他GIS部件就位安排在GIS主体钢结构及行车施工完毕后进行。

（一）站内承重路面平整

（1）站内承重路段。

（2）将承重路面原土挖至底标高，上铺300mm厚连沙石，压实。

（二）GIS断路器就位

（1）要求天气情况正常，无大风大雨。

（2）GIS断路器包装应无残损；所有元件、附件、备件及专用工器具应齐全，无损伤变形及锈蚀；瓷件及绝缘件应无裂纹及破损。

（3）使用25t吊车和10t载重汽车分次将三台GIS断路器转运并卸载到总变电站GIS室内安装位置，就位时位置要求大致精确（其他GIS部件就位安装时再调整），站内吊车起吊时，分别在吊车位置1，位置2，位置3，吊放QF1、QF2、QF3断路器。

（4）核查吊车，吊具、货车是否合乎吊装技术要求。

1）QF1、QF2断路器净重8000kg（QF3净重小于8000kg），吊钩和钢丝绳重300kg，起吊重量共计8300kg。QF1、QF2断路器外形尺寸为（5382mm×1700mm×3150mm），吊装幅度选8m，主杆长度选15.25m，经查该25t吊车在8m幅度内起吊质量为8500kg，因此起吊重量在该吊车额定负荷内。

2）起吊钢丝绳选用6×37+1－170ϕ17.5，4股受力钢丝绳，夹角为30°，$L=7$m，经查单根钢丝绳破断拉力$P=18950$kg，安全倍数$K=18950\times4\times\cos15°/1.1\times8300=8.02$，满足安全要求。

（5）GIS断路器装卸时，防止由于卸载时车辆弹簧力的变化引起倾斜。

（6）GIS断路器在装卸过程中，不得倒置、倾翻、碰撞和受到剧烈的振动。

（三）GIS断路器临时保护

（1）为防止GIS断路器就位以后进行的主体钢结构、行车安装施工中对断路器造成污损，应采取保护措施。

（2）断路器器身覆盖塑料布或彩条布。

（3）按断路器尺寸用脚手架搭建三个独立的保护支架（5.5m×2m×5.5m）。

（4）保护支架上平铺竹胶板。

（5）GIS其他部件就位及整体安装GIS厂家技术人员须到现场，对GIS的安装调试进行技术指导及协助。

（四）GIS的其他部件就位前的检查要求

（1）包装应无残损。

（2）所有元件、附件、备件及专用工器具应齐全，无损伤变形及锈蚀。

（3）瓷件及绝缘件应无裂纹及破损。

（五）GIS的其他部件就位

（1）核查吊车，吊具、货车是否合乎吊装技术要求。

（2）使用8t吊车和3t载重汽车将GIS其他部件转运并卸载到总变GIS室内安装位置。

（3）GIS部件装卸时，防止由于卸载时车辆弹簧力的变化引起倾斜。

（4）GIS部件在装卸过程中，不得倒置、倾翻、碰撞和受到剧烈的振动。

（六）GIS整体安装

（1）封闭式组合电器元件装配前，应进行下列检查。

1）组合电器元件的所有部件应完整无损。

2）瓷件应无裂纹，绝缘件应无受潮、变形、剥落及破损。

3）设备接线端子的接触表面应平整、清洁、无氧化膜，镀银部分不得锉磨；载流部分其表面应无凹陷及毛刺，连接螺栓应齐全、紧固。

4）各分隔气室气体的压力值和含水量应符合产品的技术规定。

5）各元件的紧固螺栓应齐全、无松动。

6）各连接件、附件及装置性材料的材质、规格及数量应符合产品的技术规定。

7）支架及接地引线应无锈蚀或损伤。

8）密度继电器和压力表应经检验合格。

9）防爆膜应完好。

10）出厂证件及技术资料应齐全。

（2）3t 行车安装调试完毕。

（3）装配工作应在无风沙、无雨雪、空气相对湿度小于 80%的条件下进行，并采取防尘、防潮措施。

（4）制造厂已装配好的各电器元件在现场组装时，不应解体检查；如有缺陷必须在现场解体时，应经制造厂同意，并在厂方人员指导下进行。

（5）按制造厂的编号及规定的程序进行装配，不得混装。

（6）使用的清洁剂、润滑剂、密封脂和擦拭材料必须符合产品技术规定。

（7）密封面应清洁、无划痕：已用过的密封圈（垫）不得再使用；涂密封油脂的时候，不得使其流入密封圈（垫）内侧与 SF_6 气体接触。

（8）所有螺栓应的紧固均应使用力矩扳手，其力矩值应符合产品的技术规定。

（9）盆式绝缘子应清洁、完好。

（10）连接插件的触头中心应对准插口，不得卡阻，插入深度应符合产品的技术规定。

（11）GIS 的接地线及其连接应符合要求。

（12）小型波纹管调整。为使安装对接顺利进行，可采用调整波纹管的长短，达到吸收装配误差的目的。小型波纹管长短调节范围 228±10mm，不允许超出此范围。

（13）GIS 整体安装完成并将底架与预埋铁焊牢之后，应将波纹管旁边四根 M16 调节螺栓上的、靠近波纹的一对 M16 螺母，松至距离 $C=L-218$（mm）。

（14）电压互感器、氧化锌避雷器，只能沿其外表上标有双箭头指明的方向翻转，不得任转，氧化锌避雷器更不能倒置，否则，内部元件要损坏；一般电压互感器、氧化锌避雷器不参与现场耐压试验。

（15）气路连通装置及密度继电器安装，按图纸将气路连通装置装好。装配时注意自动关闭接头，对接时要对正，防止顶偏漏气。待气室水分测量和检漏进行完毕，再装上密度继电器。

（七）SF_6 气体管理及充注

（1）SF_6 气体的技术条件，应符合规定。

（2）新 SF_6 气体应具有出厂试验报告及合格证件。运到现场后，每瓶应做含水量检验。

（3）SF_6 气瓶的搬运和保管，应符合下列要求：

1）SF_6 气瓶的安全帽、防振圈应齐全，安全帽应拧紧；搬运时应轻装轻卸，严禁抛掷溜放。

2）气瓶应存放在防晒、防潮和通风良好的场所；不得靠近热源和油污的地方，严禁水分和油污粘在阀门上。

3）SF_6 气瓶与其他气瓶不得混放。

（4）SF_6 气体的充注应符合下列要求。

1）充注前，充气设备及管路应洁净、无水分、无油污；管路连接部分应无渗漏。

2）气体充入前应按产品的技术规定对设备内部进行真空处理；抽真空时，应防止真空泵突然停止或因误操作而引起倒灌事故，真空度按厂家资料说明执行。

3）当气室已充有 SF_6 气体，且含水量检验合格时，可按厂家规定直接补气。

4）设备内 SF_6 气体的含水量和漏气率应符合 GB 50150—2016《电气装置安装工程　电气设备交接试验标准》的规定。

（八）安装后检查

（1）组合电器应安装牢靠，外表清洁完整，动作性能符合产品的技术规定。

（2）电器连接应可靠，且接触良好。

（3）组合电器及其传动机构的联动应正常，无卡阻现象；分、合闸指示正确；辅助开关及电气闭锁应动作正确可靠。

（4）支架及接地引线应无锈蚀和损伤，接地应良好。

（5）密度继电器的报警、闭锁定值应符合规定，电气回路传动正确。

（6）SF_6 气体漏气率和含水量应符合规定。

（7）油漆应完整，相色标志正确。

（8）检查 GIS 整体外观，包括油漆是否完好、有无锈蚀损伤、高压套管有否损伤等。

（9）检查各种充气、充油管路，阀门及各连接部件的密封是否良好；阀门的开闭位置是否正确；管道的绝缘法兰与绝缘支架是否良好。

（10）检查断路器、隔离开关及接地开关分、合闸指示器的指示是否正确。

（11）检查各种压力表、油位计的指示值是否正确。

（12）检查汇控柜上各种信号指示、控制开关的位置是否正确。

（13）检查各类箱、门的关闭情况是否良好。

（14）检查隔离开关、接地开关连杆的螺栓是否紧固，检查波纹管螺栓位置是否符合制造厂的技术要求。

（15）检查所有接地是否可靠。

（九）GIS 交接试验

（十）检漏

（1）每一气室安装充气完毕，应进行检漏合格后，再安装相邻的气室。

（2）水分测量检漏合格的气室测量其 SF_6 气体含水量，应不超过规定值。

（十一）主回路电阻测量

每个分装吊装之前，应测量主回路电阻值，整机回路电阻是其中所有分装回路电阻值的代数和，现场测试时，其值小于规定值 1.2 倍。测量时一般用直流电压降法（即主回路通过 100A 直流电，测两端电压降）。如现场条件限制，亦可用双臂电桥直接测量。

（十二）整机工频耐压试验

1. 试验准备

GIS 装好充入 SF_6 气体至额定压力（20℃）。电压互感器主回路与 GIS 断开。电流互感器二次线圈短接并接地。应接地的地方或不试验的极，均可靠接地。被试那一段的接地开关分闸。

2. 试验电压

施加出厂试验工频电压 80％到每极导体与外壳之间，历时 1min。

3. 试验步骤及判断

一般分段耐压，也可整极耐压或三极一起进行试验。无闪络、击穿认为合格。万一出现放电，允许重试一次。

教学资源 5　质量技术要求（参见样表 9.3、表 9.4）

表 9.3　　六氟化硫封闭式组合电器基础及设备支架安装检查（一）

工程名称：　　　　日期：　　　　施工单位：

检验项目			性质	质量标准	自检结果	抽检结果
基础检查	相间标高误差		主要	220kV 及以下≤2mm 220kV 及以上≤5mm	—	
	同相标高误差		主要	≤2mm		
	同组间 x、y 轴线误差		主要	≤1mm		
	断路器各组中相 x、y 轴与 GIS 室 x、y 轴线及其他设备 x、y 轴线误差		主要	220kV 及以下≤2mm 220kV 及以上≤5mm		
	GIS 室内与室外设备基础标高误差		主要	220kV 及以下≤5mm 220kV 及以上≤10mm		
	GIS 室内 y 轴与室外设备基础 y 轴误差		主要	≤5mm		
	地基面积	相邻基础埋件误差		≤2mm		
		全部基础埋件误差		≤5mm		
支架安装	外观检查			无机械损伤		
	固定螺栓			牢固		
	接地			牢固且导通良好		
	防腐层检查			完整		
备注						
施工人员				施工负责人		
复检等级				终评等级		
复检负责人				验收负责人		

表 9.4　　六氟化硫封闭式组合电器基础及设备支架安装检查（二）

工程名称：　　　　日期：　　　　施工单位：

检验项目		性质	质量标准	自检结果	抽检结果
设备检查	组合元件及附件		齐全，无损伤、锈蚀		
	绝缘部件检查		清洁，无受潮、无变形		
	元件接线端子、插接件及载流部分检查		光洁，无锈蚀		
	紧固螺栓		齐全，无损伤		
	支架及接地引线		无锈蚀、损伤		
	母线及气室筒内壁	主要	平整，无毛刺		

续表

检验项目			性质	质量标准	自检结果	抽检结果
元件组装	元件表面			洁净，无杂物		
	盆式绝缘子检查			清洁，无裂痕		
	母线安装	母线外观		清洁，无氧化物、划痕及凸凹不平		
		条状触指检查	主要	光洁，无锈蚀、划痕		
		触头座检查		清洁，无划痕		
	吸附剂检查			干燥		
	法兰连接	元件内部检查	主要	清洁，无杂质		
		密封垫（圈）检查	主要	清洁，无变形、破损		
		密封槽及法兰面检查	主要	光洁，无伤痕		
		法兰检查		导销无卡阻		
		连接螺栓紧固力矩		按制造厂规定		
操动机构检查	操作机构行程			按制造厂规定		
	驱动转矩					
	操动机构动作		主要	准确、可靠		
	分、合闸指示			正确		
	连锁装置		主要	动作可靠、灵活		
套管安装	密封槽及法兰表面		主要	光洁，无伤痕		
	密封垫圈检查		主要	清洁，无变形、破损		
	连接螺栓紧固力矩			按制造厂规定		
SF_6气体充注	充气前充气设备及管路检查			清洁，无水分、油污		
	充气前断路器内部真空度		主要	按制造厂规定		
	密度继电器			制造厂规定整定：CB-CT：0.45/0.40MPa		
	SF_6 气体含水量		主要	≤65mL/L（V/V）		
	SF_6 气体压力		主要	≥0.4MPa		
	整体密封试验		主要			
接地线安装	接地线检查			无锈损伤		
	连接方式			螺栓		
	连接螺栓		主要	紧固		
	各元件法兰连接处		主要	跨接可靠导通良好		
	与主地网连接			牢固可靠		
备注						
施工人员				施工负责人		
复检等级				终评等级		
复检负责人				验收负责人		

教学资源6 安全注意事项

(1) GIS的卸装和运输，由起重工负责指挥，电工配合，措施得当，应保证人身和GIS的安全。

1) GIS就位时人力应足够，指挥应统一，以防倾倒伤人；狭窄处应防止挤伤。

2) 对重心偏在一侧的部件，在安装固定好以前，应有防止倾倒地措施。

3) 安装设备时应有人扶持。

4) GIS在安装地点拆箱后，应立即将箱板等杂物清理干净，以免阻塞通道或钉子扎脚。

(2) 临时电源布置合理可靠，电动工具的电源线必须绝缘良好。

(3) GIS装置在送电试运前应达到下列条件：

1) 配电装置及其设备接地系统完善，并接地良好可靠。

2) 各项电气检查与试验均完毕并经验收合格，再行清扫，设备封闭完善。

3) 各设备名称编号应明显正确，并备有各种作业、送电警告指示牌、遮栏，同时备有防火器具。

4) 装置间照明系统完善、通信设备完善。

5) 严格执行工作票制度。

6) 编写试运行技术安全措施，并进行详细交底，对试运人须经系统培训合格后，才能上岗操作运行。

(4) 在调整或检修开关及其传动机构时，须防止开关意外脱扣，被误动或误操作，以防伤人。

(5) SF_6 气体未经放电是无毒的，接触时无需特殊保护措施。室内作业，通风须良好。

1) SF_6 气体经放电或电弧作用会部分分解，形成的分解物呈气态及粉末，对人体健康极其有害。接触经过放电或电弧作用的 SF_6 气体时必须采取以下保护措施。

a. 戴上具有吸附剂及过滤粉尘的防毒面具。

b. 戴好专用帽子、手套，穿上专用衣服，避免与 SF_6 分解物直接接触。

c. 避免吸入 SF_6 分解物和粉尘、建议戴平光眼镜，工作现场严禁吸烟。注意不要使脸部，尤其是眼睛接触粉尘。

d. 工作后应洗手，将粘在衣帽上的粉尘清理干净。

2) SF_6 气体分解物的处理。气室封盖打开之前要穿戴防护衣服及面具。气室里的 SF_6 气体经回收，并补进新鲜大气至零表压后，气室才能打开。气室打开后，用吸尘器将气体分解物收集干净（此吸尘器不得其他用途）。气体分解物有毒，集中后必须深埋。

3) 大量 SF_6 气体泄漏。

万一发生气室内 SF_6 气体大量泄漏，操作人员应暂时远离泄漏地点，强制通风使 SF_6 气体尽快离散。控制泄漏后，操作人员穿戴好防护衣帽及防毒面具，清理现场。

思 考 题

1. 六氟化硫封闭式组合电器的作用是什么？
2. 六氟化硫封闭式组合电器的检修项目及注意事项有哪些？
3. GIS开关柜主要功能是什么？

课程模块10　电抗器及消弧线圈的检修

模块概要

【学习目标】

1. 熟悉电抗器和消弧线圈的作用和基本原理。

2. 掌握电抗器和消弧线圈的检修。

【重点】 电抗器和消弧线圈的检修

【难点】 消弧线圈的工作原理

教学单元1　电抗器的简介

教学资源1　电抗器在电力系统中的作用

由于电力系统中大量使用电力电子器件，直流用电、变频用电等，产生了大量的谐波，使得看似简单的问题变得复杂了，用以补偿的电容器频繁损坏，有的甚至无法投入补偿电容器，当谐波较小时，可以用谐波抑制器，但系统中的谐波较高时，就要用串联电抗器放大谐波电流。电力网中所采用的电抗器，实质上是一个无导磁材料的空心线圈。它可以根据需要，布置为垂直、水平和品字形三种装配形式。在电力系统发生短路时，会产生数值很大的短路电流。如果不加以限制，要保持电气设备的动态稳定和热稳定是非常困难的。因此，为了满足某些断路器遮断容量的要求，常在出线断路器处串联电抗器，增大短路阻抗，限制短路电流。由于采用了电抗器，在发生短路时，电抗器上的电压降较大，所以也起到了维持母线电压水平的作用，使母线上的电压波动较小，保证了非故障线路上的用户电气设备运行的稳定性。

电抗率为4.5％～7％滤波电抗器，用于抑制电网中5次及以上谐波；电抗率为12％～13％滤波电抗器，用于抑制电网中3次及以上谐波。

电力系统中所采取的电抗器，常见的有串联电抗器和并联电抗器。串联电抗器主要用来限制短路电流，也有在滤波器中与电容器串联或并联用来限制电网中的高次谐波。并联电抗器用来吸收电网中的容性无功，如500kV电网中的高压电抗器，500kV变电站中的低压电抗器，都是用来吸收线路充电电容无功的；220、110、35、10kV电网中的电抗器是用来吸收电缆线路的充电容性无功的。可以通过调整并联电抗器的数量来调整运行电压。

超高压并联电抗器有改善电力系统无功功率有关运行状况的多种功能，主要包括如下。

（1）轻空负荷或轻负荷线路上的电容效应，以降低工频暂态过电压。

（2）改善长输电线路上的电压分布。

（3）使轻负荷时线路中的无功功率尽可能就地平衡，防止无功功率不合理流动，同时也减轻了线路上的功率损失。

（4）在大机组与系统并列时，降低高压母线上工频稳态电压，便于发电机同期并列。

（5）防止发电机带长线路可能出现的自励磁谐振现象。

（6）当采用电抗器中性点经小电抗接地装置时，还可用小电抗器补偿线路相间及相地电容，以加速潜供电流自动熄灭，便于采用单相快速重合闸。

教学资源 2　电抗器的分类

电抗器也叫电感器，一个导体通电时就会在其所占据的一定空间范围产生磁场，所以所有能载流的电导体都有一般意义上的感性。然而通电长直导体的电感较小，所产生的磁场不强，因此实际的电抗器是导线绕成螺线管形式，称空心电抗器；有时为了让这只螺线管具有更大的电感，便在螺线管中插入铁芯，称铁芯电抗器。

依靠线圈的感抗阻碍电流变化的电器称为电抗器。按用途分为以下七种。

（1）限流电抗器。串联于电力电路中，以限制短路电流的数值。

（2）并联电抗器。一般接在超高压输电线的末端和地之间，起无功补偿作用。

（3）通信电抗器，又称阻波器。串联在兼作通信线路用的输电线路中，用以阻挡载波信号，使之进入接收设备。

（4）消弧电抗器，又称消弧线圈。接于三相变压器的中性点与地之间，用以在三相电网的一相接地时供给电感性电流，以补偿流过接地点的电容性电流，使电弧不易起燃，从而消除由于电弧多次重燃而引起的过电压。

（5）滤波电抗器，用于整流电路中减少电流上纹波的幅值；也可与电容器构成对某种频率能发生共振的电路，以消除电力电路某次谐波的电压或电流。

（6）电炉电抗器，与电炉变压器串联，限制其短路电流。

（7）启动电抗器，与电动机串联，限制其启动电流。

户外空心干式电抗器是 20 世纪 80 年代出现的新一代电抗器产品，如图 10.1 所示。

它是利用环氧绕包技术将绕组完全密封，导线相互粘接大大的增加了绕组的机械强度。同时利用新的耐火材料喷吐于包封的表面，使得产品能够满足在户外的苛刻条件下运行。包封间由撑条形成气道，包封间与包封内绕组多采用并联连接以便满足容量与散热的要求。为了满足各个并联支路电流合理分配的需要，采用分数匝来减少支路间的环流问题。为了能够形成分数匝，采用星形架作为绕组的出线连接端。绕组的上、下星架通过拉纱方式固定，固化后整个产品成为一个整体。这种结构的电抗器与传统方式的电抗器相比较具有可以直接用于户外、电感为线性、噪声小、防爆、使用维护方便等特点，因而对于某些此产品有可能正逐步取代其他形式的电抗器。

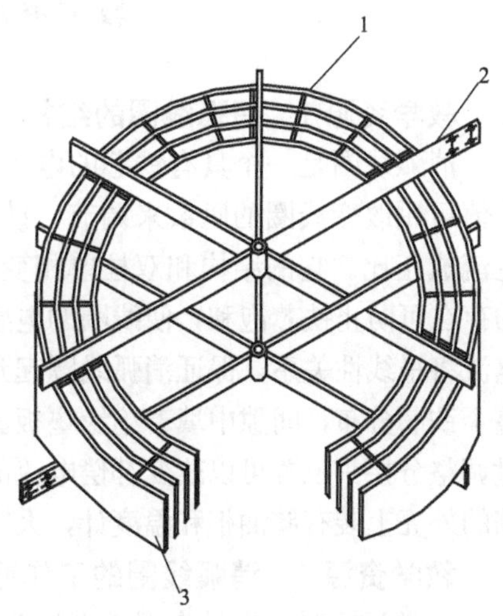

图 10.1　户外空心干式电抗器

1—引拔条；2—接线臂；3—包封绝缘

由于受到绕组结构的限制，户外空心干式电抗器通常不适合电感量（>700mH）较大或电感较小（<0.08mH）但电流较大的场合，否则就会造成体积过于庞大或者支路电流极不平衡。在这两种极端条件下，需要适当改变线圈的绕线形式。此外，空心电抗器通常占地面积最大、对外漏磁最严重，这是这类电抗器的主要缺点。

图 10.2 干式铁芯电抗器

干式铁芯电抗器主要是由铁芯和线圈组成的，如图 10.2 所示。

干式铁芯电抗器主要由铁芯、线圈构成。铁芯可分为铁芯柱与铁轭两部分，铁芯柱通常是由铁饼与气隙组成。线圈与铁芯柱套装，并由端部垫块固定。铁芯柱则由螺杆与上、下铁轭夹件固定成整体。对于三相电抗器常采用三芯柱结构，但对于三相不平衡运行条件下，需采用多芯柱结构，否则容易造成铁芯磁饱和问题。干式铁芯电抗器的线圈通常采用浇注、绕包与浸漆方式。由于铁磁介质的导磁率极高，而且其磁化曲线是非线性的，故用在铁芯电抗器中的铁芯必须带气隙。带气隙的铁芯，其磁阻主要取决于气隙的尺寸。由于气隙的磁化特性基本上是线性的，铁芯电抗器的电感值取决于自身线圈匝数以及线圈和铁芯气隙的尺寸。由于干式铁芯电抗器是将磁能主要存储于铁芯气隙当中，铁芯相当于对磁路短路，相当于只有气隙总长度的空心线圈。因此铁芯电抗器线圈的匝数较少，从而其体积较小。体积小，必然散热面积小，因此铁芯电抗器的损耗较小。此外，由于铁芯的存在，铁芯电抗器的空间漏磁较小。

铁芯电抗器磁场通过铁芯与气隙构成回路，其电感值是否呈线形取决于铁芯的磁场工作状态。当铁芯出现磁饱和，则气隙内磁场将出现非线性变化，造成电感非线性。这是铁芯类电抗器存在明显的不足之处。另外，铁芯的磁滞伸缩引起的噪声问题，以及质量重、组装复杂、不能直接户外使用是这类电抗器的缺点。

教学单元 2 消弧线圈的简介

教学资源 1 消弧线圈的结构

消弧线圈是一个具有铁芯的电感线圈，线圈的电阻很小，电抗很大。线圈具有抽头，电抗值可用改变线圈的匝数来调节，铁芯具有较大的空气隙，它使电抗值稳定，从而使电压与电流成正比。它的结构和双柱单相变压器相似，但其内部是一个带有间隙的铁芯，铁芯间隙的存在可防止铁芯饱和，使线圈的电感在一定范围内基本恒定，中性点电压和通过消弧线圈的电流将呈线性关系，保证消弧线圈起到应有的补偿作用。铁芯由很多铁饼叠装而成，间隙沿着整个铁芯分布，间隙中填着绝缘垫板。铁芯外面绕有绕组，绕组的接地侧留有若干分接头，通过调整分接头位置可以改变补偿电流的大小。铁芯和绕组都放在充满绝缘油的油箱中。消弧线圈的外壳上装有储油柜和温度计，大容量消弧线圈还设有散热器、呼吸器及气体继电器等。

教学资源 2 消弧线圈的工作原理

正常运行时，中性点对地电压为零，消弧线圈中没有电流流过。

如图 10.3 所示，单相（如 W 相）接地故障时，接地点对地电压为零，中性点对地电压上升为相电压，非故障相对地电压上升为线电压，网络的线电压不变。这与中性点不接地系统相似，此时，消弧线圈处于中性点电压的作用下，有电感电流 I_L 通过，此电流通过接地点形成回路。加上单相接地时的接地电容电流 I_C，两电流方向相反，见相量图 10.4。在接地处相互抵消，称电感电流对接地电流的补偿，如果适当选取消弧线圈的匝数，可使接地处的电流变得很小或等于零。从而消除了接地处的电弧，消弧线圈因此而得名。

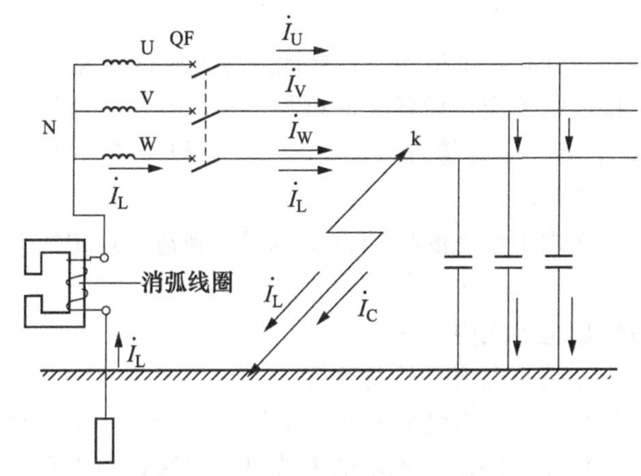

图 10.3　中性点经消弧线圈接地的电路图

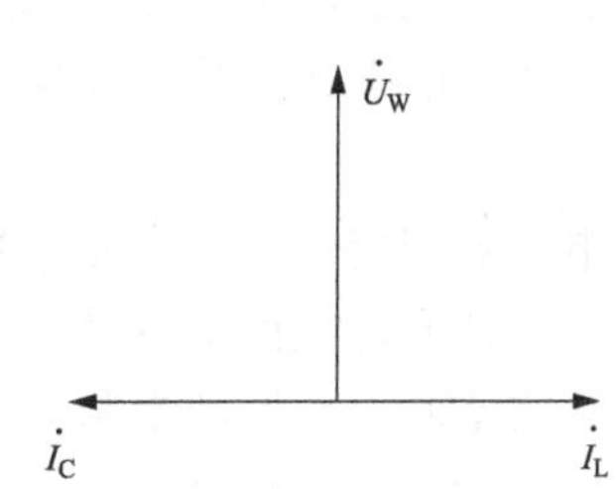

图 10.4　中性点经消弧线圈接地的相量图

教学资源 3　消弧线圈的补偿方式

（一）完全补偿

完全补偿是使电感电流等于电容电流，即 $I_L=I_C$，接地处电流为零。从消弧的角度看，完全补偿十分理想，从产生过电压的角度看，却存在严重的问题。因为，正常运行时，在某些条件下，中性点与地之间会出现一定的电压，此电压作用在消弧线圈通过大地与三相对地电容构成的串联电路中，因此时 $X_L=X_C$。　满足谐振条件。产生过电压，危及绝缘。

（二）欠补偿欠

欠补偿是使电感电流小于电容电流，即 $I_L<I_C$，单相接地处有容性电流流过。在这种补偿方式下，若因停电检修部分线路，或因系统频率降低等原因使接地电流减少，有可能出现完全补偿。因此，一般变压器中性点不用欠补偿，大容量发电机有时采用欠补偿。

（三）过补偿

过补偿是使电感电流大于电容电流，即 $I_L>I_C$，单相接地处有感性电流流过。过补偿既能消除接地处的电弧，又不会产生谐振过电压，这是因为若因停电检修部分线路或系统频率降低，使接地电流减少，$I_L\gg I_C$，远离产生谐振的条件。即使将来电网发展使电容电流增加，由于消弧线圈有一定的裕度，也有 $I_L>I_C$，不会产生谐振，可以继续使用一段时间，故过补偿在电网中广泛使用。

应当注意：过补偿电流不能超过 10A，否则接地处电弧不能自动熄灭。

教学资源 4　中性点经消弧线圈接地系统的适用范围

用在不适合采用中性点不接地的 3～60kV 系统中。特点有：

（1）供电可靠性高（与中性点不接地系统相同）。

（2）绝缘方面的投资较大（与中性点不接地系统相同）。

（3）接地处的接地电流较小，能迅速熄灭电弧（与中性点不接地系统不相同）。

教学单元 3　电 抗 器 的 检 修

教学资源 1　电抗器运行基本技术要求

（1）应有标明基本技术参数的铭牌标志，电抗器技术参数必须满足装设地点的运行工况的要求。

(2) 电抗器必须有可靠的保护接地，且只允许有一个接地点，接地点位置应符合规定。

(3) 电抗器应有明显的接地符号标志，接地端子应与设备底座可靠连接，并从底座接地螺栓用两根接地引下线与地网不同点可靠连接。接地螺栓直径，35kV 及以下应不小于 M8mm，引下线截面应满足安装地点短路电流的要求。

(4) 电抗器的引线安装，应保证运行中一次端子承受的机械负荷不超过制造厂规定的允许值。

(5) 电抗器安装位置应在变电站直击雷保护范围之内。

(6) 电抗器允许在设备最高电压下和额定连续热电流下长期运行。

(7) 干式空心电抗器的安装方式有三相叠装、二相叠装和水平“品”字型或“一字”型安装几种安装方式。安装时，必须严格按照订货技术协议中规定的方式进行安装，绝不允许任意改变安装方式。

(8) 干式空心电抗器对其周围金属件的安全距离应同时考虑电气安全距离、磁场安全距离两个方面。两者之间取其大者，

(9) 在干式空心电抗器的周围及上下有影响的区域内，不得有粗大的铁磁性金属及构成闭环的金属环网，以免造成环流，增加损耗。在电抗器地基中采用钢筋加强时，钢筋之间不应该形成封闭回路。

(10) 干式空心电抗器接线端子与外部母线连接不应进行完全刚性连接，应有一端过渡软接头或过渡弯头，以免承受短路时产生振动，损坏接线端子或其他电器。

(11) 干式空心电抗器投运前，仔细检查有无金属异物掉入电抗器垂直风道，如有发现及时清除。

(12) 干式空心电抗器除升高座与支柱绝缘子间的连接用普通螺栓外，其余连接均采用非磁性的不锈钢连接，以免螺栓导磁造成局部过热，增加损耗。

教学资源 2　电抗器的检修

(一) 检修分类

(1) 小修。电抗器不解体进行的检查与维修，一般在现场进行。

(2) 大修。电抗器解体暴露器身，对内外部件进行的检查与维修，一般在检修车间进行。

(3) 临时性检修。发现有影响电抗器运行的异常现象后，针对有关项目进行的检查与维护。

(二) 检修周期

(1) 小修。1～3 年一次。一般结合预防性试验进行。运行在污秽场所的电抗器应适当缩短小修周期。

(2) 大修。根据电抗器预防性试验结果及运行中在线监测结果，进行综合分析，认为确有必要时进行。

(3) 临时性检修针对运行中发现的严重缺陷及时进行。

(三) 检修项目及质量标准

1. 油浸式串联电抗器

(1) 油浸式串联电抗器部件检修及质量标准（见表 10.1）。

表 10.1　　油浸式串联电抗器部件检修及质量标准

序号	项目	检修工艺	质量标准
1	检查一次接线	检查一次引线的连接紧固情况	一次引线连接可靠
2	检查瓷套	（1）清除瓷套外表积污，注意不得划伤釉面。 （2）用环氧树脂修补碰掉的瓷裙边小破损，或用强力胶修复；如瓷套径向有穿透性裂纹，外表破损面超过单个伞裙 10%或破损总面积虽不超过单伞的 10%，但同一方向破损伞裙多于两片，应更换	（1）瓷套外表清洁无积污。 （2）瓷套外表应光洁完好
3	检查油箱底座	（1）检查并配齐设备铭牌及标示牌。 （2）清扫外表积污与锈蚀。 （3）检查放油阀	（1）铭牌及标示牌齐全。 （2）外表清洁。 （3）放油阀密封完好，无渗漏

（2）处理渗漏油。

1）工艺不良的处理：

a. 因密封垫圈压紧不均匀引起渗油时，可先将压缩量大的部位的螺栓适当放松，然后拧紧压缩量小的部位，调整合适后，再依对角位置交叉地反复紧固螺母，每次旋紧 1/4 圈，不得单独一拧到底。弹簧垫圈以压平为准，密封垫圈压缩量约为 1/3。

b. 法兰密封面凹凸不平、存在径向沟痕或存在异物等情况导致渗漏时，应将密封圈取开，检查密封面，并应进行相应的处理。

c. 因装配不良引起的渗油，如密封圈偏移或折边，应更换密封圈后重新装配。

2）部件质量不良的处理；

a. 膨胀器本体焊缝破缝或波纹片永久变形，应更换膨胀器。

b. 小瓷套破裂导致渗漏油，应更换小瓷套。

c. 铸铝储油柜沙眼渗漏油，可用铁榔头，样冲打砸沙眼堵漏。

d. 储油柜、油箱、升高座等部件的焊缝渗漏，可采用堵漏胶临时封堵处理，待大修解体时再予补焊。

e. 密封圈材质老化，弹性减弱，更换密封圈。更换时在密封圈两面涂抹密封胶。

（3）检查油位及补油。

1）检查储油柜油标及膨胀器的油位或油温压力指示是否正确。如油位过高或油温压力指标超限，应打开放油阀放油至正常油位。

2）膨胀器缺油，可用 DB-11 型真空补油机进行补油。

3）补油应使用与原电抗器同品牌的合格变压器油，品牌不同的变压器油应先做混油试验，合格才能使用。

（4）检查接线端子。

1）检查一次引出瓷套，应完好无渗漏。

2）接线端子板应平整无过热烧伤痕迹。

3）检查与底箱接地端子可靠连接。

4）检查膨胀器外罩或储油柜与电抗器的一次绕组等电位片，应有可靠连接，防止储油柜或膨胀器电位悬浮。

（5）补漆。检查电抗器储油柜、膨胀器外罩、油箱、升高座、底箱等表面油漆状况，如发现局部脱漆，应除锈清擦干净后，用相同颜色的油漆进行局部补漆。

2. 干式空心电抗器

（1）干式串联电抗器部件检修及质量标准（见表 10.2）。

表 10.2　　干式串联电抗器部件检修及质量标准

序号	大修项目	质量要求
1	检查电抗器上下汇流排是否有变形裂纹现象	汇流排应无变形和裂纹
2	检查电抗器线圈至汇流排引线是否存在断裂、松焊现象	引线无断裂、松焊现象
3	检查电抗器包封与支架间紧固带是否有松动、断裂现象	紧固带不存在松动、断裂现象
4	检查接线桩头应接触良好，无烧伤痕迹，必要时进行打磨处理，装配时应涂抹适量导电脂	无烧伤痕迹，接触良好
5	检查紧固件有无松动现象	紧固无松动
6	检查器身及金属件有无过热现象	无变色、过热现象
7	检查防护罩有无松动和破损	完好、紧固、无破损
8	检查支座绝缘及支座是否紧固并受力均匀	支座绝缘良好，支座紧固且受力均匀
9	检查通风道及器身的卫生；必要时用内窥镜检查	通风道无堵塞，器身卫生无尘土、脏物，无流胶、裂纹现象
10	检查电抗器包封间导风撑条是否完好牢固	完好牢固
11	检查表面涂层无龟裂脱落、变色，必要时进行喷涂处理	涂层完好无龟裂
12	检查表面憎水性能	无浸润现象
13	检查铁芯有无松动及是否有过热现象	铁芯应紧固无松动，无过热现象
14	绝缘子检查，清扫	绝缘子无异常、干净

（2）干式电抗器表面涂层处理。涂层处理采用喷涂方法，喷涂技术要求及施工步骤如下。

1）喷涂前准备工作。

a. 用粗砂布或尼龙丝刷由上而下将电抗器内、外包封表面打磨一遍，清除已粉化的涂层，然后用高压风吹净。

b. 使用除漆剂清除表面残余防紫外线油漆（或 RTV 胶），用浸了无水乙醇的白布将线圈内外擦干净。

c. 检查电抗器表面是否有树枝状爬电现象，若有则用工具将树枝状爬电条纹缝内碳化物清除干净，然后用环氧树脂胶注入线圈表面裂痕内并抹平。

d. 在喷涂前再次将线圈内外表面清抹干净，准备喷涂。

2）喷涂步骤（喷涂的气象条件是不下雨）。

a. 在电抗器表面及通风道内喷涂一层专用底漆，晾干一天。

b. 在电抗器表面喷涂一层专用耦联剂进行表面活化处理，并晾干。

c. 喷涂 RTV 涂料，应喷涂三遍，喷涂第一遍后，相隔 2h 以上再喷涂第二遍，喷涂第二遍后，相隔 3h 以上再喷涂第三遍。涂料喷涂应均匀，无流痕、垂珠现象。

教学单元 4　消弧线圈的检修

教学资源 1　检查项目及处理

消弧线圈装置的检查周期取决于消弧线圈装置性能状况、运行环境以及历年运行和预防性试验等情况。所提出的检查维护项目是消弧线圈装置在正常工作条件下，应进行的工作，运行单位可根据具体情况结合自身的运行经验，制定出具体的检查、维护方案。

(1) 绕组检查及绝缘测试。绕组无变形、倾斜、位移、幅向导线无弹出，匝间绝缘无损伤；各部分垫块无位移、松动、排列整齐，压紧装置无松动；导线接头无发热脱焊。

(2) 引线检查。引线排列整齐，多股引线无断股；引线接头焊接良好；表面光滑、无毛刺、清洁；外包绝缘厚度符合要求，包扎良好、无变形、脱落、变脆、破损，穿缆引线进入套管部分白纱带包扎良好；引线与绝缘支架固定应外垫绝缘纸板，引线绝缘无卡伤；引线间距离及对地距离符合要求。

(3) 绝缘支架检查。无破损、裂纹、弯曲变形及烧伤痕迹，否则应予更换，绝缘支架的固定螺栓紧固，有防松螺母。

(4) 铁芯及夹件检查。铁芯外表平整无翘片，无严重波浪状，无片间短路、发热、变色或烧伤痕迹，对地绝缘良好，常温下≥200MΩ；铁芯与夹件油道通畅，铁芯表面清洁，无油垢、杂物；铁芯与箱壁上的定位钉（块）绝缘良好；铁芯底脚垫木固定无松动，接地片无发热痕迹，固定良好，铁芯电场屏蔽引外线接地良好。

(5) 压钉检查。压钉紧固，防松螺母紧锁。

(6) 分接开关检查。对无载分接开关要求转动部分灵活，无卡塞现象，中轴无渗漏；主触头表面清洁，有无烧伤痕迹。对有载分解开关参照 DL/T 574—1995《有载分接开关运行维修导则》。

(7) 油箱检查。油箱内部清洁无锈蚀、残屑及油垢，漆膜完整；箱沿平整，无凹凸，箱沿内侧有防止胶垫位移的挡圈；油箱的强度足够，密封良好，如有渗漏应进行补焊，重新喷涂漆；更换全部密封胶垫（包含散热器闸门内侧胶垫），箱沿胶绳接头牢固无缝隙，固定良好。

(8) 储油柜检查。油位指示器指示正确，吸湿器、排气管、注油管等应畅通；储油柜内残留空气已排除，消除假油位；更换密封垫无渗漏。

(9) 套管检查。瓷套外表清洁，无裂纹、破损及放电痕迹。

(10) 阀门、塞子检查。本体及附件各部阀门、塞子开闭灵活，指示正确，更换胶垫，密封良好，无渗漏。

(11) 吸湿器检查。内外清洁，更换失效的吸附剂，呼吸管道畅通，密封油位正常。

(12) 压力释放阀（安全气道）检查。内部清洁、无锈蚀、油垢，密封良好、无渗漏。

(13) 接地变压器的检查。参照 DL/T 573—1995《电力变压器检修导则》进行。

(14) 阻尼电阻的检查。各部位应无发热、鼓包、烧伤等现象，二次接线端子箱内清洁，无杂物，标志明确，直流电阻、交流耐压等高压试验合格，散热风扇启动正常。

教学资源 2　检修基本要求

大修：一般指将消弧线圈、阻尼电阻、接地变压器解体后，对内、外部件进行的检查和修理。

小修：一般指对消弧线圈、阻尼电阻、接地变压器不解体进行的检查与修理。

一、检修周期

小修周期：结合预防性试验和实际运行情况进行，1～3年一次。

大修周期：根据消弧线圈装置预防性试验结果进行综合分析判断，认为必要时。

(1) 一般在投入运行后的5年内和以后每间隔10年大修一次。

(2) 箱沿焊接的全密封消弧线圈或制造厂家另有规定者，若经试验与检查并结合运行情况，判定有内部故障或本体严重渗漏时，才进行大修。

(3) 运行中的消弧线圈装置，当发现异常状况或经试验判明有内部故障时，应提前进行大修。

二、检修评估

(一) 检修前评估

(1) 检修前查阅档案了解消弧线圈装置的工作原理、结构特点、性能参数、运行年限、例行检查、定期检查、历年检修记录、曾发生的缺陷和异常（事故）情况及同类产品的障碍或事故情况，确定是否大修。

(2) 现场大修对消除消弧线圈装置存在缺陷的可能性。

(二) 检修后评估

根据大修时发现异常情况及处理结果，应对消弧线圈装置进行大修评估，并对今后设备的运行作出相应的规定。

(1) 大修是否达到预期目的。

(2) 大修质量的评估。

(3) 大修后如果仍存在无法消除的缺陷，应视缺陷严重情况，对设备今后的运行提出限制，并纳入现场运行规程和例行检查项目。

(4) 确定下次检修性质、时间和内容。

三、检修人员要求

(1) 检修人员应熟悉电力生产的基本过程及消弧线圈装置工作原理及结构，掌握消弧线圈装置的检修技能，并通过年度《电业安全工作规程》考试。

(2) 工作负责人应取得变电检修专业高级工以上技能鉴定资格，工作成员应取得变电检修或油务工作或电气试验专业中、初级工以上技能鉴定资格。

(3) 现场起重工、电焊工应持证上岗。

(4) 对参加检修工作的人员应合理分工，一般要求工作负责人1人，现场安全负责人1人，技术负责人1人，工作班成员2～6人（有起吊作业时要求有起吊指挥负责人1人）。

四、施工条件与要求

(1) 吊钟罩（或器身）一般宜在室内进行，以保持器身的清洁；如在露天进行时，应选在无尘土飞扬及其他污染的晴天进行，场地四周应清洁并有防尘措施；器身暴露在空气中的时间应不超过如下规定：空气相对湿度≤65%为16h；空气相对湿度≤75%为12h；器身暴露时间是从消弧线圈和接地变压器放油时起至开始抽真空或注油时为止；如暴露时间需超过上述规定，宜接入干燥空气装置进行施工；当相对湿度≥75%时，不宜进行器身检查。器身温度应不低于周围环境温度，否则应用真空滤油机循环加热油，将变压器加热，使器身温度高于环境温度 5℃以上。

（2）检查器身时，应由专人进行，穿着专用的检修工作服和鞋，并戴清洁手套，寒冷天气还应戴口罩，照明应采用低压行灯。

（3）检修场地周围应无可燃或爆炸性气体、液体，或引燃火种，否则应采取有效的防范措施和组织措施。

（4）在现场进行消弧线圈装置的检修工作，需作好防雨、防潮和消防措施，同时应注意与带电设备保持足够的安全距离，准备充足的施工电源及照明，安排好储油容器、拆卸附件的放置地点和消防器材的合理布置等。

（5）设备检修应停电，在工作现场布置好遮栏等安全措施。

（6）最大限度的减少对土地及地下水的污染，同时应最大限度地减少固体废弃物对环境的污染。

教学资源 3 检修前的准备

（1）查阅档案了解消弧线圈装置的运行状况，完成缺陷的分类统计工作；做好现场查勘工作，进行检修工作危险点分析。

（2）编制现场检修工作的安全措施、技术措施和组织措施，组织工作班成员认真学习，并做好记录。编制消弧线圈装置大修施工进度表，绘制大修施工现场定置图。

（3）准备施工工器具、设备和所需材料。

1）材料。

a. 绝缘材料，所需的皱纹纸、电缆纸、白布带和绝缘油等。

b. 密封材料，所需各种规格的密封胶垫。

c. 油漆，如绝缘漆、底漆和面漆等。

d. 生产用汽油、纱布、酒精等。

2）工器具。

a. 起重设备和专用吊具、吊绳，载荷应大于 2.5 倍的被吊物吨位。

b. 专用工、器具。如力矩扳手、液压设备、各种规格的扳手等。

c. 真空注油设备、真空泵、真空测量表计、油罐、放油管等。

d. 气割设备、电焊设备等。

e. 安全带、梯子、接地线、水平尺等。

3）测试设备。

a. 高压测试设备，如工频试验耐压设备和局放测试设备等。

b. 常规测试设备，如变比电桥、介损仪、各种规格的绝缘电阻表等。

（4）施工工器具、材料进场。将油罐、滤油机、工器具、材料等运至作业地点，并按定置图摆放整齐，方便使用，使用合适的起重设备。

（5）办理变电第一种工作票。

（6）开工前检查现场安全措施，对危险点进行有效控制和隔离。工作班成员列队学习现场安全措施、技术措施和组织措施，危险点分析及其他注意事项。

教学资源 4 大修内容及质量要求

消弧线圈装置大修内容及质量要求：

（1）吊钟罩（或器身）检查时的工作内容及质量要求：

1）绕组检查及绝缘测试。绕组无变形、倾斜、位移、辐向导线无弹出，匝间绝缘无损伤；各部垫块无位移、松动、排列整齐，压紧装置无松动；导线接头无发热、脱焊。

2）引线检查。引线排列整齐，多股引线无断股；引线接头焊接良好；表面光滑、无毛刺、清洁；外包绝缘厚度符合要求包扎良好，无变形、脱落、变脆、破损，穿缆引线进入套管部分白纱带包扎良好；引线与绝缘支架固定外垫绝缘纸板，引线绝缘无卡伤；引线间距离及对地距离符合要求。

3）绝缘支架检查。无破损、裂纹、弯曲变形及烧伤痕迹，否则应予更换，绝缘支架的固定螺栓紧固，有防松螺母。

4）铁芯及夹件检查。铁芯外表平整无翘片，无严重波浪状，无片间短路、发热、变色或烧伤痕迹，对地绝缘良好，常温下≥200MΩ；铁芯与夹件油道通畅，铁芯表面清洁，无油垢、杂物；铁芯与箱壁上的定位钉（块）绝缘良好；铁芯底脚垫木固定无松动，接地片无发热痕迹，固定良好，铁芯电场屏蔽引外线接地良好。

5）压钉检查。压钉紧固，防松螺母紧锁。

6）分接开关检查。对无载分接开关要求转动部分灵活，无卡塞现象，中轴无渗漏；主触头表面清洁，有无烧伤痕迹。对有载分解开关参照 DL/T 574—1995《有载分接开关运行维修导则》。

7）油箱检查。油箱内部清洁无锈蚀、残屑及油垢，漆膜完整；箱沿平整，无凹凸，箱沿内侧有防止胶垫位移的挡圈；油箱的强度足够，密封良好，如有渗漏应进行补焊，重新喷涂漆；更换全部密封胶垫（包含散热器闸门内侧胶垫），箱沿胶绳接头牢固无缝隙，固定良好。

8）储油柜检查。油位指示器指示正确，吸湿器、排气管、注油管等应畅通；储油柜内残留空气已排除，消除假油位；更换密封垫无渗漏。

9）套管检查。瓷套外表清洁，无裂纹、破损及放电痕迹。

10）阀门、塞子检查。本体及附件各部阀门、塞子开闭灵活，指示正确，更换胶垫，密封良好，无渗漏。

11）吸湿器检查。内外清洁，更换失效的吸附剂，呼吸管道畅通，密封油位正常。

12）压力释放阀（安全气道）检查。内部清洁、无锈蚀、油垢，密封良好、无渗漏。

（2）施工现场、工器具按照定置图摆放整齐，方便使用，对可能渗漏油机具应铺垫隔膜，同时用电机具外壳必须可靠接地。

（3）起吊用的钢绳、“U”型环、腰绳等工器具，使用前由工作负责人或技术负责人负责检查核实，禁止使用不合格的起吊工器具。

（4）起吊作业应专人指挥，手势应标准。吊臂和吊件与带电设备应保持足够的安全距离。

（5）高处作业时，绝缘梯子应捆牢，临时上下梯子应专人撑扶，禁止上下抛掷工器具、材料等。登高作业人员必须使用安全带。

（6）起吊时钢丝绳的夹角不应大于 60°，否则应采用专用吊具或调整钢丝绳套。

（7）吊芯检查应在良好天气下进行，空气相对湿度应不大于 75%。消弧线圈和接地变压器吊罩（芯）和有开孔的工作过程中，工具取还应有记录。不准将钥匙、刀子、通信工具等带上消弧线圈和接地变压器，以防止将工器具、钥匙、刀子等金属物件遗留或遗失在线圈芯部。

（8）消弧线圈、接地变压器芯部、阻尼电阻检查后进行组装时，原则上是谁拆卸谁安装，并做好技术交接工作。

(9) 每天工作完成后，应清扫工作地点，开放已封闭的通道，并将工作票交回值班员。次日工作时，应得值班员许可，取回工作票，工作负责人重新认真检查安全措施是否符合工作票要求后，方可工作。

(10) 工作全部结束后，应清扫、整洁现场。施工总负责人应通知相关人员进行验收，最后再与值班员共同检查设备状况、有无遗留物件、是否清洁等，才能结束工作票。

教学资源5　小修内容及质量要求

小修内容及质量要求（见表10.3）。

表10.3　小修内容及质量要求

检查项目	检修内容	检查方法	质量要求
检查储油柜	油标 渗漏 法兰处 吸湿器 引连线 外观	目测 力矩扳手	油标完好。 各部密封良好，无渗漏。 无外渗油渍。 吸湿器完好无损；硅胶干燥，油杯中油质清洁，油量正常。 一次引接线连接可靠。 无锈蚀，漆膜完好
阻尼电阻箱	电阻值 端子箱 散热风扇	试验仪器 目测	阻尼电阻值符合出厂规定，各挡位变化率与出厂值相比不超过1%。 端子箱内二次接线完整，标志清晰，连接可靠。 散热风扇启、停符合运行要求启动
接地变压器	外观 本体	目测 试验仪器	外观良好，无异常。 本体经高压、油化试验合格
检查瓷套	外观	目测	检查瓷套有无破损、裂痕、掉釉现象，瓷套破损可用环氧树脂修补群边小破损，或用强力胶粘结修复碰掉的小瓷块，如瓷套径向有穿透性裂纹，外表破损面超过单个伞群10%，或破损总面积虽不超过单个伞群10%，但同一方向破损伞裙多于两个以上者，应更换瓷套。 检查增爬裙的粘着情况及憎水性。若有爬裙粘着不良，应补粘牢固，若老化失效应予更换。 检查防污涂层的憎水性，若失效应擦净重新涂覆
检查油箱、底座	1）外观 2）渗漏 3）接地部分 4）压力释放装置 5）放油阀	目测 力矩扳手	铭牌、标志牌完备齐全；外表清洁，无积污，无锈蚀，漆膜完好。 各部密封良好，无渗漏，螺丝紧固。 接地部分应完整，绝缘良好，标志清晰，无放电、发热痕迹。 整体密封可靠。 油路畅通，无渗漏
试验		包括高压试验和油化试验	按照GB 50150—2016《电气装置安装工程　电气设备交接试验标准》进行

(1) 处理已发现的缺陷。

(2) 检修安全保护装置：包括储油柜、压力释放器（安全气道）等。

(3) 检修调压装置、测量装置及控制箱，并进行调试无异常。

(4) 检修接地系统，接地良好可靠。

（5）检修全部阀门和塞子，检查全部密封状态，处理渗漏油。密封无渗漏。

（6）清扫油箱和附件，应清洁无杂物，油漆均匀，颜色统一。

（7）清扫外绝缘和检查导线接头。清洁无杂物

（8）按有关规程规定进行测量和试验，满足规程规定。

教学资源6　油浸式消弧线圈及接地变压器大修关键工序质量控制

1. 起重工作及注意事项

起重工作应分工明确，专人指挥，并有统一信号。

起重前应拆除影响起重工作的各种连接。

如吊芯部，应先紧固芯部有关螺栓。

起吊消弧线圈和接地变压器钟罩（或芯部）时，钢丝绳应分别挂在专用起吊装置上，遇棱角处应放置衬垫；起吊10mm左右时应停留检查悬挂及绑扎情况，确认可靠后再继续起吊。起吊时钢丝绳的夹角不应大于60°，否则应采取专用吊具或调整钢丝绳套。

起吊或降落速度均匀，掌握好重心，防止倾斜。起吊或降落时，钟罩（或芯部）与箱壁保持一定的间隙。

2. 芯部检查

检查时切勿将金属物遗留在器身内，不得破坏或随意改变绝缘状态。

所有紧固件应用力矩扳手或液压设备进行定量紧固控制。

专用工具应由专人保管，取还有记录，完工后须清点，如有缺漏应查明原因。

对检修前确定的检修内容认真排查，确保缺陷消除。

应进行检修前后相关的电气试验，以便检验检修质量。

对所有的附件，均要进行检查和测试，只有达到技术标准要求后才能装配。对不合格附件，如经检修仍不能达到技术标准要求时，应更换为合格品。

3. 拆除和组装

装配前应确认所有附件、零件均符合技术要求，彻底清理，使外观清洁，无油污和杂物，并用合格的变压器油冲洗与油直接接触的附件、零件。

拆除附件时应先拆小型仪表和套管，后拆大型组件，组装时顺序相反。

对易损部件拆下后应妥善保管，防止损坏。

注油后应进行多次放气。

结合本体检修更换所有密封件。

组装后的消弧线圈装置各部件应完整无损。

装配后，应及时清理工作现场，清洁油箱及各附件。

认真做好现场记录工作。

4. 绝缘油处理

（1）禁止将不同品牌的变压器油注入消弧线圈和接地变压器。

（2）注入消弧线圈和接地变压器内的变压器油，一般通过真空滤油机进行再生处理，以脱气、脱水和去除杂质，其质量应符合GB/T 7595－2000《运行中变压器油质量标准》规定。

（3）注油后，应从线弧线圈底部的放油阀取油样，进行绝缘油简化分析、电气试验、气体色谱分析及微水试验。

（4）施工场所应准备充足清洁的变压器油储存容器。

5. 油漆

消弧线圈和接地变压器喷漆部位：油箱、储油柜、底座等金属部件的外表面。

油漆前应先进行除锈处理，再用金属清洗剂清除表面油垢及污秽。

喷漆前应遮挡油标、铭牌、接地标志等不应喷漆的部位。

为使漆膜均匀应采用喷涂的方法、喷枪气压控制在0.2～0.5MPa。

先喷底漆，漆膜厚度为0.05mm左右，要求光滑，无流痕、垂珠现象。待底漆干后，再喷涂面漆。若发现斑痕、垂珠，应清除磨光后再补喷。

若原有漆膜仅少量部分脱落，经局部处理后，可直接喷涂面漆一次。漆膜干后应不粘手，无皱纹、麻点、气泡和流痕，漆膜粘着力、弹性及坚固性应满足要求。

教学资源7　试验项目及要求

一、油浸式消弧线圈

（一）检修前的试验

（1）测量绕组连同套管的直流电阻。

（2）测量绕组连同套管的绝缘电阻及吸收比。

（3）测量绕组连同套管的介质损耗因数。

（4）测量绕组连同套管的直流泄漏电流。

（5）非纯瓷套管的试验。

（6）绝缘油试验。

（二）检修中的试验

（1）测量铁芯绝缘电阻。

（2）测量铁芯绑扎带绝缘电阻。

（三）检修后的试验

（1）测量绕组连同套管的直流电阻。

（2）测量绕组连同套管的绝缘电阻及吸收比。

（3）测量35kV及以上消弧线圈绕组连同套管的介质损耗因数。

（4）测量35kV及以上消弧线圈绕组连同套管的直流泄漏电流。

（5）非纯瓷套管的试验。

（6）绝缘油试验。

（7）绕组连同套管的交流耐压试验（大修后）。

（8）控制器模拟试验。

二、干式消弧线圈

（一）检修前的试验

（1）测量绕组连同套管的直流电阻。

（2）测量绕组连同套管的绝缘电阻及吸收比。

（3）测量铁芯绝缘电阻。

（二）检修中的试验

测量铁芯绝缘电阻。

（三）检修后的试验

（1）测量绕组连同套管的直流电阻。

（2）测量绕组连同套管的绝缘电阻及吸收比。

（3）测量铁芯绝缘电阻。

（4）绕组连同套管的交流耐压试验（大修后）。

（5）控制器模拟试验。

三、阻尼电阻

（一）检修前试验

（1）测量绝缘电阻。

（2）测量直流电阻。

（二）检修中试验

测量直流电阻。

（三）检修后试验

（1）测量绝缘电阻。

（2）测量直流电阻。

（3）交流耐压试验（必要时）。

四、接地变压器

试验项目与变压器试验项目相同。

五、基本要求

检修报告应结论明确。检修施工的组织、技术、安全措施、检修记录应完备，相关表格以及修前、修后各类检测报告由各单位自行规定。各责任人及检查、操作人员签字齐全。

六、主要内容

（1）检修地点。

（2）检修的天气情况。

（3）检修工期。

（4）检修检查处理记录。

（5）检修处理的主要缺陷。

（6）检修中遗留的缺陷。

（7）检修验收意见。

（8）检修后设备评级和工程质量评定。

（9）参加验收人员。

七、投运前基本条件

（1）设备外观清洁完整无缺损。

（2）一、二次接线端子应连接牢固，接触良好。

（3）消弧线圈及接地变压器无渗漏油，油标指示正常。

（4）相序标志正确，接线端子标志清晰，运行编号完备。

（5）需要接地各部位应接地良好。

（6）反事故措施符合相关要求。

（7）油漆应完整，相色应正确。

（8）试验报告完备并且试验结果合格。

（9）所有安全措施已拆除，人员已退场，施工场地已清理完毕。

八、投运后的监视

（1）消弧线圈、阻尼电阻箱、接地变压器内部和一次引线接头等部位进行红外成像（测温）监视，各部位的温升应符合有关规定。

（2）设备内部有无放电声和异常震动的声音。

（3）设备在投运初期要加强巡视和预防性检测。

1. 简述电抗器的作用及分类。
2. 简述消弧线圈的工作原理。
3. 消弧线圈的补偿方式有哪些？
4. 消弧线圈和电抗器的检修项目和注意事项及要求有哪些？

课程模块 11　高压绝缘子的检修

【学习目标】

1. 熟悉高压绝缘子作用和分类应用。
2. 掌握高压绝缘子的检修。

【重点】 高压绝缘子的检修

【难点】 高压绝缘子的检修

教学单元 1　绝缘子的分类及用途

绝缘子（俗称绝缘子）由瓷质部分和金具两部分组成，中间用水泥粘合剂胶合。瓷质部分是保证绝缘子有良好的电气绝缘强度，金具是固定绝缘子用的。绝缘子的作用有两个方面：①牢固地支持和固定载流导体；②将载流导体与地之间形成良好的绝缘。它应具有足够的绝缘强度和机械强度，同时对化学杂质的侵蚀具有足够的抗御能力，并能适应周围大气条件的变化，如温度和湿度变化对其本身的影响等。

教学资源 1　绝缘子的分类

绝缘子按使用电压可分为高压绝缘子和低压绝缘子。绝缘子按制造材料可分为瓷绝缘子、玻璃绝缘子和有机材料（环氧树脂浇注的）绝缘子。绝缘子按其装置场所可分为户内绝缘子和户外绝缘子。绝缘子按其结构和用途可划分为 11 个小类、48 个系列。

教学资源 2　绝缘子的主要用途

（一）高压线路类绝缘子

(1) 高压线路刚性绝缘子。包括针式瓷绝缘子、瓷横担绝缘子和蝶式瓷绝缘子等。

高压线路瓷横担绝缘子按结构形式可分为全瓷式、胶装式、单臂式和 V 形四种；按安装形式可分为直立式和水平式两种；按 50%全波冲击闪络电压可分 185、210、280、380、450、610kV 等级别。用于高压架空输配电线路，可代替针式和悬式绝缘子，并省去高杆瓷担。

高压线路蝶式瓷绝缘子按额定电压分 6、10kV 两级。用于架空输配电线路终端，耐张及转角杆上作为绝缘和固定导线之用。同时也广泛用作与线路悬式绝缘子相配合，作为线路金具中的一个元件，简化金具结构。

(2) 高压线路悬式绝缘子：包括盘形悬式瓷绝缘子、盘形悬式玻璃绝缘子、瓷拉棒绝缘子和地线绝缘子等。

高压线路盘形悬式瓷绝缘子分普通型和耐污型两种。用于高压和超高压输电线路，供悬挂或张紧导线，并使其与塔杆绝缘。悬式绝缘子机电强度高，通过不同的串组就能适用于各种电压等级，适用各种强度需要，使用最为广泛。普通型适用于一般工业区。耐污型与普通型绝缘子相比，具有较大的爬电距离和便于风雨清洗的造型，适用于沿海、冶金粉末、化工污秽以及较严重工业污秽地区。耐污型绝缘子在上述地区使用时，可以缩小杆塔尺寸，具有较大的经济价值。

高压线路盘形悬式玻璃绝缘子与高压线路盘形悬式瓷绝缘子用途基本相同。玻璃绝缘子具有机械强度高、耐机械冲击、冷热性能好、寿命长、电气性能和耐雷击性优良等特点，并且在运行损坏时，其伞盘自动破碎，容易发现，大大减少绝缘探测工作量。

高压线路瓷拉棒绝缘子使用在10kV及以下架空电力线路上的终端耐张及转角杆上，作绝缘和固定导线用。可以代替部分蝶式瓷绝缘子和盘形悬式瓷绝缘子使用。

(3) 电气化铁路接触网用棒式瓷绝缘子。

(二) 低压线路类绝缘子

(1) 低压线路针式、蝶式、轴式瓷绝缘子。低压线路针式瓷绝缘子使用在1kV以下架空电力线路中作绝缘和固定导线用。低压线路蝶式瓷绝缘子供配电线路终端、耐张及转角杆上作为绝缘和固定导线用。低压线路轴式瓷绝缘子供配电线路终端、耐张及转角杆上作为绝缘和固定导线用。

(2) 架空线路拉紧瓷绝缘子。用于交、直流架空输配电线路和通信线路终端拐角或大跨距电杆上，平衡电杆所受拉力，作拉紧绝缘和连接用。

(3) 电车线路用绝缘子。用作电车线路绝缘和张紧导线或用于电车和电站上作导电部分的绝缘和支撑物。

(4) 通信线路针式瓷绝缘子。用于架空通信线路中绝缘和固定导线。

(5) 布线用绝缘子。包括鼓形绝缘子、瓷夹板和瓷管等。用于低压布线。

(三) 高压电站类绝缘子

(1) 电站用高压户内支柱绝缘子。用于工频额定电压35kV户内电站、变电站的电器设备母线和配电装置上。作为高压导电部分的绝缘支持物。它一般安装在海拔高度不超过1000m，环境温度为－40～40℃，并应在不受污秽和凝露的条件下使用，特殊设计的高原型可用于海拔3000m及5000m地区。

(2) 户外针式支柱绝缘子。适用于交流额定电压为220kV，安装地点周围环境温度为－40～＋40℃及海拔高度不超过1000m的电器的绝缘部分或配电装置上，作绝缘和固定导体。

(3) 户外棒式支柱绝缘子。用于高压电器和高压配电装置，起绝缘和固定导体作用。已大量代替户外针式支柱绝缘子的使用。

(4) 防污型户外棒式支柱绝缘子。适用于覆盐密度在0.1mg/cm^{2}以内的中等污区，作为高压电器和配电装置的绝缘和固定作用。

(5) 高压穿墙套管。包括户内穿墙套管、户外穿墙套管、母线穿墙套管和油纸电容式穿墙套管等。

(6) 电器瓷套：包括变压器瓷套、开关瓷套、互感器瓷套。

1) 变压器瓷套包括电力变压器和试验变压器用套管瓷套及支柱瓷套两大类。

2) 开关瓷套包括多油断路器瓷套、少油断路器瓷套、负荷开关瓷套、防爆开关瓷套、隔离开关瓷套、空气断路器瓷套等。主要用作开关的高压引线对地的绝缘及作断路器绝缘和内绝缘的容器。

3) 互感器瓷套用作电流互感器和电压互感器的绝缘元件。

教学单元2 高压绝缘子的检修

教学资源1 检查与处理

检查周期取决于支柱瓷绝缘子在供电系统中所处的重要性和运行环境、安装现场的环境和气候、历年运行和试验等情况。本规范所提出的检查维护项目是设备在正常工作条件下应进行的检查和维护，运行单位可根据具体情况结合多年的运行经验，制定具体的检查、维护方案和计划。

（一）例行检查与处理

支柱瓷绝缘子在正常运行中，应按表11.1、表11.2的内容及要求进行检查，掌握运行支柱瓷绝缘子情况。

表11.1　　例行检查与处理表

检查部位	检查周期	检查项目	检查内容/方法	判断/措施
支柱瓷绝缘子	1～3月	瓷绝缘子外观	（1）法兰 （2）瓷绝缘子	1）瓷铁粘合应牢固，应涂有合格的防水硅橡胶 2）表面应无积污，无裂纹、破损，如积污严重应进行清扫

表11.2　　定期检查与处理表

检查内容	检查项目	检查周期	检查方法	质量要求
铁瓷接合部	外观检查	变电站内为2年一次	目测	瓷铁粘合应牢固，应涂有合格的防水硅橡胶
金属附件	外部清洁		目测	无锈蚀、裂纹，金属表面应有防腐处理，如有裂纹应更换
绝缘件	外绝缘		（1）裂纹 （2）脏污（包括盐性成分） （3）放电	1）无裂纹、破损绝缘子应完整 2）绝缘子表面应无放电、生锈、过热痕迹 3）如果绝缘子积污严重，用中性清洗剂进行清洁，然后用清水冲洗干净再擦干 4）若绝缘子爬距不够，可采取涂防污闪涂料（如RTV）等措施
	探伤		技术监督	无裂纹
	零值绝缘子测试（35kV及以上）		技术监督	新投运的绝缘子头三年内平均劣化率大于0.2%或运行多年后平均劣化率大于0.3%以上时，应上报省公司，并送省电瓷质检站进行检测
支柱瓷绝缘子	安装		（1）牢固 （2）垂直	1）支柱绝缘子应连接牢固、紧固螺栓锈蚀严重应更换 2）支柱绝缘子应垂直于底座平面（V型隔离开关除外），同一绝缘子柱的各绝缘子中心线应在同一垂直线上；同相各绝缘子柱的中心线应在同一垂直平面内。安装时可用金属垫片校正其水平或垂直偏差

（二）异常检查与处理

当怀疑支柱瓷绝缘子断裂、污闪等异常情况时，按表 11.3 的内容和要求进行检查与处理。断裂故障、污闪检查与处理。

表 11.3　　断裂故障检查与处理表

故障特性	故障原因	检查内容/方法	判断/措施
支柱瓷绝缘子断裂	导线弧垂过小，绝缘件根部长期受导线重力、拉力的影响，绝缘件受力超过允许外加应力值	（1）导线弧度是否符合规定要求 （2）受力情况下支柱瓷绝缘子的机械强度	在订货时要充分考虑支柱瓷绝缘子的机械强度，尤其在风速、温差等环境特殊的地区，支柱瓷绝缘子机械强度的裕度安全系数应满足 2.0 倍的额定抗弯强度
	隔离开关机构卡涩和刀口撞击	（1）检查机构 （2）检查隔离开关触头合入深度	机构分合灵活、隔离开关的触头合入深度应符合检修工艺的要求
支柱瓷绝缘子污闪	（1）绝缘子污闪 （2）运行中，支柱瓷绝缘子外绝缘不满足要求	（1）污秽程度 （2）泄漏比距是否符合环境要求	（1）定期污秽取样，等值盐密值分析 （2）对重污秽地区加强支柱瓷绝缘子的巡视，及时进行清扫工作，防止污闪的发生 （3）若绝缘子爬电比距，可采取涂防污闪涂料（如 RTV）等措施

教学资源 2　检修（检测）基本要求

（一）检修周期

（1）新设备运行一年后。

（2）5kV 及以上支柱瓷绝缘子自投运之日起，三年为一个检测周期，三个周期后检测周期为一年，检测率为 100%。

（二）检修评估

（1）检修前了解支柱瓷绝缘子的结构特点、技术性能参数、运行年限；例行检查、定期检查、历年检修记录；支柱瓷绝缘子运行状况包括各厂家每批次产品的缺陷和异常（事故）情况及同类产品的事故或障碍情况，并做技术经济比较，确定是否更换。

（2）等值盐密值分析，掌握污秽程度，确定当支柱瓷绝缘子外绝缘不满足要求时，应采取加强绝缘等技术措施。

（三）检修（检查）人员要求

（1）检修人员应熟悉电力生产的基本过程，掌握变电检修技能，并通过年度《电业安全工作规程》考试。

（2）工作负责人应为具有变电检修经验的中级工以上技能鉴定资格，工作成员应取得变电检修专业中、变电值班员以上技能鉴定资格。

（3）现场起重工、电焊工应持证上岗。

（4）检修工作一般应配备以下人员。

1）工作负责人。

2）现场起吊指挥。

3）安全监察负责人。

4）起重负责人。

5）试验负责人。

6）工具保管人。

7）质量检验负责人。

8）足够的熟练操作人员。

9）必要时应邀请制造厂专业人员参加。

（四）工艺要求

（1）支柱瓷绝缘子更换前应先检查备品备件包装是否受潮，对照包装清单检查备品附件是否缺少或损坏，检查支柱瓷绝缘子的外观和铭牌是否缺少和损坏与所需更换的是否一致，支柱瓷绝缘子是否标注烧制批次。

（2）支柱瓷绝缘子的拆除工作应自上而下进行，即先拆除支柱瓷绝缘子的引流线夹，然后拆除均压环，之后拆除最上端支柱瓷绝缘子或支柱绝缘子元件。拆除前应先将被拆除部分可靠固定，避免引流线突然滑出、均压环坠落或支柱瓷绝缘子倒塌。

（3）拆除管型母线支柱瓷绝缘子时要注意管型母线的平衡，以防止管型母线的倾斜或倒塌。

（4）支柱瓷绝缘子的安装应符合以下要求。

1）支柱瓷绝缘子组装时，其各节位置应符合产品出厂标志和编号。

2）同一组设备的支柱瓷绝缘子的参数要求一致。

3）支柱瓷绝缘子引线的连接不应使受到超过允许的外加应力。

（五）质量要求

检修后各部位及组部件应符合相关质量要求，所有检查项目应满足要求。

（六）环境要求

（1）检修场地周围应无可燃或爆炸性气体、液体，或引燃火种，否则应采取有效的防范措施和组织措施。

（2）在现场进行支柱瓷绝缘子的检修工作，应注意与带电设备保持足够的安全距离。

（3）检修构架应铺设检修平台，需做好防滑、防坠落措施。

教学资源3　检修前的准备

（一）检修方案

检修前应编制完善的检修方案，其中包括检修的组织措施、安全措施和技术措施。其主要内容如下。

（1）人员组织及分工，并负责以下任务：安全、技术、起重、试验、工具保管、质量检验等。

（2）施工项目及进度表。

（3）特殊项目的施工方案。

（4）检查项目和质量标准。

（5）关键工序质量控制内容及标准。

（6）试验项目及标准。

（7）确保施工安全、质量的技术措施和现场防火措施。

（8）主要施工工具、设备明细表，主要材料明细表。

(9) 必要的施工图。

(二) 检修场地

支柱瓷绝缘子的检修场地可以设置在设备运行现场。

(三) 工艺装备

现场检修应具备充足合格的同一型号支柱瓷绝缘子，完备的工艺装备和测试设备。

1. 材料

(1) 清洗材料，如中性清洗剂、清洁布等。

(2) 油漆，如底漆和面漆等。

(3) 必要的备品配件。

2. 工器具

(1) 起重设备和专用吊具，载荷应大于2.5倍的被吊物吨位。

(2) 专用工、器具。如力矩扳手、各种规格的扳手等。

(3) 气割设备、电焊设备等。

3. 测试设备超声波探伤仪

教学资源4　支柱瓷绝缘子检修关键工序质量控制

(一) 更换

在确定支柱瓷绝缘子存在缺陷时，需对支柱瓷绝缘子进行更换。

(1) 更换前应进行相关的检查和超声波探伤检测。

(2) 在材料、备品备件、工艺和试验装备上要有充分的准备。

(3) 支柱瓷绝缘子搬运时应防止对支柱瓷绝缘子瓷表面的损伤。

(4) 起吊。

1) 起吊时应采用专用绳套吊具。

2) 起吊时速度应均匀，掌握好重心，防止倾斜，与其他设备保持一定的间隙防止碰伤。

3) 吊装，V形或水平支柱瓷绝缘子时其斜度应与基座的斜度基本一致，并用缆绳绑扎好，防止倾倒损坏瓷件。

(5) 支柱绝缘子应垂直于底座平面（V型隔离开关除外)，同一绝缘子柱的各绝缘子中心线应在同一垂直线上；同相各绝缘子柱的中心线应在同一垂直平面内。安装时可用金属垫片校正其水平或垂直偏差。

(二) 检查

(1) 检查支柱瓷绝缘子外表面无破损。

(2) 外绝缘进行清扫，则应根据外表的积污特点选择合适的清扫工具和清扫方法。清扫中不仅清扫伞裙的上表面，还应对下表面伞棱中积聚的污秽进行清扫。

(3) 专用工具应由专人保管，完工后须清点。

(4) 应进行检修前后的超声波探伤检测。

(5) 定期的绝缘子的污秽取样和等值盐密值分析工作。

教学资源5　检修报告的编写

1. 基本要求

检修报告应结论明确。检修施工的组织、技术、安全措施、检修记录表以及修前、修后各类检测报告附后。各责任人及检查、操作人员签字齐全。

2. 主要内容

内容应包括变电站名称，被检支柱瓷绝缘子的设备运行编号、产品型号、制造厂、出厂时间、投运时间、历次检修经历、本次检修地点、检修原因、主要内容、检修时段、检修工时及费用情况、完成情况综述（包括增补内容及遗留内容，验收人员，验收时间及验收意见，检修后的设备及工程质量评价，以及对今后运行所作的限制或应注意事项等）。最后还应注明报告的编写、审核及批准人员。

1. 绝缘子的分类和主要用途是什么？
2. 简述高压绝缘子的故障分析和检修项目。

课程模块12 电 容 器 的 检 修

【学习目标】

1. 熟悉电容器作用和补偿方式。
2. 掌握电容器的检修。

【重点】 电容器的检修

【难点】 电容器的安全运行

教学单元1 电 容 器 的 概 述

教学资源1 电容器的作用

电力电容器分为串联电容器和并联电容器，它们都改善电力系统的电压质量和提高输电线路的输电能力，是电力系统的重要设备。

（一）串联电容器

串联电容器串接在线路中，其作用如下。

(1) 提高线路末端电压。串接在线路中的电容器，利用其容抗 X_C 补偿线路的感抗 X_L，使线路的电压降落减少，从而提高线路末端（受电端）的电压，一般可将线路末端电压最大可提高 10%～20%。

(2) 降低受电端电压波动。当线路受电端接有变化很大的冲击负荷（如电弧炉、电焊机、电气轨道等）时，串联电容器能消除电压的剧烈波动。这是因为串联电容器在线路中对电压降落的补偿作用是通过电容器的负荷而变化的，具有随负荷的变化而瞬时调节的性能，能自动维持负荷端（受电端）的电压值。

(3) 提高线路输电能力。由于线路串入了电容器的补偿电抗 X_C，线路的电压降落和功率损耗减少，相应地提高了线路的输送容量。

(4) 改善了系统潮流分布。在闭合网络中的某些线路上串接一些电容器，部分地改变了线路电抗，使电流按指定的线路流动，以达到功率经济分布的目的。

(5) 提高系统的稳定性。线路串入电容器后，提高了线路的输电能力，这本身就提高了系统的静稳定。当线路故障被部分切除时（如双回路被切除一回、但回路单相接地切除一相），系统等效电抗急剧增加，此时，将串联电容器进行强行补偿，即短时强行改变电容器串、并联数量，临时增加容抗 X_C，使系统总的等效电抗减少，提高了输送的极限功率 ($P_{max}=U_1U_2/X_L-X_C$)，从而提高系统的动稳定。

（二）并联电容器

并联电容器并联在系统的母线上，类似于系统母线上的一个容性负荷，它吸收系统的容性无功功率，这就相当于并联电容器向系统发出感性无功。因此，并联电容器能向系统提供感性无功功率，系统运行的功率因数，提高受电端母线的电压水平，同时，它减少了线路上感性无功的输送，减少了电压和功率损耗，因而提高了线路的输电能力。

教学资源2　电容器补偿装置的允许运行方式

电容器的正常运行状态是指在额定条件下，在额定参数允许的范围内，电容器能连续运行，且无任何异常现象。

（一）电容器补偿装置运行的基本要求

（1）三相电容器各相的容量应相等。

（2）电容器应在额定电压和额定电流下运行，其变化应在允许范围内。

（3）电容器室内应保持通风良好，运行温度不超过允许值。

（4）电容器不可带残留电荷合闸，如在运行中发生掉闸，拉闸或合闸一次未成，必须经过充分放电后，方可合闸；对有放电电压互感器的电容器，可在断开5min后进行合闸。运行中投切电容器组的间隔时间为15min。

（二）允许运行方式

1. 允许运行电压

并联电容器装置应在额定电压下运行，一般不宜超过额定电压的1.05倍，最高运行电压不用超过额定电压的1.1倍。母线超过1.1倍额定电压时，电容器应停用。

2. 允许运行电流

正常运行时，电容器应在额定电流下运行，最大运行电流不得超过额定电流的1.3倍，三相电流差不超过5%。

3. 允许运行温度

正常运行时，其周围额定环境温度为－25～40℃，电容器的外壳温度应不超过55℃。

教学单元2　电容器的维护与检修

教学资源1　电容器的保护要求

（1）电容器组应采用适当保护措施，如采用平衡或差动继电保护或采用瞬时作用过电流继电保护，对于3.15kV及以上的电容器，必须在每个电容器上装置单独的熔断器，熔断器的额定电流应按熔丝的特性和接通时的涌流来选定，一般为1.5倍电容器的额定电流为宜，以防止电容器油箱爆炸。

（2）除上述指出的保护形式外，在必要时还可以作下面的几种保护。

1）如果电压升高是经常及长时间的，需采取措施使电压升高不超过1.1倍额定电压。

2）用合适的电流自动开关进行保护，使电流升高不超过1.3倍额定电流。

3）如果电容器同架空线连接时，可用合适的避雷器来进行大气过电压保护。

4）在高压网络中，短路电流超过20A时，并且短路电流的保护装置或熔丝不能可靠地保护对地短路时，则应采用单相短路保护装置。

（3）正确选择电容器组的保护方式，是确保电容器安全可靠运行的关键，但无论采用哪种保护方式，均应符合以下几项要求。

1）保护装置应有足够的灵敏度，不论电容器组中单台电容器内部发生故障，还是部分元件损坏，保护装置都能可靠地动作。

2）能够有选择地切除故障电容器，或在电容器组电源全部断开后，便于检查出已损坏的电容器。

3）在电容器停送电过程中及电力系统发生接地或其他故障时，保护装置不能有误动作。

4）保护装置应便于进行安装、调整、试验和运行维护。

5）消耗电量要少，运行费用要低。

(4) 电容器不允许装设自动重合闸装置，相反应装设无压释放自动跳闸装置。(主要是因电容器放电需要一定时间，当电容器组的开关跳闸后，如果马上重合闸，电容器是来不及放电的，在电容器中就可能残存着与重合闸电压极性相反的电荷，这将使合闸瞬间产生很大的冲击电流，从而造成电容器外壳膨胀、喷油甚至爆炸)

(5) 电力电容器的接通和断开。

1）电力电容器组在接通前应用绝缘电阻表检查放电线路。

2）接通和断开电容器组时，必须考虑以下几点。

a. 当汇流排（母线）上的电压超过 1.1 倍额定电压最大允许值时，禁止将电容器组接入电网。

b. 在电容器组自电网断开后 1min 内不得重新接入，但自动重复接入情况除外。

c. 在接通和断开电容器组时，要选用不能产生危险过电压的断路器，并且断路器的额定电流不应低于 1.3 倍电容器组的额定电流。

(6) 电容器断电后的放电流程。

1）电容器每次从电网中断开后，应该自动进行放电，或通过放电电阻或专门的电压互感器放电。

2）电容器引出线之间及引出线与外壳之间都要进行放电。

3）电容器放完电后才可接地。

4）在电容器上进行作业之前，一定要进行检验性的放电。这种放电是将放电棒搁在电容器的引出线端子上认真停留一段时间。

5）不论电容器额定电压是多少，在电容器从电网上断开 30s 后，其端电压应不超过 65V。

6）即使电容装置的两侧都接地了，为了防备电容器上还有残留电荷，也还要进行检验性放电，相互并联的各组电容器都必须进行放电。

7）对因故障切除的电容器进行检验性放电时更应特别小心。因对损坏的电容器，总接地装置可能因某部分断开而起不到接地放电的作用。

8）如果电容器装置有联锁装置，应考虑到只有整个装置都接地以后，电容器组防护栏栅的小门才能打开。

9）为了保护电容器组，自动放电装置应装在电容器断路器的负荷侧，并经常与电容器直接并联（中间不准装设断路器、隔离开关和熔断器等）。

(7) 运行中的电容器的维护和保养。

1）电容器应有值班人员，应做好设备运行情况记录。

2）对运行的电容器组的外观巡视检查，应按规程规定每天都要进行，如发现箱壳膨胀应停止使用，以免发生故障。

3）检查电容器组每相负荷可查看安培表进行。

4）电容器组投入时环境温度不能低于－40℃，运行时环境温度 1h 平均不超过 40℃，2h

平均不得超过 30℃，及一年平均不得超过 20℃。如超过时，应采用人工冷却（安装风扇）或将电容器组与电网断开。

5）安装地点的温度检查和电容器外壳上最热点温度的检查可以通过红外线热感应检测器进行，并且做好温度记录（特别是夏季）。

6）电容器的工作电压和电流，在使用时不得超过 1.1 倍额定电压和 1.3 倍额定电流。

7）接上电容器后，将引起电网电压升高，特别是负荷较轻时，在此种情况下，应将部分电容器或全部电容器从电网中断开。

8）电容器套管和支持绝缘子表面应清洁、无破损、无放电痕迹，电容器外壳应清洁、不变形、无渗油，电容器和铁架子上面不应积满灰尘和其他脏东西。

9）必须仔细地注意接有电容器组的电气线路上所有接触处（通电汇流排、接地线、断路器、熔断器、开关等）的可靠性。

10）如果电容器在运行一段时间后，需要进行耐压试验，则应按规定值进行试验。

11）对电容器电容和熔丝的检查，每个月不得少于一次。在一年内要测电容器 2～3 次，目的是检查电容器的可靠情况，每次测量都应在额定电压下或近于额定值的条件下进行。

12）由于继电器动作而使电容器组的断路器跳开，此时在未找出跳开的原因之前，不得重新合上。

13）在运行或运输过程中如发现电容器外壳漏油，可以用锡铅焊料钎焊的方法修理。

（8）电力电容器组倒闸操作时必须注意的事项：

1）在正常情况下，停电操作时，应先断开电容器组断路器后，再拉开各路出线断路器。恢复送电时应与此顺序相反。

2）事故情况下，无电后，必须将电容器组的断路器断开。

3）电容器组断路器跳闸后不准强送电。保护熔丝熔断后，未经查明原因之前，不准更换熔丝送电。

4）电容器组禁止带电荷合闸。电容器组再次合闸时，必须在断路器断开 5min 之后才可进行。

（9）电容器在运行中的故障处理。

1）当电容器喷油、爆炸着火时，应立即断开电源，并用砂子或干式灭火器灭火。此类事故多是由于系统内、外过电压，电容器内部严重故障所引起的。为了防止此类事故发生，要求单台熔断器熔丝规格必须匹配，熔丝熔断后要认真查找原因，电容器组不得使用重合闸，跳闸后不得强送电，以免造成更大损坏的事故。

2）电容器的断路器跳闸，而分路熔断器熔丝未熔断。应对电容器放电 3min 后，再检查断路器、电流互感器、电力电缆及电容器外部等情况。若未发现异常，则可能是由于外部故障或母线电压波动所致，并经检查正常后，可以试投，否则应进一步对保护做全面的通电试验，通过以上的检查、试验，若仍找不出原因，则应拆开电容器组，并逐台进行检查试验，但在未查明原因之前，不得试投运。

3）当电容器的熔断器熔丝熔断时，应向值班长汇报，待取得同意后，再断开电容器的断路器。在切断电源并对电容器放电后，先进行外部检查，如套管的外部有无闪络痕迹、外壳是否变形、漏油及接地装置有无短路等，然后用绝缘摇表摇测极间及极对地的绝缘电阻值。如未发现故障迹象，可换好熔断器熔丝后继续投入运行。如经送电后熔断器的熔丝仍熔断，则应退出故障电容器，并恢复对其余部分的送电运行。

高压电容器组在运行中的常见故障和处理如表 12.1 所示。

表 12.1　高压电容器组在运行中的常见故障和处理

常见故障	产生原因	处理方法
渗漏油	(1) 搬运方法不当，使瓷套管与外壳交接处碰伤；在旋转接头螺栓时用力太猛造成焊接处损伤；原件质量差、有裂纹 (2) 保养不当，使外壳漆脱落。铁皮生锈 (3) 电容器投运后，温度变化剧烈，内部压力增加，使渗油现象严重	(1) 搬运方法要正确，出现裂纹后，应更新设备 (2) 经常巡视检查，发现油漆脱落，应及时补修 (3) 注意调节运行中电容的温度
外壳膨胀	(1) 内部发生局部放电或过电压 (2) 使用期限已过或本身质量有问题	(1) 对运行中的电容器应进行外观检查，发现外壳膨胀应采取措施。如降压使用，膨胀严重的应立即停用 (2) 立即停用
电容器爆炸	电容器内部发生相间短路或相对外壳的击穿（这种故障多发生在没有安装内部元件保护的高压电容器组）	安装电容器内部元件保护，使电容器在酿成爆炸事故前及时从电网中切出。一旦发生爆炸事故，首先应切断电容器与电网的连接。另外，也可用熔断器对单台电容器保护
发热	(1) 电容器室设计、安装不合理，通风条件差，环境温度高 (2) 接头螺丝松动 (3) 长期过电压，造成过负荷 (4) 频繁投切使电容器反复受到浪涌电流的影响	(1) 注意通风条件、增大电容之间的安装距离 (2) 停电时，检查并拧紧螺丝 (3) 调换为额定电压高的电容器 (4) 不要频繁投切电容器
瓷绝缘表面闪络	由于清扫不及时，使瓷绝缘表面污秽，在天气条件较差或遇到各种内外过电压时，即可发生闪络	经常清扫，保持其表面干净无灰尘。对于严重的地区，要采取反污秽措施
异常响声	(1) 有“滋滋”或“汩汩”声时一般为电容器内部有局部放电 (2) 有“汩汩”声时，一般为电容器内部崩溃的前兆	(1) 经常巡视，注意声响 (2) 发现有声响应立即停运，检修并查找故障

(10) 处理故障电容器应注意的安全事项。

1) 处理故障电容器应在断开电容器的断路器，拉开断路器两侧的隔离开关，电容器组经放电电阻（放电变压器或放电电压互感器）放电以后，由于部分残存电荷一时放不尽，仍应进行一次人工放电。放电时先将接地线接地端接好，再用接地棒多次对电容器放电，直至无放电火花及放电声为止，然后将接地端固定好。由于故障电容器可能发生引线接触不良、内部断线或熔丝熔断等，因此有部分电荷可能未放尽，所以检修人员在接触故障电容器之前，还应戴上绝缘手套，先用短路线将故障电容器两极短接，然后方动手拆卸和更换。

2）对于双星形接线的电容器组的中性线上，以及多个电容器的串接线上，还应单独进行放电。

3）电容器在变电站各种设备中属于可靠性比较薄弱的电器，它比同级电压的其他设备的绝缘较为薄弱，内部元件发热较多，而散热情况又欠佳，内部故障机会较多，制造电力电容器内部材料的可燃物成分又大，所以运行中极易着火。因此，对电力电容器的运行应尽可能地创造良好的低温和通风条件。

（11）电力电容器的修理。

下面几种故障，可以在安装地方自行修理：

1）套管焊缝处漏油，可用锡铅焊料修补，但应注意烙铁不能过热，以免银层脱焊。

2）电容器发生对地绝缘击穿，电容器的损失角正切值增大，箱壳膨胀及开路等故障，需要在有专用修理电容器设备的工厂中才能进行修理。

教学资源2　电容器的维护与检修

（一）检修项目、周期与质量标准（见表12.2）

表12.2　电容器检修项目、周期与质量标准

序号	项目	周期	质量标准
1	电容器外部清扫检查	1年	（1）清洁无灰尘，固定牢固 （2）套管无裂纹，破损或掉釉现象 （3）引出线连接牢固 （4）套管芯棒无弯曲、滑扣 （5）外壳无裂纹，无渗油 （6）外壳上设有温度计插筒时，筒内应清洁，并注入绝缘油
2	支持绝缘子清扫检查	1年	（1）清洁无灰尘，固定牢固 （2）无裂纹、破损或放电痕迹
3	构架清扫检查	1年	（1）固定牢固 （2）防腐良好
4	接地线清扫检查	1年	完整良好
5	与母线连接引线清扫检查	1年	连接螺栓齐全、牢固，接头接触良好
6	放电回路检查	1年	（1）检查放电电阻回路完整（用500绝缘电阻表） （2）操作灵活
7	更换熔断器熔丝	熔断后	（1）换熔丝前，应先检测电容量，超过其额定值10%时，电容器不宜继续运行 （2）熔丝额定电流一般不超过电容器额定电流的130% （3）检查熔断器清洁无灰尘，接触良好，无锈蚀现象
8	自动补偿控制器	1年	（1）外观应清洁，盘面、键盘、显示器和指示灯完好 （2）接线良好，插件和固定螺栓无松动和锈蚀现象 （3）控制回路的元器件和插件板应清洁无损伤无焊脱、过热现象

（二）试验与试运

1. 试验项目、周期与质量标准（见表 12.3）

表 12.3　　电容器试验项目、同期与质量标准

<table>
<tr><th>序号</th><th>项目</th><th>周期</th><th>质量标准</th><th>说明</th></tr>
<tr><td>1</td><td>测量两极对外壳及两极间绝缘电阻</td><td>1 年或必要时</td><td>绝缘电阻自行规定</td><td>1000V 以下用 1000V 绝缘电阻表</td></tr>
<tr><td>2</td><td>测量电容值</td><td>必要时</td><td>电容值的偏差不超过铭牌值的±10%</td><td></td></tr>
<tr><td>3</td><td>冲击合闸试验</td><td>必要时</td><td>在电网额定电压下进行三次合闸试验，当开关合闸时，熔断器不应熔断，电容器组各相电流差值不应超过 5%</td><td></td></tr>
<tr><td>4</td><td>两极对外壳的交流耐压试验</td><td>2 年或必要时</td><td>（1）试验电压按出厂电压的 85%
（2）如无出厂试验电压可按下列数值（kV）
<table>
<tr><th>额定电压</th><th>出厂试验电压（kV）</th><th>试验电压（kV）</th></tr>
<tr><td><0.5</td><td>2.5</td><td>2.1</td></tr>
<tr><td>1</td><td>5</td><td>4.2</td></tr>
<tr><td>3</td><td>18</td><td>15</td></tr>
<tr><td>6</td><td>25</td><td>21</td></tr>
<tr><td>10</td><td>35</td><td>30</td></tr>
</table>（3）试验持续时间为 10s</td><td></td></tr>
</table>

2. 试运

（1）试运前应进行下列检查。

1）外观完整无缺。

2）箱体无渗漏油。

3）支持绝缘子、瓷套管等清洁。

4）连接螺栓完好，外壳构架接地良好。

5）熔断器完好，接触紧密。

6）防腐良好，相色正常。

（2）试运时应进行下列检查。

1）内外部均无放电或其他异常声音。

2）三相电流平衡，其差值在允许范围内。

3）切换检查三相电压指示平衡。

（三）维护

1. 维护检修周期

有人值班时，每班至少检查 2 次；无人值班时，每天至少检查 1 次。

2. 维护检查项目与标准

（1）各相负荷电流与母线电压应符合下列规定。

1）三相负荷电流不超过其额定值的 130%，三相电流应平衡，最大与最小值相差不超过 5%；

2）长时间过电压运行，应不超过制造厂规定，一般母线电压不超过电容器额定电压的 110%。

（2）外壳无变形和渗油，箱体内部无异常响声。

（3）支持绝缘子和瓷套管表面清洁，无破损、裂纹和放电现象。

（4）电容器与构架固定牢靠，接地良好，构件无锈蚀。

（5）引线接触良好，连接螺栓牢固，无松动发热。

（6）电压监视装置及放电变压器或电压互感器表面清洁，无放电痕迹，电压表、指示灯指示正确。

（7）电容器组室外最高温度不超过制造厂规定，一般不超过 35℃，外壳温度不超过 65℃。

（8）室外空气相对温度不超过室内 80%。

（9）有通风装置时，其各部件应完好。

思　考　题

1. 电容器按作用可分为哪几类？
2. 电容器由哪几部分组成？
3. 画出电容器的集中补偿接线，并说明熔断器的作用。
4. 简述电容器的检修项目及检修周期。

附录Ⅰ　电气设备检修生产性实训基地 YC-IPSS01 型智能供配电实训平台

安全注意事项：

（1）安装设备时注意不要损坏各种电器元件。

（2）请勿使用损坏的插座或电缆，以免发生触电及火灾。

（3）安装时请在清洁平坦的位置，以防发生意外事故。

（4）请使用额定电压，以防发生意外事故。

（5）必须使用带有接地端子的多功能插座，确认主要插座的接地端子有没有漏电、导电。

（6）为了防止机械的差错或故障，请勿在控制器和电磁阀附近放置磁性物品。

（7）设备的安装或移动时，请切断电源。

使用中注意事项：

（1）长时间不使用设备时请切断电源。

（2）在光线直射，灰尘，震动，冲击严重的场所请勿使用。

（3）在湿度较大或容易溅到水的场所，以及导电器械，易燃性物品附近请勿使用。

（4）请勿用湿手触摸电源插头．防止触电或火灾。

（5）用户在任意分解，修理，改造下无法享有正常的保修权利。

（6）注意切勿将手以及衣物夹进电机操作部位。

一、概述

YC-IPSS01 型智能供配电实训平台由高压配电装置、低压配电装置、能量管理装置及智能电力监控装置组成。平台采用模块化结构，技术先进，开放实用、安全可靠，该供配电系统和工业现场供配电系统相同，能清晰地反映现场供电装置，以真实直观的方式对学生进行专业技能训练。实训平台如附图Ⅰ.1 所示。

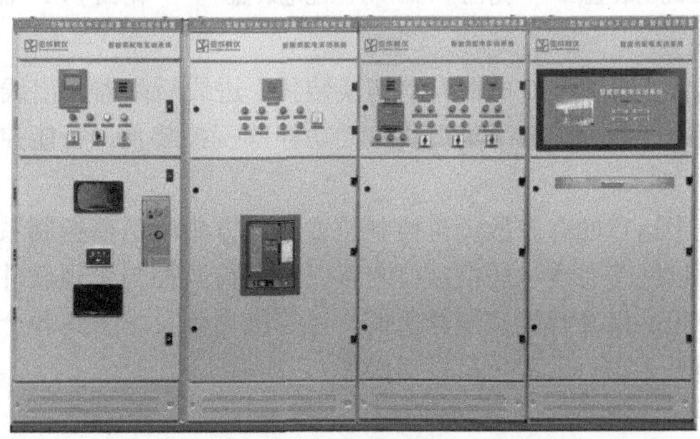

附图Ⅰ.1　智能供配电实训平台

二、系统组成

智能供配电实训平台由高压配电装置、低压配电装置、能量管理装置及智能电力监控装置组成。

（一）高压配电装置

高压配电装置用于电力系统中起通断、控制或保护等作用。本次供配电系统中高压配电装置适用于三相交流额定电压 10kV，额定频率 50Hz 的电力系统。柜体由 4 根立柱，上盖板，下底板，前面板，后背板，侧板等组成。装置门上有观察窗，可观察高压负荷开关和接地开关所处的位置。

高压配电装置主要由高压负荷开关，接地开关、微机保护装置、二次控制元件以及指示元件组成。装置如附图Ⅰ.2 所示。

（二）低压配电装置

低压配电装置的额定电流是交流 50Hz，额定电压 380V 的配电系统作为动力，照明及配电的电能转换及控制之用。该装置具有分断能力强，动热稳定性好，组合方便，实用性强等特点。

低压配电装置主要由万能式断路器、电动操作塑壳断路器、故障设置装置、二次控制元件以及指示元件组成。装置如附图Ⅰ.3 所示。

（三）能量管理装置

能量管理装置由负荷控制模块、负荷模拟模块以及能量管理系统组成。装置如附图Ⅰ.4 所示。

附图Ⅰ.2 高压配电装置

附图Ⅰ.3 低压配电装置

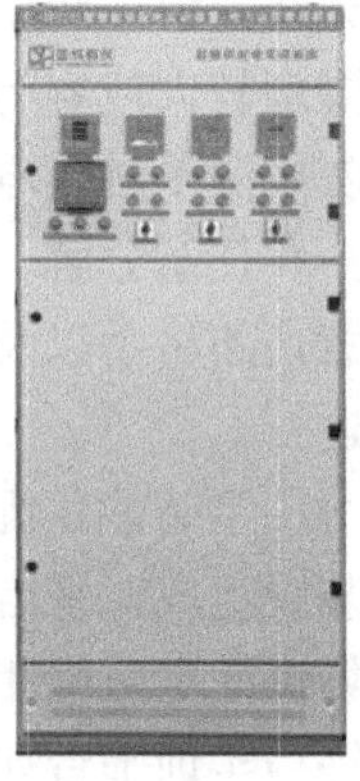

附图Ⅰ.4 能量管理装置

1. 负荷控制模块

负荷控制模块由低压母线、双电源自动切换装置、进线断路器、出线断路器、中间继电器、主令电器、电流表、电力参数采集模块、无功补偿模拟装置、智能控制模块以及通信系统总线组成。

目前供配电系统中运行的有分散负荷控制装置和远方集中负荷控制系统。本系统为集中负荷控制，主要由通信网络总线、通信接口装置以及负荷监控与管理软件组成。计算机通过通信接口装置和各个仪表以及智能控制器通信，计算机通信技术采集各个负荷的电力参数通过控制策略可以判断是否进行远程负荷投切操作。

2. 负荷模拟模块

负荷模拟装置，主要由电流信号发生器装置模拟，各个支路的负荷可以手动或者自动调节大小。

3. 能量管理系统（EMS）

能量管理系统的内容包括负荷监控与自动管理。

（四）智能电力监控装置

智能电力监控装置由通信单元、工业控制计算机、电力监控软件以及变电站主接线模拟操作软件组成。装置如附图Ⅰ.5 所示。

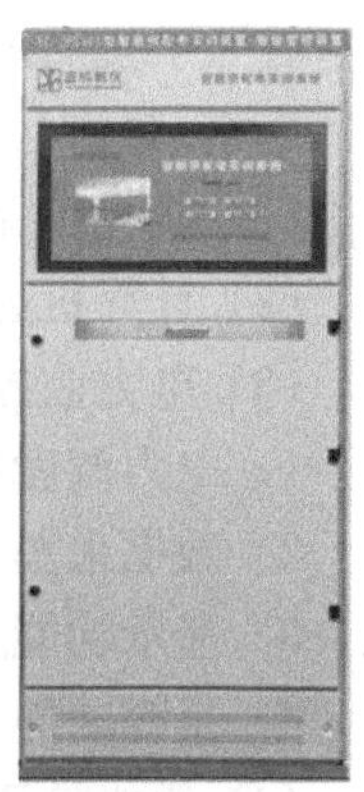

附图Ⅰ.5 智能电力监控装置

三、创新点

（1）采用真实的工业级供配电设备。

（2）高低压共存，强弱电互补，硬软件互联。

（3）设备平台开放，可以二次开发。

（4）最新的“智能化”技术，适应新形式下电力产业发展“自动化”和“信息化”的“两化融合”国家发展战略新方向。

（5）先进的 SCADA 电力监控技术、EMS 能量管理技术、工业以太网和现场总线通信技术，同时增加了编程调试和信息化联网技术，结合了高等院校相关专业课程体系建设和人才培养方向。

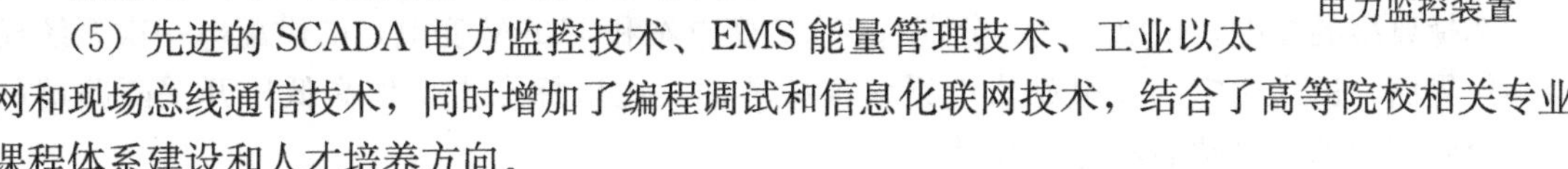

四、任务主要内容

（一）高压配电装置的安全规范操作和继电保护整定

（1）高压负荷开关的结构、原理、操动机构的认识，高压负荷开关检修维护和操作。

（2）金属铠装封闭式开关柜结构认识、“五防”机构的检修调整以及二次回路故障处理。

（3）接地开关的结构、原理、操动机构的认识，接地开关的实际操作。

（4）高压停送电操作票和工作票办理。

（5）继电保护整定计算和微机保护装置调试。

（6）专用工具、仪表正确使用操作。

（二）低压配电装置接线安装、规范操作及故障排查

（1）400V 低压成套开关柜结构认识。

（2）低压配电系统一次二次接线图的设计。

（3）低压配电装置的装配接线，装配内容包括断路器、电压表、电流表、互感器、按钮、指示灯等。

（4）测试及试验仪器的使用教学和训练。

（5）电工仪器、仪表正确使用操作。

（6）操作票的办理。

（7）低压停送电操作。

（8）故障设置和故障排查。

（三）能量管理装置接线安装及规范操作

（1）信息化网络组建。

（2）负荷调节。

（3）无功补偿。

（4）双电源自动投切。

（5）远方抄表。

（6）单级负荷管理和区域负荷管理，区域负荷的运行参数实时在线监测，智能分析。

(7) 手机 APP 访问，在外网可以通过手机远程监测负荷运行状态以及实时参数。

(四) 智能电力监控系统编程调试

(1) 微机综保单元、多功能电力模块和上位机通信组网。

(2) 计算机远程停送电操作。

(3) 电力监控系统编程设计。

1) 电力调度自动化系统“四遥”功能。

2) 数据采集与处理功能。遥信、遥测、数据处理打印、统计报表。

3) 显示功能。实时显示一次设备的运行状态、参数实时曲线和历史趋势曲线。

4) 报警功能。报警事件打印和报警列表查询。

(4) 手机 APP 访问，在外网可以通过手机远程监测电力设备的运行状况和实时数据。

(5) 变电站一次系统模拟操作。

选择典型的变电站供电方式，分别有 35kV 变电站和 110kV 变电站的供配电一次系统模拟操作界面，进入相应的变电站供电系统模拟界面、用鼠标点击操作高低压开关断路器的分、合闸来模拟变电站的停送电过程。

(五) 安全与职业素养

(1) 安全与职业素养。

(2) 电气安全知识考查。

五、主要配置

平台设备主要配置见附表Ⅰ.1。

附表Ⅰ.1　　平台设备主要配置表

高压配电装置			
序号	名称	技术参数	数量
1	壳体	外壳尺寸：800mm×900mm×1900mm	1
2	高压负荷开关	额定电压：12 kV 额定频率：50Hz 额定电流：650A 额定峰值耐受电流：50kA 熔断器：SDLAJ-12 型 电动操作电压：220V 接地开关：JN3-12 型	1
3	微机综保装置	额定电压：AC/DC 220V 最大功耗：小于 10W 电压测量范围：0～120V 电流测量范围：0～5A 接点负荷：交流 220V、5A 通信方式：RS485	1
4	继电保护信号模拟装置	能够模拟输出继电保护信号	1

续表

序号	名称	技术参数	数量
低压配电装置			
1	壳体	外壳尺寸：800mm×800mm×1900mm	1
2	万能式断路器	额定电压：400V 额定电流：630A 极数：3 极 额定绝缘电压：800V 控制电压：AC 36V 类型：抽出式 接线方式：垂直	1
3	断路器（带电操作）	额定电压：400V 额定电流：100A 极数：3 极 额定绝缘电压：500V 控制电压：AC 36V 接线方式：水平、垂直 操作方式：电动操作	1
4	智能多功能表	额定工作电压：AC 36V 电压测量范围：0～400V 电流测量范围：0～5A 频率：45～65H 通信方式：RS485	1
5	故障设置装置	额定电压：DC24V 额定电流：1A 故障设置：3 路	1
能量管理装置			
1	壳体	外壳尺寸：800mm×800mm×1900mm	1
2	双电源自动切换装置	额定电压：AC 400V 控制装置：内置控制器 接线方式：板前接线 转换方式：自动和手动 产品电流：63A 产品分类：断路器 产品结构：ATS 一体化	1
3	断路器（带电操作）	额定电压：400V 额定电流：100A 极数：3 极 额定绝缘电压：500V 控制电压：AC 36V 接线方式：水平、垂直 操作方式：电动操作	3
4	交流接触器	额定工作电压：400V 额定工作电流：32A 控制电压：AC 36V 极数：4 极	3
5	负荷模块	工作电压：AC 36V 工作电流：5A	3
6	智能多功能表	额定工作电压：AC 36V 电压测量范围：0～400V 电流测量范围：0～5A 频率：45～65H 通信方式：RS485	4

续表

智能电力监控装置			
序号	名称	技术参数	数量
1	壳体	外壳尺寸：800mm×800mm×1900mm	1
2	监控计算机	嵌入式触摸屏，21.5″	1
3	通信接口设备	RS232，以太网 RJ45	1
4	电力监控软件	YC-PMCS02	1
5	能量管理软件	YC-EMS02	1
6	变电站一次系统模拟软件	YC-PSS02	1

工具耗材清单见附表Ⅰ.2。

附表Ⅰ.2　　工具耗材清单

序号	类别	名称	型号规格	数量	单位	备注
1	安装调试工具	万用表	DM6266	2	台	胜利
		针形端子压线钳		2	副	
		小一字螺丝刀	2.4×40	2	副	
		小十字螺丝刀	2.4×40	2	副	
		长柄螺丝刀	PH1×150	2	副	十字　一字
		剥线钳	0.2～1.2mm^2	2	副	
		斜口钳	6～150	2	副	
		验电器	0.4kV	1	只	
		绝缘手套		1	双	
		警示牌	止步　高压危险	15	个	
		指示牌	当心触电	30	个	
		指示牌	在此工作	30	个	
		指示牌	禁止合闸有人工作	30	个	
2	材料	电线（黑色）	BVR-1.5	100	m	
		扎带		1	包	
		压接头	针形	1	包	
		线号管		1	m	
		绕管		1	包	

参考文献

[1] 四川电力职业技术学院. 电气设备检修 [M]. 北京：中国电力出版社，2011.
[2] 刘志青. 电气设备检修（上、下册）[M]. 北京：中国电力出版社，2005.
[3] 河南省电力行业职业技能鉴定中心. 变电检修工 [M]. 河南科学技术出版社，2015.
[4] 李树元，孟玉茹. 电气设备控制与检修 [M]. 北京：中国电力出版社，2009.
[5] 李晓南. 变电检修 [M]. 北京：中国电力出版社，2007.
[6] 安勇. 电气设备故障诊断与维修手册 [M]. 北京：化学工业出版社，2014.
[7] 任清晨. 电气控制柜设计制作：电路篇 [M]. 北京：电子工业出版社，2014.
[8] 河北省电力公司. 变电检修现场技术问答 [M]. 北京：中国电力出版社，2013.
[9] 白泽光. 电气设备检修作业指导书 [M]. 北京：中国电力出版社，2016.
[10] 坊降，袁明，高洪雨，等. 电气设备检修 [M]. 北京：中国电力出版社，2015.
[11] 曹孟州. 电气设备故障诊断与检修1000问 [M]. 北京：中国电力出版社，2017.
[12] 包玉树，秦嘉喜. 电气设备故障试验诊断攻略 电力电缆 [M]. 北京：中国电力出版社，2017.